建设工程施工合同纠纷
高频争议实务解析

何根平◎著

PRACTICAL ANALYSIS OF HIGH-FREQUENCY DISPUTES IN CONSTRUCTION CONTRACT LITIGATION

法律出版社 LAW PRESS · CHINA
北京

图书在版编目（CIP）数据

建设工程施工合同纠纷高频争议实务解析 / 何根平著. -- 北京 : 法律出版社, 2025. -- ISBN 978-7-5244-0539-9

Ⅰ. D923.64

中国国家版本馆 CIP 数据核字第 2025TW3474 号

建设工程施工合同纠纷高频争议实务解析
JIANSHE GONGCHENG SHIGONG HETONG JIUFEN GAOPIN ZHENGYI SHIWU JIEXI

何根平 著

责任编辑 王 曦
特约编辑 艾学灏
装帧设计 贾丹丹

出版发行 法律出版社
编辑统筹 司法实务出版分社
责任校对 张翼羽
责任印制 胡晓雅
经　　销 新华书店

开本 710 毫米×1000 毫米 1/16
印张 16.5 **字数** 241 千
版本 2025 年 9 月第 1 版
印次 2025 年 9 月第 1 次印刷
印刷 三河市兴达印务有限公司

地址:北京市丰台区莲花池西里 7 号(100073)
网址:www.lawpress.com.cn
投稿邮箱:info@lawpress.com.cn
举报盗版邮箱:jbwq@lawpress.com.cn

销售电话:010-83938349
客服电话:010-83938350
咨询电话:010-63939796

书号:ISBN 978-7-5244-0539-9　　**定价**:78.00 元

凡购买本社图书,如有印装错误,我社负责退换。电话:010-83938349

自　序

建设工程是国民经济的重要支柱,也是社会发展的基础性产业。随着我国城镇化进程的加快和基础设施建设的蓬勃开展,建设工程领域的法律问题日益复杂化、专业化。从项目招投标、合同签订到施工管理、质量安全,再到工程结算与纠纷处理,每一个环节都涉及诸多法律风险与权利义务关系。如何在这一过程中平衡各方利益、保障工程顺利实施、防范法律争议,已成为行业参与者必须面对的核心课题。

建设工程领域如同一个巨大而精密的运转系统,其法律关系的复杂性与施工实践的动态性交织,使得建设工程施工合同纠纷具有标的额巨大、法律关系复杂、专业技术壁垒高、疑难争点层出的鲜明特质,是司法实践中的难点与热点。

面对层出不穷的"工程款结算僵局"、"工期索赔拉锯战"、"质量责任推诿战",以及各类新型合同条款效力博弈,法律实务工作者亟须一部聚焦实务痛点,能够为解决实务问题提供清晰指引的专业著作。

《建设工程施工合同纠纷高频争议实务解析》一书,正是基于此现实需求而生。本书以探照灯式的精准聚焦,投射于建设工程施工合同纠纷实务中高频激辩的核心争议领域,其最大特点在于以"高频"锁定真问题,以"实务"锚定方法论,在浩繁的法律规范与混沌的工程实践中,淬炼出兼具法理深度与战术操作性的解决之道,使之成为处理建设工程施工合同纠纷不可或缺的"专业导航仪"。

本书立足于作者深耕建设工程法律实务多年的经验沃土,以《民法典》等法律法规为依据,结合最高人民法院的司法解释、指导案例、公报案例和典型判例,体系化梳理并深度剖析实务中常见的法律要点与实践难点,如合同效力认定、工期延误责任、工程质量纠纷、工程价款结算、工程价款优先受偿权认定等。

本书适合建设工程领域的法律从业者(如法官、律师、公司法务)、企业管理人员、项目经理、监理工程师等专业人士阅读,也可作为高校工程管理、法学相关专业的辅助教材。期望本书成为建工法律人手边常备的“专业工具包”,在错综复杂的建工法律“施工现场”,助力读者高效识别风险点、精确锚定请求权基础、有力构建攻防体系,最终在充满挑战的纠纷解决过程中,为当事人争取最优法律效果,亦为行业健康有序发展贡献法律专业力量的理性之光。

笔者在写作过程中参考了大量实务著作、权威文献、司法判例和实务经验,但仍难免存在疏漏之处,恳请读者批评指正。建设工程法律体系的完善需要理论与实践的持续互动,期待与业界同仁共同探索这一领域的深刻变革与创新。

重点司法解释、行政法规简称表

序号	全称	简称
1	最高人民法院《关于审理建设工程施工合同纠纷案件适用法律问题的解释(一)》	《建工司法解释(一)》
2	最高人民法院《关于民事诉讼证据的若干规定》	《民诉证据规定》
3	最高人民法院《关于审理建设工程施工合同纠纷案件适用法律问题的解释(二)》(已失效)	《建工司法解释(二)》(已失效)
4	最高人民法院《关于适用〈中华人民共和国合同法〉若干问题的解释(一)》(已失效)	《合同法司法解释(一)》(已失效)
5	最高人民法院《关于适用〈中华人民共和国民法典〉合同编通则若干问题的解释》	《合同编通则司法解释》
6	最高人民法院《关于适用〈中华人民共和国民事诉讼法〉的解释》	《民事诉讼法解释》
7	最高人民法院《关于审理买卖合同纠纷案件适用法律问题的解释》	《买卖合同司法解释》
8	《建筑工程施工发包与承包违法行为认定查处管理办法》	《查处管理办法》

目　录

CONTENTS

第一章　概　　述

一、建设工程施工合同的法律性质与特征

根据《民法典》第 18 章第 788 条规定，建设工程合同是承包人进行工程建设，发包人支付价款的合同，建设工程勘察、设计及施工合同属于建设工程合同，适用第 18 章的各项规定。建设工程施工合同具体是指发包人与承包人就建设工程的施工、验收、价款支付等权利义务达成合意的合同，承包人根据合同约定完成工程的施工，发包人依约向承包人支付工程款的合同。建设工程施工合同的法律性质与特征既具有一般民事合同的共性，又因建设工程行业的特殊性而呈现独特属性。

（一）建设工程施工合同具有承揽合同的法律性质

建设工程合同属于《民法典》合同编独立设置的章节，单列于《民法典》第 18 章，其中第 808 条规定，建设工程合同没有约定的，可以适用承揽合同相关规定，该条款视为建设工程合同篇章的兜底性条款。

《民法典》这一立法设计反映了建设工程施工合同与承揽合同的关系，二者属于一般和特殊的关系，建设工程施工合同属于承揽合同的一种特殊类型，具有承揽合同的一般特征：(1)合同标的是按照定作人需求完成特定的工作成果，承揽合同以“按照定作人的要求完成工作，交付工作成果”为标的，建设工程施工合同的标的是交付符合合同约定的建设工程，也属于交付工作成果，因此建设工程施工合同本身就属于一种承揽合同；[①](2)属于诺成、双务、有偿合同，经双方意思表示一致后合同即生效成立，双方互负义务，承揽人提供服务，定作人

---

① 参见谢勇：《建设工程施工合同关系的认定》，载最高人民法院民事审判第一庭编：《民事审判指导与参考》总第 98 辑，人民法院出版社 2025 年版。

支付对应的报酬;(3)需要双方的协作性,定作人在合同履行过程中需要提供一定的协助,如提供相应的材料,承揽人则需要根据定作人的指令要求完成约定的工作。

(二)建设工程施工合同的特征

因建设工程行业的特殊性和重要性,建设工程施工合同除具备承揽合同的基本性质外,也有明显区别于承揽合同的其他特征,具体体现在以下方面:

1. 主体的严格准入制度

建筑业企业资质,是指建筑施工企业人员素质、管理水平、资金数量、技术装备和建筑工程业绩的总和。由于建设工程质量是工程建设的生命,而建筑施工企业的建筑施工能力是保证建设工程质量的前提条件,我国《建筑法》对建筑施工企业实行强制性资质管理制度,对建筑施工企业作出资质等级的划分,并将法定资质等级作为建筑施工企业承揽建筑工程的前提条件,决定其可以承揽的工程范围。①

建设工程领域具有严格的准入制度,建设工程施工合同的主体需要满足严格的准入资格。从承包方角度出发,建设工程施工合同的施工方应当满足相应的法定资质要求。根据《建筑法》第 26 条②及《建筑业企业资质管理规定(2018)》等相关法律法规的规定,只有具有一定资金、技术和人员且拥有建筑业企业资质的企业才具备作为工程承包人的资格。对承包方的资格管理规定一方面属于市场准入标准,即未取得相应资质的企业不得进行建设工程施工承包;另一方面也属于合同效力判断标准,即根据《建工司法解释(一)》第 1 条③

---

① 参见最高人民法院民事审判第一庭编著:《最高人民法院新建设工程施工合同司法解释(一)理解与适用》,人民法院出版社 2021 年版,第 20 页。

② 参见《建筑法》第 26 条规定:"承包建筑工程的单位应当持有依法取得的资质证书,并在其资质等级许可的业务范围内承揽工程。禁止建筑施工企业超越本企业资质等级许可的业务范围或者以任何形式用其他建筑施工企业的名义承揽工程。禁止建筑施工企业以任何形式允许其他单位或者个人使用本企业的资质证书、营业执照,以本企业的名义承揽工程。"

③ 参见《建工司法解释(一)》第 1 条规定:"建设工程施工合同具有下列情形之一的,应当依据民法典第一百五十三条第一款的规定,认定无效:(一)承包人未取得建筑业企业资质或者超越资质等级的;(二)没有资质的实际施工人借用有资质的建筑施工企业名义的;(三)建设工程必须进行招标而未招标或者中标无效的。承包人因转包、违法分包建设工程与他人签订的建设工程施工合同,应当依据民法典第一百五十三条第一款及第七百九十一条第二款、第三款的规定,认定无效。"

规定，违反资质管理规定而签订施工合同将导致合同无效。

2. 标的物的特殊属性

根据《民法典》第 799 条等的规定，承包人的义务是按发包人的要求施工并交付质量合格的建设工程，故建设工程施工合同的标的是按发包人的要求施工并交付的质量合格的建设工程。① 建设工程具有不可移动性、规模大、价值高、建设周期及存续周期长、社会影响力大等特点。由于建设工程施工合同的标的物具有与普通承揽合同标的物的不同特点，使建设工程施工合同可能引发的法律关系不仅存在于发包人和承包人之间，还关系到所有权人和不特定人群等的社会和公众利益。

3. 合同条款的专业性与复杂性

从合同形式来看，一般民事合同的形式可以根据双方当事人的合意，选择口头形式或者书面形式。而根据《民法典》第 789 条规定，建设工程施工合同应当采用书面形式。为规范建设工程施工合同的签订，住建部联合原国家工商行政管理总局联合制定发布《建设工程施工合同(示范文本)》作为参考性文本，以该示范文本为例，建设工程施工合同一般分为三个部分：合同协议书、合同通用条款和合同专业条款。

从合同内容来看，根据《民法典》第 795 条，建设工程施工合同需要包含：工程范围、建设工期、中间交工工程的开工和竣工时间、工程质量、工程造价、技术资料交付时间、材料和设备供应责任、拨款和结算、竣工验收、质量保修范围和质量保证期、相互协作等条款。建设工程施工合同不仅包含上述核心条款，还涉及以下特殊内容：签证与索赔机制，包括设计变更签证、工程量确认签证、工期索赔签证等。上述施工合同的各部分内容涉及不同行业专业领域，其履行离不开各专业领域主体的通力协作。

4. 合同履行周期的长期性

建设工程项目的施工周期通常跨越数月甚至数年，涉及勘察、设计、施工、验收等多个阶段，从合同签订前期的报批手续到工程竣工完成的验收手续，需

---

① 参见谢勇：《建设工程施工合同关系的认定》，载最高人民法院民事审判第一庭编：《民事审判指导与参考》总第 98 辑，人民法院出版社 2025 年版。

要协调材料供应、设备租赁、劳务分包等多方主体。根据《建设工程施工合同(示范文本)》的约定,施工合同履行过程包含开工准备、进度管理、质量监督、变更签证、竣工验收等数十项关键节点,每个关键节点都可能受到客观环境因素、主体的主观因素的影响,导致实际工期的延长。

5. 行政监管的强制性

基于建设工程涉及公共安全与公共利益的特殊性,国家对建设工程行业的强制性监管体现在建工领域的全流程环节中,建设工程施工环节也不例外。建设工程施工合同从缔结到履行均受到严格规制,包括合同当事人选择、磋商订约程序、合同内容、合同履行及终止的全流程诸方面均受到国家和法律、行政法规的深度监管。《建筑法》规定的施工许可制度、《招标投标法》规定的建设工程施工强制招标投标制度、《建设工程质量管理条例》规定的质量监督制度、《房屋建筑和市政基础设施工程竣工验收备案管理办法》规定的竣工验收备案制度等给建设工程施工事项构建了严格的行政监管体系。

二、建设工程施工合同纠纷的特点

如前所述,建设工程施工合同的主体、内容、形式及履行均存在特殊性,因此基于建设工程施工合同产生的纠纷在司法实践中呈现出区别于普通合同纠纷的显著特点,主要有以下几个方面。

(一)法律关系复杂

建筑工程的顺利进行,既离不开建设方、施工方、分包方等多方合同的顺利履行,也离不开农民工、政府和其他各方工作的全力支持。除合同关系外,还涉及管理关系、劳动关系等,承包方式涵盖承包、转包、分包、挂靠等多种情形。建设工程施工合同的非单一法律关系性质,导致合同效力及责任承担的认定非常复杂。同时,法律关系主体涉及面广、诉讼参与人多,除发包人、承包人外,还涉及分包人、实际施工人、转包人、挂靠人等,不同性质的法律主体在合同中的地位不同,所承担的责任也各有不同,加剧了建筑工程施工合同纠纷的复杂性。①

① 参见周峰:《建设工程施工合同纠纷裁判精要》,法律出版社2020年版,第6页。

（二）专业性强

建设工程施工合同内容的专业性高导致建设工程施工合同纠纷案件同样有较强的专业性。建设工程施工合同纠纷案件需要同时运用建设工程专业知识与法律专业知识，对办案律师及承办法官提出了极高的专业性要求。

以施工合同效力的认定问题为例，既涉及招投标管理方面的问题，需要判断案涉建设工程是否属于必须招投标的范围，当事人是否存在串标等导致合同无效的情形，还涉及分包、转包等问题，相关法律法规、规章及行业标准数量庞杂，需要具备全面的专业知识和成熟的办案经验积累才能对合同效力作出正确的判断。以工程价款结算问题为例，工程项目的施工结算需要以合同约定的计价标准和结算原则为依据，结合实际施工范围的变化、工程量的增减等因素确认最终的结算价格，这需要办案律师熟悉施工方面的专业知识。

（三）履约不规范及证据缺失

建设工程施工合同纠纷案件中，履约不规范与证据缺失问题普遍存在，其根源在于工程建设周期长、参与主体众多、管理环节复杂及相关主体法律意识淡薄。这些问题不仅直接导致案件争议事实问题难以查明，也加剧了法院的审查难度和裁判压力。

从发包人角度出发，常见的履约不规范行为表现为：(1)工程签证管理不完善，实践中常存在签署主体无授权、签证单内容模糊等问题，影响证明力；(2)付款方式混乱，工程款支付常通过现金、私人账户或第三方代付，导致资金流向难以追溯，由此导致发包人主张已超额付款的诉求难以被采信；(3)工程量调整等事项仅通过口头约定，缺乏会议纪要、工作联系单等书面证据。

从承包人角度出发，常见履约不规范行为主要表现为：(1)通过转包、违法分包、挂靠等违法行为规避施工资质的限制；(2)工期延期缺乏书面证据证明，根据《建工司法解释(一)》第10条，承包人需证明已在约定期限内提出顺延申请，否则丧失索赔权利。实务中，承包人常因未留存会议纪要或监理批复而无法举证。

（四）案件审理周期长

建设工程施工合同纠纷案件的审理周期普遍较长，这一特点既源于建设工程施工环节的复杂属性，也与司法程序中的多重环节紧密相关。从建设工程施工合同纠纷案件的受理到案件开庭审理再到最终法院裁判，其审理周期往往远超普通民事案件。

1. 审理程序性因素

建设工程施工合同纠纷案件的审理往往需要进行司法鉴定，就工程造价、工期计算、质量鉴定等专业问题，借助鉴定机构或专家辅助人提供意见。且一个建设工程施工合同纠纷案件通常涉及工程造价、工程质量、工期鉴定等多项鉴定。实务中，当事人往往根据《民诉证据规定》第37条[①]规定对鉴定意见提出异议，鉴定机构进行书面回复以及异议复核，且在法定情形下当事人有权要求法院进行重新鉴定，[②]因此导致鉴定周期长，进一步影响案件的审理期限。

另外，在实务中，鉴于建设工程施工合同纠纷案件证据庞杂，当事人经常出现分阶段多次提交证据的现象，需要法院多次开庭补充调查，组织双方进行举证质证。

2. 实体审查的复杂性因素

建设工程通常涉及巨额资金投入、多方主体参与及长期履约过程，导致案件事实梳理难度陡增。同时，建设工程施工合同纠纷案件的争议焦点复杂，涵盖合同效力、工程质量、工期延误、结算标准、优先受偿权等多类问题，通常存在一个案件多个争议焦点的情况，案件事实审理认定难度大，法律适用复杂。

---

① 参见《民诉证据规定》第37条规定："人民法院收到鉴定书后，应当及时将副本送交当事人。当事人对鉴定书的内容有异议的，应当在人民法院指定期间内以书面方式提出。对于当事人的异议，人民法院应当要求鉴定人作出解释、说明或者补充。人民法院认为有必要的，可以要求鉴定人对当事人未提出异议的内容进行解释、说明或者补充。"

② 参见《民诉证据规定》第40条规定："当事人申请重新鉴定，存在下列情形之一的，人民法院应当准许：（一）鉴定人不具备相应资格的；（二）鉴定程序严重违法的；（三）鉴定意见明显依据不足的；（四）鉴定意见不能作为证据使用的其他情形。存在前款第一项至第三项情形的，鉴定人已经收取的鉴定费用应当退还。拒不退还的，依照本规定第八十一条第二款的规定处理。对鉴定意见的瑕疵，可以通过补正、补充鉴定或者补充质证、重新质证等方法解决的，人民法院不予准许重新鉴定的申请。重新鉴定的，原鉴定意见不得作为认定案件事实的根据。"

（五）新形势下执行难度加剧

房地产行业受经济下行趋势影响严重，很多房地产企业濒临停业甚至进入破产清算程序。一方面，作为发包方的房地产企业进入破产程序后，承包人需通过债权申报参与分配，但破产财产通常不足以覆盖所有债权。且同一工程项目常因发包方存在多重纠纷，被不同法院轮候查封，导致承包人的建设工程价款优先受偿权难以实现。另一方面，除客观市场环境的变化外，发包方自身的项目资金管理不善及转移隐匿资产等行为都不同程度增加了执行难度。如发包方恶意通过关联交易、虚构债务、资产代持等方式转移有效资产；发包方自有资金与工程项目专项资金混同使用，导致执行法院难以区分责任财产。

三、建设工程施工合同纠纷的诉讼主体

建设工程施工合同纠纷的主体认定是司法实践中极具复杂性的法律问题。一般合同纠纷案件中，合同相对性原则是判断主体是否适格的基本原则。建设工程领域存在转包、违法分包、挂靠经营、联合承包等特殊模式，导致合同主体呈现多元化特征。针对建设工程领域的特殊性，《建工司法解释（一）》等相关司法解释在坚持合同相对性原则的基础上，基于实质公平和保护农民工权益的考量，突破了传统合同相对性原则的适用边界，对特定情形下的主体责任作出了例外规定。在建设工程施工合同纠纷案件审理过程中，法院结合合同效力、主体资质、实际履行情况等多重因素，准确界定各方权利义务。在维护合同相对性原则以保障交易安全的同时，又要通过例外规定实现实质公平，平衡各方利益。

（一）发包人

发包人，通常作为建设工程施工合同甲方，是与承包人直接签订建设工程施工合同的相对方，又称为发包单位、建设单位、项目法人或业主。发包人为房地产开发企业的，根据《房地产开发企业资质管理规定》，必须依法取得房地产开发资质等级证书，且其开发建设的项目规模应当与其资质等级允许的范围相一致。

除房地产开发企业作为项目开发建设主体外，在建设工程施工合同纠纷

中,普遍存在的一个主体是代建单位。根据财政部在2004年出台的《国务院关于投资体制改革的决定》,代建制度是指"对非经营性政府投资项目加快推行'代建制',即通过招标等方式,选择专业化的项目管理单位负责建设实施,严格控制项目投资、质量和工期,竣工验收后移交给使用单位"。在建设工程项目中,代建一般指建设单位选择社会专业化的社会管理单位,简称代建单位,由其负责项目的投资管理和建设组织实施工作,严格控制项目投资、质量和工期,项目建成后交付给使用单位的制度。由于国内目前缺乏统一明确的规范代建制度法律法规体系,因此在工程施工纠纷中代建单位的性质认定、主体资格、责任承担方式等问题存在诸多争议。近年来,山东、河北、福建等部分省市陆续出台对政府投资项目代建制的管理办法,进一步明确代建单位的来源、代建模式、各方权责等,以进一步规范代建制度。

(二)承包人

承包人是指与发包人签订建设工程施工合同,负责按约定完成工程施工建设任务的民事主体。承包人在建设工程施工合同纠纷中既是权利主体也是责任主体。

如前所述,作为工程项目的施工方,承包人需具备相应的法定施工资质,并在其资质等级许可的范围内承揽工程施工。承包人在工程施工过程中,为保证工程质量,必须符合国家有关建筑工程安全标准的要求,按照设计单位的图纸和施工标准进行工程建设,对建筑材料、建筑配件和建筑设备进行检查检验,不得偷工减料,不得将工程转包、支解分包或违法分包。承包人需对施工质量承担终身责任,对生产过程中出现的安全生产事故承担责任。承包工程施工的单位违反《民法典》及《建筑法》等相关法律法规约定的,除应当承担合同无效、支付违约金等民事责任外,还面临承担行政责任和刑事责任的风险。

在建设工程项目施工过程中,施工方所在地与项目所在地不在同一地区,部分施工方为保证项目推进可能会设立施工单位项目部,项目部往往随工程的开工建设而成立,随着工程的竣工验收而解散或者撤销,不具备独立法人资格,属于施工单位的分支机构或职能部门。那么,在司法实践中,施工单位的项目部是否具有主体资格?

根据《民事诉讼法解释》第 52 条规定，法人依法设立并领取营业执照的分支机构，属于《民事诉讼法》第 51 条规定的其他组织，是可以作为诉讼主体参加诉讼的。因此，施工单位的项目部是否属于建设工程施工合同纠纷的适格主体，最根本的是要看其是否属于领取营业执照的分支机构。如果项目部已领取营业执照，则应认定为分支机构，可以作为民事诉讼的当事人，即项目部可以作为独立的诉讼主体以原告、被告或第三人的身份参与诉讼。如果项目部没有领取营业执照，应以其所属企业法人为当事人参加诉讼。

（三）被挂靠人

被挂靠人，是指具备相应建筑施工资质，但将其资质出借给无资质或资质不足的实际施工人（挂靠人）后，以自身名义承揽工程，与发包人签订建设工程施工合同，但不实际参与工程施工管理的建筑施工企业，其通常收取管理费或“挂靠费”，但不承担工程盈亏风险。被挂靠人应当承担的责任不因合同无效而免除，依据《建工司法解释（一）》的规定，仍需对工程质量向发包方承担连带责任。

在建设工程施工合同纠纷中，被挂靠人是否明知挂靠事实对于责任承担的认定有直接关系，是判断其责任范围的关键。存在证据证明被挂靠人明知挂靠行为的情况下，被挂靠人除应当承担连带责任外，还面临更为严重的行政处罚。如果被挂靠人能证明已经尽到合理审查义务，自身对挂靠行为不知情的情况下，法院可能酌定在一定范围内减轻挂靠人的责任承担。

（四）转包人与违法分包人

违法分包人是指违反《民法典》第 791 条、《建筑法》第 29 条及《查处管理办法》第 11 条和第 12 条的规定，将工程分包给无资质单位的、把单位工程或分部分项工程分包给其他单位或个人施工的承包单位。根据《建设工程质量管理条例》的规定，违法分包具体包括以下几种情形：（1）总承包单位将建设工程分包给不具备相应资质条件的单位的；（2）建设工程总承包合同中未有约定，又未经建设单位认可，承包单位将其承包的部分建设工程交由其他单位完成的；（3）施工总承包单位将建设工程主体结构的施工分包给其他单位的；（4）分包单位将其承包的建设工程再分包的。

根据《查处管理办法》第 7 条的规定，转包是指承包单位承包工程后，不履行合同约定的责任和义务，将其承包的全部工程或者将其承包的全部工程支解后以分包的名义分别转给其他单位或个人施工的行为。

违法分包及转包建设工程签订的建设工程施工合同因违反强制性规定应当认定为无效，合同无效并不免除违法分包人与转包人应当承担的法律责任：(1)法院有权追缴其违法所得；(2)应当按照合同约定的折价补偿支付工程款；(3)就违法分包及转包的工程向发包方承担连带责任；(4)面临承担罚款等行政责任。

(五)挂靠人

根据《查处管理办法》第 9 条的规定，挂靠人是指不具备相应建筑施工资质，通过借用有资质的建筑施工企业(被挂靠人)名义承揽工程，包括参与投标、订立合同、办理有关施工手续、独立负责工程资金投入、人员管理并实际负责工程施工的自然人、法人或其他组织。

在实务中，法院认定是否存在挂靠关系的裁判原则主要有：(1)被挂靠企业与实际施工有无直接关系，如被挂靠企业是否已派驻项目管理人员或派驻项目管理人员是否实际履职，实际参与项目施工的管理；(2)工程价款的支付路径，如工程款是否直接由发包人支付至挂靠人账户，或被挂靠企业收取后全额转移支付至挂靠人；(3)是否存在挂靠协议，如双方签订挂靠协议，明确约定资质借用、管理费比例及责任分担或者在双方未签订书面协议时，通过资金流向、施工记录、人员配置等间接证据综合认定。

根据《建筑法》第 26 条的规定，禁止建筑施工企业以任何形式用其他建筑施工企业的名义承揽工程。因此，挂靠人与被挂靠人签订的施工合同无效。合同虽被认定为无效，挂靠人应承担相应的义务。根据《建工司法解释(一)》第 7 条的规定，挂靠人与被挂靠人应就工程质量问题对发包人承担连带质量修复及赔偿责任；挂靠人仍享有工程价款补偿请求权，工程竣工验收合格的，挂靠人依据《民法典》第 793 条第 1 款规定，有权要求参照施工合同关于工程价款的约定获得折价补偿。

(六)实际施工人

实际施工人是指依照法律规定被认定为无效的施工合同中实际投入资金、劳动力完成工程建设的施工主体,包括转承包人、违法分包的承包人等,其可能是法人、非法人团体、个人合伙、自然人(包工头)等当事人以实际施工人身份主张权利的,应当对其实际投入工程的资金、设备、材料、人工等事实进行举证。①

实际施工人并不属于严格意义上的法律概念,司法实践中对于实际施工人的认定标准在理论界及实务界均存在争议。司法实践中,对于施工人的审查与认定已经成为人民法院审理这类案件的重点和难点。对于实际施工人的认定标准主要有:施工人是否在合同签订前与发包人沟通协商项目建设事宜;施工人是否参与工程施工管理,如委派管理人员驻场等;施工人是否存在投资或收款行为,如直接采购建材并支付费用、收取发包人或承包人支付的工程款;转包人、违法分包人或出借资质的承包人是否存在收取管理费等。②

对于实际施工人借用资质订立的建设工程施工合同的合同效力问题在学术界和司法实务中同样存在一定争议。部分观点认为应根据发包人是否出于善意,在签订合同时是否明知存在挂靠的事实来认定合同的效力。③ 部分观点认为挂靠行为出现的原因是多种多样的,不应仅依据存在挂靠行为即认定合同无效。④

《建工司法解释(一)》在以合同相对性原则为适用基础的前提下,为了保护实际施工人的利益,规定了合同相对性原则适用的例外情形。其中,根据该解释第 26 条和第 43 条规定,实际施工人在转包或违法分包情形下,可突破合同相对性直接起诉发包人,要求其在欠付工程款范围内承担责任。根据《建工司法解释(二)》(已失效)第 24 条规定,实际施工人有权将发包人、转包人、违法分包人作为共同被告,主张各方依据合同关系承担相应的责任。上述规定虽

---

① 参见山东省高级人民法院《关于审理建设工程施工合同纠纷案件若干问题的解答》第 1 条。

② 参见孙元清编著:《建设工程施工合同纠纷案件审理实务》,法律出版社 2024 年版,第 200 页。

③ 参见谢勇、张静思:《挂靠施工情况下应区分发包人是否善意来认定建设工程施工合同的效力》,载最高人民法院民事审判第一庭编:《民事审判指导与参考》总第 80 辑,人民法院出版社 2020 年版。

④ 参见唐倩:《挂靠施工合同的效力分析》,载《法律适用》2019 年第 5 期。

然突破了传统的合同相对性原则,但对于实际施工人在合同无效情形下维护自身合法权益提供了制度保障,具有积极意义。

在转包或违法分包情形外,借用挂靠资质的施工人无权向发包人在欠付的工程款内主张权利,最高人民法院民事审判第一庭在2021年第20次专业法官会议纪要中确认了上述规定,依据会议纪要可知,《建工司法解释(一)》并未规定借用资质的实际施工人有权请求发包人在欠付工程款范围内承担责任。

四、建设工程施工合同纠纷的管辖

根据《民事诉讼法》第2章的相关规定,我国民事案件的管辖类型分为指定管辖、移送管辖、级别管辖和地域管辖。指定管辖是指上级法院通过裁定的方式确定某一个具体案件的管辖法院,一般适用于存在管辖权异议或出现法院回避事由等情形。移送管辖是指法院受理案件后,发现自身无管辖权,将案件移送至有管辖权的法院进行审理。级别管辖是根据纠纷案件标的额和社会影响,划分不同层级法院的审判权限,各省高级人民法院一般根据本地实际情况指定级别管辖的标准。地域管辖是根据当事人住所地、法律行为发生地或标的所在地等地域因素确定案件管辖法院。地域管辖包含四种类型:(1)一般地域管辖,即"原告就被告"原则,由被告住所地管辖;(2)特殊地域管辖,即根据诉讼标的所在地、被告住所地与法院辖区之间的关系确定;(3)专属管辖,即特定类型的纠纷案件应根据《民事诉讼法》的明确规定确定管辖法院;(4)协议管辖,即合同双方可协商一致约定管辖法院,但不得违反级别管辖和专属管辖的规定。

精准判断建设工程施工合同纠纷案件的管辖,保障司法公正与效率,把握案件的程序性问题,是办理建设工程施工合同案件不容忽视的问题。

(一)管辖基本原则——专属管辖

《民事诉讼法》第34条中规定了不动产纠纷适用专属管辖原则,由不动产所在地人民法院管辖。《民事诉讼法解释》第28条第2款规定了建设工程施工合同纠纷按照不动产纠纷确定管辖的原则。因此,建设工程施工合同纠纷案件属于专属管辖的范围,即建设工程合同纠纷应由建设工程所在地人民法院管辖。专属管辖的规定具有强制性和排他性,排除了合同双方协议约定管辖的可能。在建设工程施工合同纠纷案件中，建设工程施工合同的履行基本是在建设工程所在地，即不动产所在地，其争议会经常涉及建筑物工程造价评估、质量鉴定、留置权优先受偿、执行拍卖等，故由不动产所在地法院管辖，[①]这一专属管辖的规定更有利于此类案件的审理与执行。

与建设工程施工合同纠纷相关的分包合同纠纷、勘察设计合同纠纷、设计合同纠纷是否应当适用专属管辖原则，这一问题存在一定的争议。目前主流观点认为，除建设工程施工合同纠纷案件应当适用专属管辖外，根据《民事案件案由规定》第115个三级案由“建设工程合同纠纷”项下的建设工程施工相关的案件：建设工程价款优先受偿权纠纷；建设工程分包合同纠纷；建设工程监理合同纠纷；装饰装修合同纠纷；铁路修建合同纠纷；农村建房施工合同纠纷[②]均应适用不动产专属管辖原则。

（二）级别管辖

根据《民事诉讼法》第18～21条的规定，一般情况下建设工程施工合同纠纷案件级别管辖的原则是：（1）原则上应由建设工程所在地的基层人民法院管辖；（2）案件争议标的额大、案情复杂的案件或者一方当事人人数众多等具有重大影响的案件，一审由建设工程所在地的中级人民法院管辖；（3）本辖区有重大影响的建设工程施工合同纠纷案件，一审由建设工程所在地高级人民法院管辖；（4）在全国有重大影响，或其认为应当由其审理的建设工程施工合同纠纷案件，由最高人民法院管辖。

关于诉讼标的金额对于级别管辖的影响，应根据最高人民法院《关于调整中级人民法院管辖第一审民事案件标准的通知》（2021年）进行判断：（1）当事人住所地均在或者均不在受理法院所处省级行政辖区的，中级人民法院管辖诉讼标的额5亿元以上的第一审民事案件。（2）当事人一方住所地不在受理法院所处省级行政辖区的，中级人民法院管辖诉讼标的额1亿元以上的第一审民事案件。

---

① 参见孙元清编著：《建设工程施工合同纠纷案件审理事务》，法律出版社2024年版，第54页。

② 参见高民智：《关于民诉法解释中有关管辖若干问题的理解与适用》，载《人民法院报》2015年8月27日，第5版。

（三）仲裁管辖

根据《仲裁法》第 3 条规定，建设工程施工合同纠纷不属于禁止仲裁的纠纷类型，且《仲裁法》第 6 条规定，仲裁不实行级别管辖和地域管辖。同时，根据《民事诉讼法》第 127 条规定，人民法院对下列起诉，分别情形，予以处理："（二）依照法律规定，双方当事人达成书面仲裁协议申请仲裁、不得向人民法院起诉的，告知原告向仲裁机构申请仲裁"。

因此，建设工程施工合同纠纷应适用专属管辖的规定仅限于民事诉讼案件，由于在《仲裁法》中并没有专属管辖的相关规定，在建设工程施工合同中双方将争议解决方式约定为仲裁并不违反专属管辖的规定。合同双方可以通过有效的仲裁条款约定仲裁作为争议解决方式，从而不再适用工程所在地人民法院专属管辖。需要注意的是，仲裁的方式需要以仲裁协议有效为前提，在形式要件上应当采用书面形式，内容上应有明确的仲裁事项和仲裁的合意以及选定的仲裁机构。

（四）代位权管辖

在建设工程施工合同履行过程中，挂靠人即实际施工人常因被挂靠人怠于向发包人主张工程款债权请求权，需要以被挂靠人名义行使代位权主张工程款，维护自己的合法权益。

然而，《民事诉讼法》及司法解释未对代位权诉讼的管辖做出明确规定。原《合同法司法解释（一）》（已失效）第 14 条规定代位权诉讼由被告住所地人民法院管辖，同时如上所述，建设工程施工合同纠纷按照不动产纠纷适用专属管辖规定，由建设工程所在地人民法院管辖。建设工程施工合同纠纷中的代位权诉讼与普通代位权诉讼不同的是，其一般存在建设工程项目工程款的结算争议，涉及建设工程施工合同纠纷。因此，两个司法解释的规则冲突导致代位权管辖问题存在争议，法院在确定实际施工人代位权诉讼的管辖权时出现不一致的裁判观点。部分法院认为，因建设工程施工合同产生的代位权诉讼应由被告住所地法院管辖，部分法院则认为应适用专属管辖，由建设工程所在地法院管辖。

此外，代位权诉讼是否应受承包人、转包人、违法分包人与发包人之间协议管辖条款或仲裁条款的约束，各地法院的裁判尺度也存在差异。代位权管辖规定不明确且司法实践中存在不同的认定标准，不仅增加了实际施工人的诉讼成本，也增加了各方的讼累。

2023年12月，最高人民法院发布《合同编通则司法解释》对代位权诉讼的管辖问题作出了明确规定。《合同编通则司法解释》第35条规定："债权人依据民法典第五百三十五条的规定对债务人的相对人提起代位权诉讼的，由被告住所地人民法院管辖，但是依法应当适用专属管辖规定的除外。债务人或者相对人以双方之间的债权债务关系订有管辖协议为由提出异议的，人民法院不予支持。"《合同编通则司法解释》第36条规定："债权人提起代位权诉讼后，债务人或者相对人以双方之间的债权债务关系订有仲裁协议为由对法院主管提出异议的，人民法院不予支持。但是，债务人或者相对人在首次开庭前就债务人与相对人之间的债权债务关系申请仲裁的，人民法院可以依法中止代位权诉讼。"

《合同编通则司法解释》的上述规定，一方面摒弃了此前部分法院以存在有效的仲裁协议为由直接裁定驳回债权人起诉的情形，有利于真正发挥代位权制度的功能，维护实际施工人的合法权益；另一方面充分尊重当事人的意思自治，允许仲裁程序与诉讼程序并行，维护了仲裁制度的独立性以及仲裁协议的效力。

根据《合同编通则司法解释》的规定，建设工程施工合同纠纷中的代位权诉讼管辖规则总结为如下三点：

1. 应当优先适用专属管辖

根据《合同编通则司法解释》第35条第1款规定，实际施工人提起的代位权诉讼涉及建设工程价款债权的，应由建设工程所在地人民法院专属管辖。由于建设工程发包人、转包人、违法分包人之间关系的复杂性，如代位权诉讼涉及的债权不属于建设工程价款债权，而是涉及借款、违约金等其他债权的，仍由被告住所地人民法院管辖。

2. 排除发包人与承包人协议管辖条款的约束

根据《合同编通则司法解释》第35条第2款规定，被挂靠人或者发包人以双方之间的债权债务关系订有管辖协议为由提出异议的，人民法院不予支持。

合同具有相对性,实际施工人并不是承包人、转包人、违法分包人与发包人之间协议的当事人,其不应受协议管辖的约束。

3. 不受发包人与承包人之间仲裁协议的限制

根据《合同编通则司法解释》第 36 条规定,在实际施工人以发包人为被告提起的代位权诉讼中,发包人如以与承包人之间存在仲裁协议为由提出管辖异议,将得不到法院支持。如果被挂靠人或者发包人在首次开庭前申请仲裁,法院可中止代位权诉讼,待发包人与转包人、违法分包人之间的仲裁裁决生效后恢复审理。

(五)补充协议中约定变更争议解决方式的条款是否有效

在建设工程项目中,合同双方通过签订补充协议以变更建设工程施工合同中纠纷解决方式的现象较为常见。根据《招标投标法》规定,如果案涉建设工程项目属于必须招标投标的项目,那么双方通过补充协议约定变更争议解决方式是否有效?

《招标投标法》第 45 条第 2 款规定:"中标通知书对招标人和中标人具有法律效力。中标通知书发出后,招标人改变中标结果的,或者中标人放弃中标项目的,应当依法承担法律责任。"《建工司法解释(一)》第 2 条第 1 款规定:"招标人和中标人另行签订的建设工程施工合同约定的工程范围、建设工期、工程质量、工程价款等实质性内容,与中标合同不一致,一方当事人请求按照中标合同确定权利义务的,人民法院应予支持。"根据上述规定,建设工程中标合同不应再进行实质性内容的变更。补充协议约定变更争议解决方式是否属于实际变更,变更约定条款是否有效?

目前主流观点认为,通过补充协议变更主合同的纠纷解决方式的约定是有效的。

首先,从现行法律及司法解释的规定来看,在我国法律体系中,当事人意思自治是一项重要的法律原则,根据《民法典》第 543 条,当事人有权在法律允许的范围内自主决定合同的内容和形式,包括对纠纷解决方式的选择和变更。当事人有权另行签订补充合同以变更纠纷解决方式。根据《建工司法解释(一)》第 2 条第 1 款的相关规定,建设工程的工程范围、建设工期、工程质量和工程价款等内容属于建设工程合同的实质性内容。纠纷解决方式的变更并非属于对内容的实质性变更。该条款旨在维护招标投标活动的严肃性和公正性，防止当事人随意改变中标结果，但并未禁止当事人在中标后对非实质性内容进行协商变更。

其次，主流裁判观点也认为通过补充合同变更主合同的纠纷解决方式的约定是有效的。

◎类案裁判要旨精编

最高人民法院(2019)最高法民申4899号再审民事裁定书：主合同《EPC总承包合同》约定由有管辖权法院管辖，而《三方补充协议》将争议解决方式变更为上海国际经济贸易仲裁委员会(上海国际仲裁中心)仲裁解决，并约定“本协议作为主合同的补充协议，与主合同不一致之处，以本协议为准”。从订立时间来看，《三方补充协议》成立生效的时间在《EPC总承包合同》之后，成立在后的合同视为是对成立在前的合同内容的变更；从《三方补充协议》的内容来看，《三方补充协议》是对《EPC总承包合同》的补充和变更，是《EPC总承包合同》的一部分。因此，关于《EPC总承包合同》的争议解决应以《三方补充协议》的约定为准。

最高人民法院民事审判第一庭在《民事审判实务问答》中认为，[①]当事人另行签订补充合同以变更纠纷解决方式属于当事人意思自治的范畴，纠纷解决方式的变更并不涉及工程范围、建设工期、工程质量、工程价款等实质性内容，因此争议解决方式不属于对合同内容的实质性变更。当事人通过补充协议变更争议解决方式的，若未违反专属管辖或级别管辖规定，原则上应属有效。

五、建设工程施工合同纠纷的高频争议焦点

我国建筑行业长期存在工程转包、资质借用挂靠、违法分包等违法违规操作行为，工程招投标环节存在围标串标、暗箱操作等乱象，这些行业长期普遍存在的问题暴露出建设工程领域市场监管机制不健全、行业竞争秩序不规范的问

① 参见最高人民法院民事审判第一庭编：《民事审判实务问答》，法律出版社2021年版，第84页。

题。在这样的市场环境中,企业面临生存发展困境:盈利空间被压缩、项目质量管控失效导致工程质量事故,工程款结算严重滞后形成大量应收账款,严重影响施工企业的运转,直接导致施工企业与建设单位之间出现工程质量缺陷责任认定争议、工程款支付期限争议、合同履约保证金返还纠纷等一系列法律问题。据司法机关统计数据,近年来建设工程施工合同纠纷案件在民事案件总量中的占比持续攀升,此类纠纷主要集中在以下几个核心争议焦点:一是施工合同效力争议,二是工程价款结算争议,三是工期延误争议,四是工程质量争议,五是工程价款优先受偿权争议。这些争议焦点既涉及《民法典》《建筑法》等实体法律规范的适用,也关联到工程量司法鉴定等程序规则,给司法实务工作带来了较大挑战。

(一)合同效力争议

对合同效力的认定是审理建设工程合同纠纷的首要任务,施工合同的效力将直接影响后续合同双方权利义务及实际施工人等其他相关主体权益的认定。由于建设工程领域具有严格的资质管理制度、有力的行政监管体系等特点,使得建设工程施工合同的无效情形显著多于一般民事合同。

具体而言,在司法实践中,建设工程施工合同无效的情形主要有:发包人未取得建设用地规划许可证或建设工程规划许可证等规划审批手续对外发包工程所订立的合同;承包人未取得建筑工程施工资质或者超越资质等级承包建筑工程所订立的施工合同;不具有建筑施工资质的建筑施工企业使用具有相应资质条件的建筑企业的名义和资质证书与建筑单位订立的施工合同;必须进行招标的建筑工程项目未招标或者中标无效而订立的施工合同;招投标过程中存在串通投标、骗取中标、违规谈判等事实而订立的施工合同;存在实质性内容变更的中标施工合同;承包人非法转包、违法分包订立的施工合同等情形。

需要注意的是,合同效力争议往往与其他争议焦点存在复合关联关系。当合同效力被否定后,工程价款结算、优先受偿权行使等问题的认定及结果将随之出现变化,施工合同中的相关约定将对双方失去约束力,转而适用《民法典》《建工司法解释(一)》等法定规则。以违法分包及转包情形下实际施工人签订的合同无效为例,虽建设工程施工合同无效,但是实际施工人有权主张适用折价补偿原则,即工程经验收合格的,实际施工人可以请求参照合同关于工程价款的约定获得折价补偿。

(二)工期争议

工期的确定在建设工程施工合同纠纷案件中具有重要意义,工期的认定是判断承包人是否逾期竣工而应承担违约责任的依据,也是认定超过合同约定工期期间的工料价格上涨损失的依据,同时有助于对停工窝工所造成损失的计算。

工程项目施工周期普遍较长,因此工期出现顺延的因素具有多样性。不可抗力、客观条件的多变(如天气、政策调整、疫情)、承包人的履约能力和施工质量不符合约定导致返工、发包人多次进行设计变更导致工程量增加、发包人未按施工进度支付工程款导致承包人停工等情形均加剧了工程施工工期的不可控性。建设工程施工合同的工期认定成为合同双方责任推诿的重灾区,承包人主张工期顺延以规避违约责任,发包人则试图压缩工期认定以获取违约金或损失赔偿。

司法实践中,法院对于工期的审查有赖于双方充分举证,包括提交具有证明力的签证单、监理日志、会议纪要、往来函件等书面文件,从而进一步认定工期逾期违约责任的分配与承担。一方面,需要通过审理认定开工与竣工日期,建设工程施工周期长、施工行为受外界各类复杂因素影响大,在各种不同情形下的开工、竣工日期是不一致的,需结合不同的证据及案件客观事实予以认定。例如,先于施工许可证颁发日前进行施工的,开工日从何起算;工程完工后发包人没有组织验收即投入使用,如何确定竣工日期等。另一方面,需要正确认定工期顺延的原因及责任分担,施工过程中造成工期顺延的原因是多方面的,既有承包人施工不当或施工能力的问题,也有发包人设计变更、工程量增加、未按约支付工程进度款等原因。此外,施工过程中是否存在意外事件或不可抗力影响正常施工,也是需认真注意审查的内容。正确审查、认定工期顺延的原因,有助于对工程逾期竣工违约责任及停、窝工损失的认定。① 若双方均存在过错(如

---

① 参见周峰:《建设工程施工合同纠纷裁判精要》,法律出版社 2020 年版,第 47 页。

承包人施工质量缺陷导致返工,同时发包人设计变更增加工程量),法院可能按过错比例减轻承包人责任。

(三)工程质量争议

施工工程质量是建设工程中至关重要的一环,施工工程质量是否合格会直接影响承包人是否有权要求发包人支付全部工程价款,同时会直接影响发包人是否有权要求承包人承担违约责任。在建设工程施工合同案件中,多数情况下,工程质量问题均由发包人主动提起诉讼或者在承包人索要工程款的案件中提起抗辩或者反诉。

在出现工程质量争议时,由于建设工程质量问题具有较强的专业性,法官基本无法作出事实层面上的判断,包括:质量问题是否存在,属于哪种性质的质量问题,影响大小如何,是否在保修范围,是否需要修复,修复方法有哪几种,最为经济、合理的是哪一种,修复方案需要花费多少造价等。所以,大量工程质量案件,需要通过工程质量司法鉴定解决事实上的争议,[①]以确认工程质量问题确实存在抑或仅是发包人应对诉讼的技巧。在审理过程中,法院根据发包人提供的证据,结合工程质量鉴定报告以及工程的客户实际情况,对工程质量异议的性质、缺陷责任的承担主体予以综合判断认定。

工程项目建设过程中,发包人、勘察单位、设计单位、施工单位和监理单位的工作环环相扣,任何一个环节均可能导致出现工程质量问题。例如经审理认定,工程质量系承包人过错所致,承包人需承担修理、返工等保修责任;承包人可能丧失建设工程价款优先受偿权;又如根据《建工司法解释(一)》第38条规定,若因质量缺陷导致工程无法交付,承包人主张优先受偿权将面临法律障碍;发包人有权行使合同解除权;再如根据《民法典》第563条规定,主体结构质量不合格构成根本违约,发包人可据此解除合同并要求承包人承担违约责任及损失赔偿责任;承包人可能面临承担行政处罚的风险,施工单位因偷工减料导致质量事故的,将面临罚款、资质降级、吊销营业执照等行政处罚。

---

① 参见周利明:《解构与重塑:建设工程合同纠纷审判思维与方法》(第2版),法律出版社2021年版,第597~613页。

(四)结算争议

工程价款是建设工程施工合同的核心利益。在工程竣工验收合格后,建设工程施工合同双方根据合同约定的合同价款或计价标准,并根据合同价款的调整内容等事项确定最终的工程价款。然而,工程价款结算过程中,因合同条款约定的缺陷模糊,以及因工程施工过程中的变动,导致该类争议频发。

首先,从合同约定角度来看,导致工程款结算争议的主要原因有:(1)合同计价方式或结算程序条款约定不明导致价款结算争议。固定总价合同中人工及建材价格出现波动,导致容易出现因材料上涨导致的结算争议。(2)合同中对于逾期审核答复结算意见等内容约定存在缺陷,导致出现竣工结算文件是否取得双方认可,是否可以作为结算依据的争议。(3)同一工程项目存在两份或多份合同,导致双方对于选择哪一份合同作为结算工程款的基础依据出现争议等。

其次,从工程实际施工过程来看,导致工程款结算争议的主要原因有:(1)工程施工过程中出现设计变更,导致工程量增加,但承包方能以提供具有证明力的联系单、签证单等文件证明自身的主张;(2)建材和人工价格波动且缺乏价格调整机制,导致双方对于最终建材和人工的结算基准价存在争议;(3)发包人提出工期延误索赔、工程质量索赔等争议,多个争议焦点并行,影响工程价款的结算等。

最后,除合同约定和实际施工状况可能导致结算争议外,因财政或行政部门等第三方的审计问题导致结算争议的情形也较为突出。行政审计、财政评审部门未能按照发包方与承包方双方约定的期限出具审计意见或者在合理期限内未出具意见,或者审计、财政评审机构明确表示无法进行审计,可能导致发包方、承包方双方长时间无法形成结算文件,为避免双方当事人之间的纠纷长期处于不确定状态,人民法院可以准许当事人的司法鉴定申请。但人民法院启动司法鉴定前,应当与审计、财政评审机构沟通确认未出具审计意见的具体原因。如果财政评审机构能及时出具审计意见,则原则上以财政评审意见作为结算依据。①

---

① 参见肖峰、韩浩:《建设工程价款结算及其优先受偿权的若干事务问题》,载《人民司法》2021年第22期。

否则应根据当事人的申请启动司法鉴定,以司法鉴定意见作为结算依据。在司法鉴定过程中,行政审计、财政评审出具审计政评结论,如果当事人双方愿意接受该审计意见,为节约诉讼资源、提高诉讼效率,则应以该结论作为结算依据。

在司法实践中,工程价款结算争议作为争议焦点的案件审理过程往往有如下特征:其一,证据规则的适用具有特殊性,施工日志、监理记录、会议纪要等过程性文件往往构成关键证据链,以证明工程量的变更等关键事实;其二,鉴定程序的启动具有普遍性,工程款结算争议的复杂性往往需要启动司法鉴定作为技术支撑手段,当合同约定不明且双方无法达成一致时,法院通常依申请或依职权启动工程造价鉴定,鉴定结果在一定程度上能够弥补证据缺陷,影响最终的裁判结果。

(五)建设工程价款的优先受偿权

《民法典》第807条规定,发包人未按照约定支付价款的,承包人可以催告发包人在合理期限内支付价款。发包人逾期不支付的,除根据建设工程的性质不宜折价、拍卖外,承包人可以与发包人协议将该工程折价,也可以请求人民法院将该工程依法拍卖。建设工程的价款就该工程折价或者拍卖的价款优先受偿。

《建工司法解释(一)》第35条规定,与发包人订立建设工程施工合同的承包人,有权依据《民法典》第807条的规定请求其承建工程的价款就工程折价或者拍卖的价款优先受偿。《建工司法解释(一)》第36条规定,承包人的建设工程价款优先受偿权优于抵押权和其他债权,这一规定明确了承包人依法享有的建设工程价款债权优先于抵押权及其他债权受偿。

承包人在建设工程施工合同中享有的优先受偿权属于《民法典》及《建工司法解释(一)》直接规定的法定权利,具有强制性和法定性。建设工程优先权的制度是从保护承包人的利益出发,最终保障农民工等劳动者的生存利益考虑而设计的,体现了生存利益优先于经营利益的指导思想,也体现了维护社会稳定、维护劳动者权益的政策考量,承包人订立合同时承诺放弃优先受偿权的,也不能因此认定其债权优先权丧失,该权利不因当事人的约定而排除。这不仅体现了对承包人权益的特殊保护政策,而且从社会学角度考虑,建设工程价款中包含劳动者利益(建筑工人的工资)。对承包人利益予以优先保护,有利于保护劳动者的生存权利这一最基本权利,符合当前中国国情。①

根据《民法典》第793条第1款规定,建设工程施工合同无效,但是建设工程经验收合格的,可以参照合同关于建设工程价款的约定折价补偿给承包人。根据《建工司法解释(一)》第38条规定,建设工程质量合格的,人民法院支持承包人关于承建工程的价款请求优先受偿。综上,承包人享有建设工程价款优先受偿权的前提为建设工程的质量合格。

建设工程价款优先受偿权的行使范围包括承包人为建设工程应当支付的工作人员报酬、材料款等实际支出费用,不包括承包人因发包人违约造成的损失。而利息系法定孳息,应属于建设工程价款优先受偿权的行使范围。

根据上述规定,只有与发包人订立建设工程施工合同的承包人才享有建设工程价款优先受偿权。实务中,对于转包、违法分包合同关系中的实际施工人不享有建设工程价款优先受偿权的认识比较统一,关于借用资质的实际施工人是否享有建设工程价款优先受偿权存在一定争议。第一种观点认为,发包人认可、同意的挂靠人与发包人存在事实上的合同关系,系实际承包人,享有建设工程价款优先受偿权。第二种观点认为,挂靠情形下的实际施工人,包括发包人认可、同意的挂靠人以及与发包人存在事实合同关系的实际承包人,亦不享有建设工程价款优先受偿权。挂靠与转包、违法分包同为法律禁止,应当按同一标准认定,其实际施工人不是《建筑法》规定的合法承包人,不享有建设工程价款优先受偿权。最高人民法院民事审判第一庭在《最高人民法院新建设工程施工合同司法解释(一)理解与适用》一书中的观点非常明确,转包、违法分包以及借用资质签订的建设工程施工合同依法应当被认定为无效合同,实际施工人不应享有工程价款优先受偿权。如果允许对法律给予否定性评价的无效合同中的实际施工人,享有与合同有效中的合法承包人同等的法律权利,将不利于规制建设工程领域违法行为的发生。②

① 参见最高人民法院民事审判第一庭编著:《最高人民法院新建设工程施工合同司法解释(一)理解与适用》,人民出版社2021年版,第377页。

② 参见最高人民法院民事审判第一庭编著:《最高人民法院新建设工程施工合同司法解释(一)理解与适用》,人民出版社2021年版,第363~364页。

第二章　建设工程施工合同的效力

一、概述

合同效力是法律赋予依法成立的合同对合同当事方所产生的约束力。从民商事审判的角度来看,合同效力是司法机关进行裁判时必须评判的内容,对于合同效力问题,对法院司法审查的要求是“主动审查、必须审查、不得有误”,即法官对当事人之间存在的合同关系,应在识别合同性质的基础上,主动审查合同是否有效,而不应以当事人未提出异议或者抗辩为前提,也不应以当事人各方一致确认的合同效力直接作为裁判的依据。① 合同效力认定的重要性可见一斑。

《民法典》在第一编总则编的第六章第三节中对合同效力进行了详细规定。根据《民法典》的规定,依据效力不同,合同主要可划分为四种类型,一是有效合同,二是无效合同,三是可撤销合同,四是效力待定的合同。

建设工程的重要性、复杂性和建设工程施工合同本身的复合性,导致建设工程施工合同的效力认定与一般民事合同相比,具有较强的特殊性。在建设工程领域,市场主体的无序竞争、主体违法违规现象频发,导致我国建筑行业的相关立法对建设工程施工合同当事人的意思自治施加了诸多限制。②

在法律层面,除《民法典》外,《招标投标法》、《招标投标法实施条例》、《建筑法》以及《建设工程质量管理条例》等法律和行政法规,也是认定建设工程施工合同效力的主要法律依据。在司法解释层面,《建工司法解释(一)》对建设

---

① 参见周利明:《解构与重塑:建设工程施工合同纠纷审判思维与方法》(第 2 版),法律出版社 2021 年版,第 145 页。

② 参见最高人民法院民事审判第一庭编著:《最高人民法院新建设工程施工合同司法解释(一)理解与适用》,人民法院出版社 2021 年版,第 14 页。

工程施工合同无效的情形进行了具体和细致的规定,但是未对建设工程施工合同可撤销以及效力待定的情形进行规定。因此,司法实践中建设工程施工合同是否存在可撤销以及效力待定的情形,仍需要适用《民法典》的相关规定进行认定。

二、建设工程施工合同无效的常见情形

合同无效,是指当事人所缔结的合同因严重欠缺生效要件,在法律上不按当事人合意的内容赋予效力,但并非不发生任何效力,而是发生法律规定的后果。① 根据《民法典》的规定,合同无效的情形主要有以下几种:第一,当事人无民事行为能力;第二,当事人通谋虚伪意思表示;第三,恶意串通损害他人合法权益;第四,违反法律、行政法规的效力性强制性规定;第五,违背公序良俗。

合同无效可分为全部无效和部分无效,全部无效即合同全部不发生效力,而部分无效即合同部分有效,部分无效。根据《民法典》的规定,合同部分无效不影响其他部分的效力,其他部分仍然有效。②

根据《民法典》《招标投标法》《招标投标法实施条例》《建筑法》《建设工程质量管理条例》等法律规定及《建工司法解释(一)》等司法解释的规定,本节对建设工程施工合同主要的无效情形归纳如下。

(一)建设工程施工合同全部无效的情形

1. 建设工程必须进行招标而未招标的,当事人签署的建设工程施工合同无效

《建工司法解释(一)》第 1 条第 1 款第 3 项规定,建设工程施工合同必须进行招标而未招标的,建设工程施工合同无效。

为了确保建设工程的质量安全、规范招标投标活动、提高工作效率、降低企业成本,《招标投标法》第 3 条明确规定了必须招标的项目范围,该条规定:"在中华人民共和国境内进行下列工程建设项目包括项目的勘察、设计、施工、监理

① 参见韩世远:《合同法总论》(第 4 版),法律出版社 2024 年版,第 168 页。

② 参见《民法典》第 156 条规定:"民事法律行为部分无效,不影响其他部分效力的,其他部分仍然有效。"

以及与工程建设有关的重要设备、材料等的采购，必须进行招标：（一）大型基础设施、公用事业等关系社会公共利益、公众安全的项目；（二）全部或者部分使用国有资金投资或者国家融资的项目；（三）使用国际组织或者外国政府贷款、援助资金的项目。

“前款所列项目的具体范围和规模标准，由国务院发展计划部门会同国务院有关部门制订，报国务院批准。法律或者国务院对必须进行招标的其他项目的范围有规定的，依照其规定。”

《招标投标法实施条例》第2条对《招标投标法》第3条规定的建设工程项目进行了明确，该条规定：“招标投标法第三条所称工程建设项目，是指工程以及与工程建设有关的货物、服务。

“前款所称工程，是指建设工程，包括建筑物和构筑物的新建、改建、扩建及其相关的装修、拆除、修缮等；所称与工程建设有关的货物，是指构成工程不可分割的组成部分，且为实现工程基本功能所必需的设备、材料等；所称与工程建设有关的服务，是指为完成工程所需的勘察、设计、监理等服务。”

根据《招标投标法》第3条第2款的规定，国家发展和改革委员会于2018年连续发布“16号文”和“843号文”，对必须招标的建设工程范围进行了进一步的细化。

2018年6月1日实施的《必须招标的工程项目规定》第2条规定：“全部或者部分使用国有资金投资或者国家融资的项目包括：（一）使用预算资金200万元人民币以上，并且该资金占投资额10%以上的项目；（二）使用国有企业事业单位资金，并且该资金占控股或者主导地位的项目。”第3条规定：“使用国际组织或者外国政府贷款、援助资金的项目包括：（一）使用世界银行、亚洲开发银行等国际组织贷款、援助资金的项目；（二）使用外国政府及其机构贷款、援助资金的项目。”第4条规定：“不属于本规定第二条、第三条规定情形的大型基础设施、公用事业等关系社会公共利益、公众安全的项目，必须招标的具体范围由国务院发展改革部门会同国务院有关部门按照确有必要、严格限定的原则制订，报国务院批准。”第5条规定：“本规定第二条至第四条规定范围内的项目，其勘察、设计、施工、监理以及与工程建设有关的重要设备、材料等的采购达到下列标准之一的，必须招标：（一）施工单项合同估算价在400万元人民币以上；

（二）重要设备、材料等货物的采购，单项合同估算价在200万元人民币以上；（三）勘察、设计、监理等服务的采购，单项合同估算价在100万元人民币以上。

“同一项目中可以合并进行的勘察、设计、施工、监理以及与工程建设有关的重要设备、材料等的采购，合同估算价合计达到前款规定标准的，必须招标。”

2018年6月6日实施的《必须招标的基础设施和公用事业项目范围规定》第2条规定：“不属于《必须招标的工程项目规定》第二条、第三条规定情形的大型基础设施、公用事业等关系社会公共利益、公众安全的项目，必须招标的具体范围包括：（一）煤炭、石油、天然气、电力、新能源等能源基础设施项目；（二）铁路、公路、管道、水运，以及公共航空和A1级通用机场等交通运输基础设施项目；（三）电信枢纽、通信信息网络等通信基础设施项目；（四）防洪、灌溉、排涝、引（供）水等水利基础设施项目；（五）城市轨道交通等城建项目。”

2020年10月19日实施的《国家发展改革委办公厅关于进一步做好〈必须招标的工程项目规定〉和〈必须招标的基础设施和公用事业项目范围规定〉实施工作的通知》，对前述规定进一步进行了分析和说明。

如果经审查认定建设工程存在上述必须招标而未招标的情形，发包人与承包人签署的建设工程施工合同，应属无效。

◎类案裁判要旨精编

最高人民法院（2021）最高法民终517号二审民事判决书：案涉工程属于县政府投资建设的大型市政基础设施项目，关系社会公共利益及公众安全。虽然采取BT（建设—移交）模式实施，但不改变工程性质，故案涉工程属于必须进行招标的建设工程项目。在此情况下，即便市场竞争不够充分，也须采取与工程项目建设相适应的缔约机制或履行相应的监管程序，否则难以保障项目建设正当合规的程序要求。承包人以签订之时社会认知不足、政策规范缺乏、市场竞争不充分为由主张案涉工程项目不属于必须招标的范围，理据不足。案涉合同虽有政府借以实现融资的目的，但不构成免于履行招标程序的充分理由，案涉建工合同因必须进行招标而未招标，认定无效。

最高人民法院（2014）最高法民一终字第108号二审民事判决书：本案所涉工程系使用国有资金进行投融资建设，属于《招标投标法》第3条第1款规定的必须进行招投标的项目。发包人通过竞争性谈判方式而非公开招投标的方式承建案涉项目，违反了该法的规定，一审法院依照《建工司法解释（一）》第1条的规定认定本案所涉合同无效是正确的。

最高人民法院（2017）最高法民终933号二审民事判决书：案涉工程项目属于使用国有资金建设的项目，必须进行招投标。双方当事人未履行法律规定的招标投标程序违反了法律的强制性规定，故案涉合同为无效合同。本案讼争工程属于必须招标的项目，但B公司未经过招投标程序，就直接将系争工程发包给A公司施工，那么根据上述法律及司法解释的规定，B公司与A公司就讼争工程所签订的《建设工程施工合同》应属于无效合同。

2. 建设工程中标无效的，当事人签署的建设工程施工合同无效

《建工司法解释（一）》第1条第1款第3项规定，建设工程中标无效的，建设工程施工合同无效。

《招标投标法》中规定的中标无效主要有以下几种情形：第一，依法必须进行招标的项目的招标人向他人透露已获取招标文件的潜在投标人的名称、数量或者可能影响公平竞争的有关招标投标的其他情况的，或者泄露标底的，影响中标结果的，中标无效。第二，投标人相互串通投标或者与招标人串通投标的，投标人以向招标人或者评标委员会成员行贿的手段谋取中标的，中标无效。第三，投标人以他人名义投标或者以其他方式弄虚作假，骗取中标的，中标无效。第四，依法必须进行招标的项目，招标人违反本法规定，与投标人就投标价格、投标方案等实质性内容进行谈判的，影响中标结果的，中标无效。第五，招标人在评标委员会依法推荐的中标候选人以外确定中标人的，依法必须进行招标的项目在所有投标被评标委员会否决后自行确定中标人的，中标无效。

经审查，如建设工程存在上述中标无效的情形，发包人与承包人签署的建设工程施工合同应属无效。

◎类案裁判要旨精编

最高人民法院（2021）最高法民终1053号二审民事判决书：虽然双方当事人均主张案涉合同有效，但对于合同效力的审查属于人民法院依职权主动审查的内容。本案双方当事人在招投标前已经就案涉工程中标达成一致，并由承包人提前进场施工，故其后续进行招投标活动仅为履行手续，存在串通招

投标的行为。根据《招标投标法》规定,案涉中标无效,依据该次中标所建立的建设工程施工合同法律关系也应无效。

3. 承包人无资质或超越资质签署的建设工程施工合同无效

“百年大计,质量先行”。建设工程质量安全涉及国计民生,因此建筑领域实行严格的资质准入制度。《建筑法》第 26 条第 1 款规定:“承包建筑工程的单位应当持有依法取得的资质证书,并在其资质等级许可的业务范围内承揽工程。”通说认为,该条规定属于效力性强制性规定。因此,《建工司法解释(一)》第 1 条第 1 款第 1 项规定,承包人未取得建筑业企业资质或者超越资质等级的,建设工程施工合同无效。

但是,《建工司法解释(一)》第 4 条规定:“承包人超越资质等级许可的业务范围签订建设工程施工合同,在建设工程竣工前取得相应资质等级,当事人请求按照无效合同处理的,人民法院不予支持。”因此,承包人如超越资质等级签署了建设工程施工合同,只要在建设工程竣工前取得了相应的资质,则建设工程施工合同应当被认定为有效。

◎类案裁判要旨精编

最高人民法院(2022)最高法民再 124 号再审民事判决书:承包人明知实际施工人作为自然人,没有建筑施工企业的资质,与实际施工人签订施工合同,将工程交由实际施工人施工,违反法律强制性规定,认定案涉施工合同无效。

4. 承包人借用资质(挂靠)签署的建设工程施工合同无效

建筑行业存在大量的借用资质情形,这无疑对建设工程质量安全造成严重的隐患。《建筑法》明令禁止借用资质的情形,该法第 26 条第 2 款规定:“禁止建筑施工企业超越本企业资质等级许可的业务范围或者以任何形式用其他建筑施工企业的名义承揽工程。禁止建筑施工企业以任何形式允许其他单位或者个人使用本企业的资质证书、营业执照,以本企业的名义承揽工程。”

《查处管理办法》对实践中常见的借用资质(挂靠)情形进行了具体的规定,该法第 10 条规定:“存在下列情形之一的,属于挂靠:(一)没有资质的单位或个人借用其他施工单位的资质承揽工程的;(二)有资质的施工单位相互借用资质承揽工程的,包括资质等级低的借用资质等级高的,资质等级高的借用资质等级低的,相同资质等级相互借用的;(三)本办法第八条第一款第(三)至(九)项规定的情形,有证据证明属于挂靠的。”

《建工司法解释(一)》第1条第1款第2项规定:“(二)没有资质的实际施工人借用有资质的建筑施工企业名义的,建设工程施工合同无效。”

◎类案裁判要旨精编

最高人民法院(2021)最高法民申6524号再审民事裁定书:实际施工人与建筑公司之间属于借用资质关系,根据《建工司法解释(一)》规定,没有资质的实际施工人借用有资质的建筑施工企业名义与他人签订建设工程施工合同的行为无效。案涉建设工程施工合同因违法而无效。

5. 承包人转包建设工程后签署的建设工程施工合同无效

转包是指承包单位承包工程后,不履行合同约定的责任和义务,将其承包的全部工程或者将其承包的全部工程支解后以分包的名义分别转给其他单位或个人施工的行为。

《建筑法》明令禁止转包行为,该法第28条规定:“禁止承包单位将其承包的全部建筑工程转包给他人,禁止承包单位将其承包的全部建筑工程肢解以后以分包的名义分别转包给他人。”

《查处管理办法》对实践中常见的转包情形进行了具体的规定,该法第8条规定:存在下列情形之一的,应当认定为转包,但有证据证明属于挂靠或者其他违法行为的除外:(1)承包单位将其承包的全部工程转给其他单位(包括母公司承接建筑工程后将所承接工程交由具有独立法人资格的子公司施工的情形)或个人施工的;(2)承包单位将其承包的全部工程支解以后,以分包的名义分别转给其他单位或个人施工的;(3)施工总承包单位或专业承包单位未派驻项目负责人、技术负责人、质量管理负责人、安全管理负责人等主要管理人员,或派驻的项目负责人、技术负责人、质量管理负责人、安全管理负责人中一人及以上与施工单位没有订立劳动合同且没有建立劳动工资和社会养老保险关系,或派驻的项目负责人未对该工程的施工活动进行组织管理,又不能进行合理解释并提供相应证明的;(4)合同约定由承包单位负责采购的主要建筑材料、构配件及工程设备或租赁的施工机械设备,由其他单位或个人采购、租赁,或施工单位不能提供有关采购、租赁合同及发票等证明,又不能进行合理解释并提供相应证明的;(5)专业作业承包人承包的范围是承包单位承包的全部工程,专业作业承包人计取的是除上缴给承包单位"管理费"之外的全部工程价款的;(6)承包单位通过采取合作、联营、个人承包等形式或名义,直接或变相将其承包的全部工程转给其他单位或个人施工的;(7)专业工程的发包单位不是该工程的施工总承包或专业承包单位的,但建设单位依约作为发包单位的除外;(8)专业作业的发包单位不是该工程承包单位的;(9)施工合同主体之间没有工程款收付关系,或者承包单位收到款项后又将款项转拨给其他单位和个人,又不能进行合理解释并提供材料证明的。

两个以上的单位组成联合体承包工程,在联合体分工协议中约定或者在项目实际实施过程中,联合体一方不进行施工也未对施工活动进行组织管理的,并且向联合体其他方收取管理费或者其他类似费用的,视为联合体一方将承包的工程转包给联合体其他方。

《建工司法解释(一)》第1条第2款规定,承包人将建设工程转包后与他人签署建设工程施工合同无效。

实践中区分挂靠行为和转包行为存在较大的难度。根据《最高人民法院新建设工程施工合同司法解释(一)理解与适用》一书中的解读及司法裁判规则,笔者对实践中挂靠与转包的主要区别梳理如下:

(1)介入工程的时间不同

转包是转包人取得工程承包权后,将工程全部或部分支解后转包给转承包人。而挂靠是挂靠人在工程承接前已经介入,由挂靠人与发包人展开合同、工程管理、施工进度等方面的谈判。

(2)挂靠人和转承包人在工程承接中的地位不同

转包情形下,转包人在工程承接中处于绝对主导地位,转承包人仅在转包人取得工程承接权后,才进入工程负责施工。而挂靠情形下,工程承接工作主要由挂靠人直接与发包人对接,被挂靠人仅提供资质。

（3）合同效力不同

转包情形下，转包人与转承包人之间的转包合同无效，但是转包人与发包人之间的施工合同有效。挂靠情形下，挂靠人与被挂靠人之间的挂靠协议，属于民法典规定的虚假通谋行为意思表示，无效，而发包人与被挂靠人之间的施工合同亦无效。

（4）转承包人与挂靠人的法律地位不同

司法实践中，非多层转包情形下的转承包人属于实际施工人，而根据最高人民法院民事审判第一庭2021年第20次专业法官会议纪要之规定，可以依据《建工司法解释（一）》第43条的规定突破合同相对性原则请求发包人在欠付工程款范围内承担责任的实际施工人不包括借用资质及多层转包和违法分包关系中的实际施工人。

（5）"实际施工人"的权利保护不同

根据《建工司法解释（一）》第43条之规定①，非多层转包情形下的转承包人，可同时向发包人和转包人主张权利。司法实践中主流观点认为挂靠人不属于实际施工人，因此，挂靠人不能同时向发包人和被挂靠人主张权利。

在发包人对挂靠事由不知情时，挂靠人无权依据《建工司法解释（一）》第43条之规定突破合同相对性，直接向发包人主张权利，②挂靠人可向被挂靠人主张权利，也可依据民法典代位权相关规则向发包人主张权利。

在发包人明知挂靠事由时，根据最高人民法院民事审判第一庭2021年第20次专业法官会议纪要之规定，③挂靠人与发包人之间形成事实上的建设工程施工合同法律关系，因此，挂靠人可直接向发包人主张权利。

---

① 参见最高人民法院《关于审理建设工程施工合同纠纷案件适用法律问题的解释（一）》第43条规定："实际施工人以转包人、违法分包人为被告起诉的，人民法院应当依法受理。实际施工人以发包人为被告主张权利的，人民法院应当追加转包人或者违法分包人为本案第三人，在查明发包人欠付转包人或者违法分包人建设工程价款的数额后，判决发包人在欠付建设工程价款范围内对实际施工人承担责任。"

② 参见最高人民法院典型案例：（2021）最高法民终394号民事判决书。

③ 参见最高人民法院民事审判第一庭2021年第20次专业法官会议纪要规定："没有资质的实际施工人借用有资质的建筑施工企业名义与发包人签订建设工程施工合同，在发包人知道或者应当知道系借用资质的实际施工人进行施工的情况下，发包人与借用资质的实际施工人之间形成事实上的建设工程施工合同关系。"

(6)二者涉及的工程范围不同

转包既可能将工程整体转包,也可能是支解后另行分包。而挂靠是挂靠人以被挂靠人的名义承包整体的工程。

另外,挂靠人承接到工程后,还可能发生转包等情形,而承包人将工程转包后,不具备再挂靠的基础。

◎类案裁判要旨精编

最高人民法院(2021)最高法民终291号二审民事判决书:转包人中标案涉工程后,又与被转包人签订《联合施工合同》,约定将上述工程交由被转包人施工,转包人收取工程价款4%的管理费。《联合施工合同》名为转包人和被转包人联合施工,实为转包人将其承包的工程转包给被转包人施工并收取管理费的合同。根据建工解释规定,案涉《联合施工合同》应为无效。

6. 承包人违法分包建设工程后签署的建设工程施工合同无效

《建筑法》第29条第1款规定:"建筑工程总承包单位可以将承包工程中的部分工程发包给具有相应资质条件的分包单位;但是,除总承包合同中约定的分包外,必须经建设单位认可。施工总承包的,建筑工程主体结构的施工必须由总承包单位自行完成。"因此,法律允许建设工程领域的合法分包。

但是,法律明令禁止违法分包行为,违法分包是指承包人承包工程后违反法律法规规定,把单位工程或分部分项工程分包给其他单位或个人施工的行为。

《建设工程质量管理条例》第78条第2款规定:"本条例所称违法分包,是指下列行为:(一)总承包单位将建设工程分包给不具备相应资质条件的单位的;(二)建设工程总承包合同中未有约定,又未经建设单位认可,承包单位将其承包的部分建设工程交由其他单位完成的;(三)施工总承包单位将建设工程主体结构的施工分包给其他单位的;(四)分包单位将其承包的建设工程再分包的。"《认定查处管理办法》对实践中常见的违法分包情形又进行了具体的规定,该法第12条规定:"存在下列情形之一的,属于违法分包:(一)承包单位将其承包的工程分包给个人的;(二)施工总承包单位或专业承包单位将工程分包给不具备相应资质单位的;(三)施工总承包单位将施工总承包合同范围内工程主体结构的施工分包给其他单位的,钢结构工程除外;(四)专业分包单位将其承包的专业工程中非劳务作业部分再分包的;(五)专业作业承包人将其承包的劳务再分包的;(六)专业作业承包人除计取劳务作业费用外,还计取主要建筑材料款和大中型施工机械设备、主要周转材料费用的。”

《建工司法解释(一)》第1条第2款规定,承包人将建设工程违法分包后与他人签署建设工程施工合同无效。

◎**类案裁判要旨精编**

最高人民法院(2021)最高法民再93号再审民事判决书:承包人作为新建铁路某段的承包方,将其承包工程中的部分工程支解分包给分包人,分包人被编为“承包人铁路工程项目经理部五分部”进场施工,承包人与分包人就上述工程签订《会谈纪要》,该《会谈纪要》对案涉工程价款、管理费、质量与工期等事宜达成协议,故承包人与分包人签订的《会谈纪要》系违法分包,违反民法典和建工司法解释的规定,属无效合同。

最高人民法院(2023)最高法民再256号再审民事判决书:因某路桥公司将工程转包给没有资质的蒲某,导致合同无效,过错较为明显;某路桥公司没有提供证据证明在已收取的管理费之外仍存在其他损失,因此其请求参照合同约定按照11%比例判令蒲某支付剩余管理费的主张不能成立,法院不予支持。

最高人民法院(2020)最高法民终898号二审民事判决书:承包人将案涉工程转包给无相应建筑施工资质的个人,存在明显过错,双方签订的《协议》为无效合同,承包人也不能举证证明实际参与了工程建设的相关管理,承包人上诉认为欠付工程款中应扣除管理费缺乏依据,不予支持。

7. 发包人未取得建设工程施工许可证等规划手续签署的建设工程施工合同无效

建设工程领域实行许可制度,建设工程开工前,必须依法取得建设工程规划许可证等规划文件。

《建工司法解释(一)》第3条第1款规定:“当事人以发包人未取得建设工程规划许可证等规划审批手续为由,请求确认建设工程施工合同无效的,人民法院应予支持,但发包人在起诉前取得建设工程规划许可证等规划审批手续的除外。”因此,发包人未取得建设工程规划许可证的,建设工程施工合同无效,但是发包人在起诉前取得建设工程规划许可证的,建设工程施工合同应属有效。

◎类案裁判要旨精编

最高人民法院(2022)最高法民终116号二审民事判决书:发包人虽提交了案涉项目土地审批的相关文件,但其认可项目至今未取得项目规划许可,依据建工解释规定,发包人与承包人所签订的《项目协议》《施工合同》均系无效合同。

最高人民法院(2021)最高法民申7536号再审民事裁定书:根据《建工司法解释(二)》(已失效)第2条的规定:“当事人以发包人未取得建设工程规划许可证等规划审批手续为由,请求确认建设工程施工合同无效的,人民法院应予支持,但发包人在起诉前取得建设工程规划许可证等规划审批手续的除外。”水泥公司至本案诉讼前仍未取得案涉工程的建设工程规划许可证等规划审批手续,故原审认定水泥公司与建工集团签订的《建设工程施工合同》《补充协议》无效,并无不当。

8. 发包人将建设工程支解发包后与承包人签署的建设工程施工合同无效

《民法典》和《建筑法》等均禁止发包人支解发包的情形。《民法典》第791条第1款规定:“发包人可以与总承包人订立建设工程合同,也可以分别与勘察人、设计人、施工人订立勘察、设计、施工承包合同。发包人不得将应当由一个承包人完成的建设工程支解成若干部分发包给数个承包人。”

《建筑法》第24条规定:“提倡对建筑工程实行总承包,禁止将建筑工程支解发包。

“建筑工程的发包单位可以将建筑工程的勘察、设计、施工、设备采购一并发包给一个工程总承包单位,也可以将建筑工程勘察、设计、施工、设备采购的一项或者多项发包给一个工程总承包单位;但是,不得将应当由一个承包单位完成的建筑工程支解成若干部分发包给几个承包单位。”

《建设工程质量管理条例》第7条第2款规定:“建设单位不得将建设工程肢解发包。”

因此,建设单位如将建设工程支解发包的,建设单位与各承包单位签署的建设工程施工合同应属无效。

◎类案裁判要旨精编

最高人民法院(2019)最高法民终589号二审民事判决书:二审法院认为……安庆市住建委作出建设罚字〔2016〕第004号行政处罚决定书,认定A公司在与施工总承包单位签订总承包合同之外,将桩基部分分包给其他施工单位,并还与桩基部分的施工单位签订了分包合同,……对A公司支解发包行为进行处罚。A公司将案涉工程的桩基项目支解发包,违反了法律和行政法规强制性规定,所以案涉《桩基工程施工合同》应为无效。一审判决认定《桩基工程施工合同》有效,应属不当,法院予以纠正。

最高人民法院(2020)最高法民申6123号再审民事裁定书:关于A公司与B公司签订的《工程承包合作协议书》是否有效。……本案中,据原审查明,C公司与A贵州分公司签订的《建设工程施工合同》第38.1条约定,不准转包(主体结构或关键性工作,严禁承包方对此工程分包或转包,一经发现即终止合同)。A贵州分公司与B公司西南分公司签订的《工程承包合作协议书》约定,双方对案涉工程共同联合承包,同时约定双方划片区施工独立管理,并各自承担工程责任。……根据该约定及实际履行情况,足以认定承包人A公司在未经发包人C公司同意的情况下,将案涉工程支解后以联合承包的名义把部分工程转包给B公司,该行为既违反其与C公司的合同约定,又违反《合同法》①《建筑法》《建设工程质量管理条例》和司法解释的强制性规定,原审判决据此认定案涉《工程承包合作协议书》无效并无不当。A公司主张其为合法分包的理由,没有事实和法律依据,不予支持。

9. 发包人和承包人对中标合同实质性内容进行变更后另行签署的建设工程施工合同无效

《建工司法解释(一)》第2条规定:"招标人和中标人另行签订的建设工程施工合同约定的工程范围、建设工期、工程质量、工程价款等实质性内容,与中

---

① 2020年5月28日《民法典》颁布后,《合同法》已失效,全书同。

标合同不一致，一方当事人请求按照中标合同确定权利义务的，人民法院应予支持。

"招标人和中标人在中标合同之外就明显高于市场价格购买承建房产、无偿建设住房配套设施、让利、向建设单位捐赠财物等另行签订合同，变相降低工程价款，一方当事人以该合同背离中标合同实质性内容为由请求确认无效的，人民法院应予支持。"

◎**类案裁判要旨精编**

最高人民法院（2012）民申字第754号再审民事裁定书：发包人与承包人于2008年7月15日签订的《建设工程施工合同》是经招投标程序而订立的中标合同且已备案，该合同合法有效。在《建设工程施工合同》备案三天后，发包人与承包人另于2008年7月26日签订《建筑工程施工补充协议书》，此时案涉工程的客观情况未发生根本性变化，双方当事人就对工期、工程价款等内容作出与备案合同不同的约定，系对备案合同进行了实质性变更，违反了《招标投标法》和《合同法》的规定，应认定为无效合同。

最高人民法院（2019）最高法民终1905号再审民事判决书：综合以上事实，虽然《招标文件》和《投标文件》并不是正式的合同，但属双方的真实意思表示，《建设工程施工合同》并不是对《招标文件》和《投标文件》的具体和细化，而是在实质上对内容进行变更和修改，违反了《招标投标法》第46条关于招标人和中标人不得再行订立背离合同实质性内容的其他协议的规定，一审法院据此认定案涉《建设工程施工合同》无效，并无不当。

（二）建设工程施工合同部分无效的情形

建设工程施工合同的工期条款、价格条款或者付款条款，如存在违反法律、行政法规效力性强制性规定的情形，应认定为无效条款。此时，为了建设工程施工合同的顺利履行，不宜将合同全部认定无效，应仅认定工期条款、价格条款或付款条款无效，合同其余部分仍然有效。

1. 建设工程施工合同任意压缩工期的，工期条款应无效

建设工程的工期是影响建设工程质量的重要因素，当建设工程施工合同所

约定的工期不符合合理工期,违反工程建设现有技术能力和客观规律的时候,对工程质量将造成严重威胁。因此,《建设工程质量管理条例》第 10 条规定,建设工程发包单位不得任意压缩合理工期,通说认为该条款属于效力性强制性规定。所以,建设工程施工合同如任意压缩工期的,工期条款应属无效。

◎类案裁判要旨精编

贵州省铜仁市中级人民法院(2017)黔 06 民终 901 号二审民事判决书:《建设工程施工合同》中约定工期为 183 天,而正常工期至少为 381 天,故双方对工程工期的约定违反我国《建设工程质量管理条例》第 10 条第 1 款"建设工程发包单位不得迫使承包方以低于成本的价格竞标,不得任意压缩合理工期"之规定,双方签订的合同任意压缩合理工期违反工程建设强制性标准,应当认定无效。一审支持被上诉人铜仁市 CX 建筑公司请求支付工程款的诉求正确。

2. 建设工程施工合同的合同价款低于成本价的,价格条款应无效

建设工程造价是建设工程施工合同双方最为关注和重视的内容,建设单位为了节约成本,可能会在签署合同时强行降低合同造价,如果合同造价低于施工单位的成本价,则可能对建设工程质量造成严重威胁。因此,《建设工程质量管理条例》第 10 条规定,建设工程发包单位,不得迫使承包方以低于成本的价格竞标。通说认为该条款属于效力性强制性规定。所以,建设工程施工合同的合同价款低于成本价的,价格条款应属无效。

◎类案裁判要旨精编

最高人民法院(2015)民提字第 142 号再审民事判决书:法律禁止投标人以低于成本的报价竞标,主要目的是规范招标投标活动,避免不正当竞争,保证项目质量,维护社会公共利益,如果确实存在低于成本价投标的,应当依法确认中标无效,并相应认定建设工程施工合同无效。但是,对何为"成本价"应作正确理解,所谓"投标人不得以低于成本的报价竞标"应指投标人投标报价不得低于其为完成投标项目所需支出的企业个别成本。招标投标法并不妨碍企业通过提高管理水平和经济效益降低个别成本以提升其市场竞争力。

3. 建设工程施工合同中的"背靠背"付款条款，在部分情况下该付款条款无效

2024年8月27日实施的《最高人民法院关于大型企业与中小企业约定以第三方支付款项为付款前提条款效力问题的批复》（法释〔2024〕11号）第1条规定："大型企业在建设工程施工、采购货物或者服务过程中，与中小企业约定以收到第三方向其支付的款项为付款前提的，因其内容违反《保障中小企业款项支付条例》第六条、第八条的规定，人民法院应当根据民法典第一百五十三条第一款的规定，认定该约定条款无效。"

根据该条批复的规定，大型企业与中小企业签署的建设工程施工合同中如存在"背靠背"付款条款，该条款应属于无效。但是，实践中对于大型企业、中小企业的认定仍存在较大争议，会影响该批复的落地效果。

三、建设工程施工合同无效的法律后果

（一）合同无效后工程价款的结算方式是折价补偿

《民法典》第157条规定："民事法律行为无效、被撤销或者确定不发生效力后，行为人因该行为取得的财产，应当予以返还；不能返还或者没有必要返还的，应当折价补偿。有过错的一方应当赔偿对方由此所受到的损失；各方都有过错的，应当各自承担相应的责任。法律另有规定的，依照其规定。"根据《民法典》的规定，合同无效的法律后果首先是返还，其次是折价补偿，最后是损害赔偿。

在建设工程领域，工程的施工过程就是承包人将劳务及建筑材料物化为建设工程的过程，因此，发包人形式上取得的是承包人建设的工程，但实质上取得是对工程建设投入的劳务及建筑材料。因此，建设工程施工合同无效时，无法适用恢复原状的返还原则，只能采取折价补偿的方式处理。① 所以，《民法典》第793条第1款规定："建设工程施工合同无效，但是建设工程经验收合格的，可以参照合同关于工程价款的约定折价补偿承包人。"

---

① 参见最高人民法院民法典贯彻实施工作领导小组主编：《中华人民共和国民法典合同编理解与适用（三）》，人民法院出版社2020年版，第1938页。

原则上，合同无效后，除了清理结算条款和争议解决条款仍然有效外，其余条款均应无效。《民法典》的上述规定，使得承包人在建设工程施工合同无效后仍然可以获得“工程价款”这一核心履行利益，建设工程施工合同有效与无效之间的差异似乎被弥合了。但实际上，参照工程价款给付的规则仅仅是使建设工程施工合同有效与无效之间的距离有所缩小，但差异依然显著。在无效规则的构成要件已被满足的情况下，“参照合同关于工程款价款的约定折价补偿”更符合诚信原则的要求，可以避免行为人因为无效合同而获利。[①]

（二）合同无效后可参照的合同关于工程款价款约定的范围

《民法典》第 793 条第 1 款规定：“建设工程施工合同无效，但是建设工程经验收合格的，可以参照合同关于工程价款的约定折价补偿承包人。”该条并未赋予承包人直接请求参照合同约定支付工程款价款的权利，承包人可以请求，发包人亦可以请求，该条约定实际上赋予了裁判者一定的自由裁量权。实践中，不论建设工程施工合同有效与否，法院在确认建设工程造价时，通常都会启动造价鉴定程序，通过委托专业的造价鉴定机构来确定工程造价。在合同无效时，工程造价鉴定机构应参照的范围不应是工程款的金额、支付条件、支付进度安排等，而应当是建设工程施工合同中关于建设工程造价计算的“技术条件”。[②]

◎类案裁判要旨精编

最高人民法院（2019）最高法民申 6923 号再审民事裁定书：虽然上述合同均因违法无效，但案涉工程已交付使用，应视为建设工程质量合格，据此可参照实际履行的合同结算建设工程价款。关于实际履行的合同，应结合合同签订时间、合同内容、是否系双方真实意思表示等因素综合判断。当事人就同一或者相关事项签订多份合同且没有特别说明的情况下，各方权利义务的确定原则上应遵循以后签合同为准的原则，后签合同未涉及或者未约定的仍遵守在先合同的约定，但有证据证明后签订合同并非实际履行的合同除外。

---

① 参见于飞：《诚信原则修正功能的个案运用——以最高人民法院“华诚案”判决为分析对象》，载《法学研究》2022 年第 2 期。

② 参见周利明：《解构与重塑：建设工程施工合同纠纷审判思维与方法》（第 2 版），法律出版社 2021 年版，第 182 页。

(三)合同无效承包人应承担的质量责任

1. 合同无效时承包人要求支付工程款的前提是建设工程质量合格

根据《民法典》第 793 条第 1 款,建设工程施工合同无效时,承包人请求发包人支付工程款,必须证明建设工程质量已合格。

根据《建工司法解释(一)》的规定,建设工程质量合格包含两种情形:一种是建设工程已经通过"五方验收",取得竣工验收备案表;另一种是建设工程竣工后虽未经验收但发包人已接收并实际使用。[①]

如建设工程施工合同无效且建设工程经竣工验收质量不合格的,根据《民法典》第 793 条第 2 款的规定,人民法院应按照以下情形进行处理:(1)修复后的建设工程经验收合格的,发包人可以请求承包人承担修复费用;(2)修复后的建设工程经验收不合格的,承包人无权请求参照合同关于工程价款的约定折价补偿。

◎类案裁判要旨精编

最高人民法院(2022)最高法民终 299 号二审民事判决书:本案中 DDHXQ 管委会和 HZ 公司所签订的《建设工程施工合同》无效,尽管 HZ 公司所承建的创业大厦尚未竣工,但已完成的工程质量经鉴定合格。就如何结算此种情形下的工程款问题,民法典施行前的法律并未作出明确规定,依据最高人民法院《关于适用〈中华人民共和国民法典〉时间效力的若干规定》第 3 条"民法典施行前的法律事实引起的民事纠纷案件,当时的法律、司法解释没有规定而民法典有规定的,可以适用民法典规定"的规定,故应当适用《民法典》第 793 条第 1 款的规定,建设工程施工合同无效,但是建设工程经验收合格的,可以参照合同关于工程价款的约定折价补偿承包人。即本案应当参照《建设工程施工合同》的约定确定工程回购款的支付时间。

---

① 参见《建工司法解释(一)》第 14 条规定:"建设工程未经竣工验收,发包人擅自使用后,又以使用部分质量不符合约定为由主张权利的,人民法院不予支持;但是承包人应当在建设工程的合理使用寿命内对地基基础工程和主体结构质量承担民事责任。"

2. 合同因出借资质、转包、违法分包等无效的，承包人与挂靠人、转承包人、违法分包承包人应对因工程质量造成的损失承担连带责任

《建工司法解释（一）》第7条："缺乏资质的单位或者个人借用有资质的建筑施工企业名义签订建设工程施工合同，发包人请求出借方与借用方对建设工程质量不合格等因出借资质造成的损失承担连带赔偿责任的，人民法院应予支持。"

《建筑法》第66条规定："建筑施工企业转让、出借资质证书或者以其他方式允许他人以本企业的名义承揽工程的，责令改正，没收违法所得，并处罚款，可以责令停业整顿，降低资质等级；情节严重的，吊销资质证书。对因该项承揽工程不符合规定的质量标准造成的损失，建筑施工企业与使用本企业名义的单位或者个人承担连带赔偿责任。"第67条规定："承包单位将承包的工程转包的，或者违反本法规定进行分包的，责令改正，没收违法所得，并处罚款，可以责令停业整顿，降低资质等级；情节严重的，吊销资质证书。承包单位有前款规定的违法行为的，对因转包工程或者违法分包的工程不符合规定的质量标准造成的损失，与接受转包或者分包的单位承担连带赔偿责任。"

◎**类案裁判要旨精编**

最高人民法院（2023）最高法民申2200号再审民事裁定书：《建筑法》第67条规定，承包单位将承包的工程转包的，或者违反本法规定进行分包的，对因转包工程或者违法分包的工程不符合规定的质量标准造成的损失，与接受转包或者分包的单位承担连带赔偿责任。本案2020年与2017年工程鉴定的造价差异即是因为工程质量问题而产生的损失。针对该损失，某文旅公司、某生态公司需要对某植物园承担连带赔偿责任。

（四）合同无效的赔偿责任属于缔约过失责任

《建工司法解释（一）》第6条规定："建设工程施工合同无效，一方当事人请求对方赔偿损失的，应当就对方过错、损失大小、过错与损失之间的因果关系承担举证责任。

"损失大小无法确定，一方当事人请求参照合同约定的质量标准、建设工

期、工程价款支付时间等内容确定损失大小的，人民法院可以结合双方过错程度、过错与损失之间的因果关系等因素作出裁判。”

建设工程施工合同无效时，一方当事人可以请求另一方当事人赔偿损失。通说认为，因合同无效产生的损害赔偿责任，在法律性质上属于缔约过失责任，缔约过失责任的归责原则为过错责任原则，缔约过失责任的赔偿范围是信赖利益损失（实际损失），不包括履行利益损失（可得利益损失）。[①]

◎类案裁判要旨精编

最高人民法院（2021）最高法民申5080号再审民事裁定书：《补充协议2》无效导致ZY公司不能成为11号工程《施工合同》主体，不能继受BY公司在《施工合同》中的权利义务……根据《合同法》第58条规定，无效合同除返还或折价补偿外，还应适用过错责任原则确定各方缔约过失责任。

最高人民法院（2016）最高法民监87号再审民事裁定书：关于合同无效的责任划分问题。LQL是由ZS公司主动推荐给HNLJ深圳分公司的，中深公司在该工程中的委托代理人YZW还曾以其担任法定代表人的深圳RJSY有限公司的名义向HNLJ深圳分公司出具担保书，为LQL在执行该合同中的责任实行担保，确保HNLJ深圳分公司的信誉和权益。亿翁大厦工程由LQL实际承建，ZS公司对此不仅是明知，也是基于ZS公司的推荐和要求才产生LQL实际承建亿翁大厦工程的结果。因此对于造成合同无效的缔约过失责任，ZS公司及变更后的开发商WL公司应承担主要责任，HNLJ深圳分公司应承担次要责任。

（五）合同无效时发承包双方可主张损失赔偿的范围

1. 违约金条款无法适用，发承包双方均不可主张

建设工程施工合同通常会约定大量的违约金条款，但是，建设工程施工合同无效时，违约金条款无法适用。

《民法典》关于违约金条款的规定在第585条，该条第1款规定：“当事人可以约定一方违约时应当根据违约情况向对方支付一定数额的违约金，也可以约

① 参见李永军：《合同法》（第4版），中国人民大学出版社2016年版，第64~66页。

定因违约产生的损失赔偿额的计算方法。”该条对应的位置是合同编通则第八章“违约责任”部分。

如前所述，合同无效对应缔约过失责任而非违约责任，同时，违约金条款并非清理结算条款与争议解决条款，在合同无效时，违约金条款自然无法适用。

◎类案裁判要旨精编

最高人民法院(2019)最高法民终44号二审民事判决书：案涉施工合同系无效合同，根据《合同法》第56条规定，无效合同自始没有法律约束力。在此情况下，案涉合同约定的付款周期条款及违约金条款均应无效，故QY公司要求望远管委会支付违约金的主张于法无据，不应予以支持。

最高人民法院(2023)最高法民终201号二审民事判决书：实际施工各单体工程施工合同均无效，发包人依据合同中关于竣工期限的约定和违约金条款反诉请求支付违约金缺乏合同依据。发包人和实际施工人对于合同无效均有过错、实际施工人未按照合同约定竣工时间交付工程，发包人对于工程延期亦存在过错，且未按照合同约定的付款时间付款。在双方当事人均有过错，发包人未举证证明实际损失的情况下，其提出违约金的诉讼主张，缺乏法律依据和事实依据。

2. 承包人可主张的损失范围为实际损失

建设工程施工合同无效时，承包人可以向发包人主张其在建设工程施工过程中实际支出损失、工程款利息损失和停窝工损失。[①]

3. 发包人可主张的损失范围为实际损失

建设工程施工合同无效时，发包人可以向承包人主张其在建设工程施工过程中实际支出的费用、工期延误损失和工程质量损失。

四、“黑白合同”的效力认定

(一)“黑白合同”的概念与特征

建设工程施工合同纠纷项目中，发包人与承包人签署“黑白合同”的情况比

---

① 参见最高人民法院民事审判第一庭编著：《最高人民法院新建设工程施工合同司法解释(一)理解与适用》，人民法院出版社2021年版，第74~77页。

较普遍，但是我国的法律规定中并未明确规定“黑白合同”的定义，从建工领域司法实践来看，“黑白合同”又称阴阳合同：“白合同”通常是指经过招投标并经政府相关部门备案的合同，体现形式合法性但未必反映真实合意；“黑合同”通常指发包人与承包人之间另行签署的与中标合同或备案合同存在实质性差异的合同，也是双方实际履行的合同，通常通过补充协议、备忘录等形式规避监管。

（二）“白合同”的法律效力认定

虽然“白合同”经过了招投标程序并经相关部门备案，但这并非意味着“白合同”一定是有效的，“白合同”通常存在以下几种无效的情形：

1. 因“未招先定”导致“白合同”因违反法律强制性规定无效

“未招先定”是指在招投标前，发包人与承包人已经签署了“黑合同”，或者已经就施工项目的投标价格、投标方案等进行了实质性沟通并达成了一致意见。

《民法典》第 153 规定：“违反法律、行政法规的强制性规定的民事法律行为无效。但是，该强制性规定不导致该民事法律行为无效的除外。违背公序良俗的民事法律行为无效。”

《招标投标法》第 55 条规定：“依法必须进行招标的项目，招标人违反本法规定，与投标人就投标价格、投标方案等实质性内容进行谈判的，给予警告，对单位直接负责的主管人员和其他直接责任人员依法给予处分。前款所列行为影响中标结果的，中标无效。”

上述法律规定禁止虚假招标，如果发生上述“未招先定”的情形，则发包人与施工人之间进行的招投标流程也违反上述法律规定，导致的中标结果不具有任何法律效力。“白合同”因违反《招标投标法》的强制性规定而无效。

◎类案裁判要旨精编

最高人民法院（2019）最高法民申 6075 号再审民事裁定书：XX 公司在进行招投标前就已对本案所涉建设工程进场施工，且双方已就工期、工程计价及结算办法、付款方式等合同实质性内容进行谈判，双方签订的《建设工程框架协议》《建设工程施工补充协议》《补充协议》无效。2014 年 11 月 18 日双方签订的三份《建设工程施工合同》系履行招投标程序后所签订，但因工程在招投标前即发包给XX公司施工，二审法院认定涉案合同无效，并无明显不当。

2. 因“白合同”并非发包人与承包人的真实意思表示，而导致“白合同”无效

《民法典》第146条规定：“行为人与相对人以虚假的意思表示实施的民事法律行为无效。

“以虚假的意思表示隐藏的民事法律行为的效力，依照有关法律规定处理。”

“白合同”的签署仅为向相关政府部门备案使用，并非发包人与承包人之间的真实意思表示，故在实务当中，有观点认为“白合同”系双方之间的虚假意思表示，由此实施的民事法律行为无效。

◎类案裁判要旨精编

最高人民法院在（2019）最高法民终1602号二审民事判决书：HS公司与SHG之间的案涉行为属于转包行为，根据最高人民法院《关于审理建设工程施工合同纠纷案件适用法律问题的解释》[①]第4条规定，该转包行为无效。而《建设工程施工合同》系HX公司与HS公司在HS公司撤场后为备案而签订，并非真实意思表示，故案涉施工协议书、《建设工程施工合同》为无效合同。

（三）“黑合同”的法律效力认定

1. “黑合同”的认定

发包人与承包人应以中标合同作为确定双方权利义务的基础。中标合同签订后，由于建设工程项目复杂程度高、工期长、变化大，发包人与承包人之间可以就工程中出现的问题签订补充、变更协议，但是补充或者变更协议不应构成对中标合同实质性内容的违反或者背离。

是否对中标合同实质性内容进行变更，应综合考虑以下两个方面：第一，是否足以影响其他竞标人能够中标或者以何种条件中标。发包人与承包人的补充或变更协议的内容排除其他竞标人中标的可能或其他竞标人中标条件的，构

① 本司法解释已失效，全书同。

成对中标合同实质性内容的变更。第二,是否对招标人与中标人的权利义务产生较大影响。发包人与承包人另行订立的补充或变更协议较大地改变了双方的权利义务关系,如工程价款、工期、违约责任等的变更导致双方利益严重失衡的,则背离了中标合同的实质性内容。另行签订的施工合同相较于中标合同的内容,必须构成实质性的变更,才可认定为“黑合同”。

《建工司法解释(一)》第2条第1款规定:“招标人和中标人另行签订的建设工程施工合同约定的工程范围、建设工期、工程质量、工程价款等实质性内容,与中标合同不一致,一方当事人请求按照中标合同确定权利义务的,人民法院应予支持。”

北京市高级人民法院《关于审理建设工程施工合同纠纷案件若干疑难问题的解答》第16条规定:

“‘黑白合同’中如何认定实质性内容变更?

“招投标双方在同一工程范围下另行签订的变更工程价款、计价方式、施工工期、质量标准等中标结果的协议,应当认定为《解释》第二十一条规定的实质性内容变更。中标人作出的以明显高于市场价格购买承建房产、无偿建设住房配套设施、让利、向建设方捐款等承诺,亦应认定为变更中标合同的实质性内容。

“备案的中标合同实际履行过程中,工程因设计变更、规划调整等客观原因导致工程量增减、质量标准或施工工期发生变化,当事人签订补充协议、会谈纪要等书面文件对中标合同的实质性内容进行变更和补充的,属于正常的合同变更,应以上述文件作为确定当事人权利义务的依据。”

◎类案裁判要旨精编

最高人民法院(2018)最高法民申1235号再审民事裁定书:案涉两份补充协议的效力问题。《招标投标法》第46条第1款明确规定,招标人和中标人应当按照招标文件和中标人的投标文件订立书面合同,招标人和中标人不得再行订立背离合同实质性内容的其他协议。本案中,双方根据招投标文件于2009年8月24日就5#、6#楼工程签订《建设工程施工合同》并向建设主管部门备案后,分别就5#、6#楼工程又签订了两份《建设工程施工合同补充协议书》,该两份补充协议约定的工程价款计价标准、合同工期、违约责任等内容与备案《建设工程施工合同》的约定不一致,系对备案中标合同实质性内容的变更,违反了前述强制性规定,二审判决认定两份补充协议中实质性条款变更的内容无效,适用法律正确。《合同法》第30条规定,有关合同标的、数量、质量、价款或者报酬、履行期限、履行地点和方式、违约责任和解决争议方法等的变更,是对要约内容的实质性变更。YH公司主张违约条款并非法定的实质性条款,即使与招标文件不一致也属有效,缺乏法律依据。

2. “黑合同”无效的情形

“黑合同”通常与中标的“白合同”内容构成了实质性变更,故“黑合同”在实践中通常被认定为无效,除了上述实质性变更原因之外,以下几种情形也会导致“黑合同”无效。

《招标投标法》第32条第2款规定:“投标人不得与招标人串通投标,损害国家利益、社会公共利益或者他人的合法权益。”

《民法典》第153条规定:“违反法律、行政法规的强制性规定的民事法律行为无效。但是,该强制性规定不导致该民事法律行为无效的除外。违背公序良俗的民事法律行为无效。”

如果招标人与投标人恶意串通损害国家利益,例如虚报价格逃避税款;或者违反法律的强制性规定等,都有可能导致“黑合同”无效。

3. 例外情形

(1)有以下两种情况,与“黑合同”的情形相类似,但是不属于“黑合同”:其一是合同变更符合法定程序,如因地质条件变化协商调整工期、工程价款;其二是补充协议仅涉及非实质性条款补充,如细化安全管理细则等,该两种情形下,同时不违反上述法律规定的情况下,应为有效。

(2)若“黑合同”体现双方真实合意且已部分履行,法院可能突破备案合同优先原则,但需排除规避监管的恶意。

◎类案裁判要旨精编

最高人民法院(2018)最高法民申394号再审民事裁定书:随政府“放管服”改革和建筑业改革等,“缩小并严格界定必须进行招标的工程建设项目范围,放宽有关规模标准”,成为工程建设项目招投标改革趋势,但必须招标的具体的明确的规模标准尚未出台，并不清晰。此间，根据个案具体情况，确实存在从宽认定针对未履行招投标程序的房地产开发项目签订的施工合同有效的相关案例，本案亦属房地产开发项目，原判认为签约时合同当事人意思表示真实自愿，认定本案施工合同有效，即属于此类情况。从本案实际情况看，施工合同基本履行，房屋已建好，且已部分售出，签约目的已基本实现；现再审申请人主张合同无效，很大程度是为了免除或者减轻生效裁判确定由其承担的民事责任。统筹全案看，原判认定施工合同有效，并未损害社会公共利益或案外第三人利益，符合本案实际，法院予以认可。

（四）特殊情形下的效力认定

第一，中标无效时的处理：若黑合同签订在中标前，构成串通投标，两份合同均无效，该种情形属于上述提到的“未招先定”情形，“未招先定”情形导致“黑白合同”均无效。

第二，合同履行阶段的变更：施工过程中经发包人与承包人双方协商一致且不损害第三方利益的条款变更，在不违反法律规定的情况下有效。

（五）“黑白合同”的法律后果

1. 民事责任

（1）“黑合同”无效，“白合同”有效的法律后果

根据《建工司法解释（一）》第 2 条第 1 款规定，如果在“黑合同”无效，“白合同”有效的情况下，投标人请求按照中标合同确定权利义务的，人民法院应予支持，故在“黑合同”无效的情况下，双方权利义务应当根据“白合同”确定。

（2）“黑合同”无效，“白合同”无效的法律后果

《建工司法解释（一）》第 24 条规定：“当事人就同一建设工程订立的数份建设工程施工合同均无效，但建设工程质量合格，一方当事人请求参照实际履行的合同关于工程价款的约定折价补偿承包人的，人民法院应予支持。

“实际履行的合同难以确定，当事人请求参照最后签订的合同关于工程价款的约定折价补偿承包人的，人民法院应予支持。”

根据上述法律规定，在"黑合同"无效，"白合同"无效的情形下，建设工程质量合格的，参照实际履行合同结算，实际履行合同难以确定的，参照最后签订的合同。

◎类案裁判要旨精编

最高人民法院(2017)最高法民终175号二审民事判决书：案涉工程建设属于必须进行招标的项目，当事人双方2009年12月8日签订的《备案合同》虽系经过招投标程序签订，并在建设行政主管部门进行备案，但在履行招投标程序确定JSYJ为施工单位之前，一方面CL公司将属于建筑工程单位工程的分项工程基坑支护委托JSYJ施工，另一方面JSYJ、CL公司、设计单位及监理单位对案涉工程结构和电气施工图纸进行了四方会审，且JSYJ已完成部分楼栋的定位测量、基础放线、基础垫层等施工内容，一审法院认定案涉工程招标存在未招先定等违反《招标投标法》禁止性规定的行为，《备案合同》无效并无不当。当事人双方2009年12月28日签订的《补充协议》系未通过招投标程序签订，且对备案合同中约定的工程价款等实质性内容进行变更，一审法院根据《建设工程施工合同司法解释》[①]第21条规定，认为《补充协议》属于另行订立的与经过备案中标合同实质性内容不一致的无效合同并无不当……就本案而言，虽经过招投标程序并在建设行政主管部门备案的《备案合同》因违反法律、行政法规的强制性规定而无效，并不存在适用《建设工程施工合同司法解释》第21条规定的前提，也并不存在因规避招投标制度、违反备案中标合同实质性内容的《补充协议》具有优先适用效力……建设工程施工合同的特殊之处在于，合同的履行过程，是承包人将劳动及建筑材料物化到建设工程的过程，在合同被确认无效后，只能按照折价补偿的方式予以返还。本案当事人主张根据《建设工程施工合同司法解释》第2条规定参照合同约定支付工程价款，案涉《备案合同》与《补充协议》分别约定不同结算方式，应首先确定当事人真实合意并实际履行的合同。

① 本案中该司法解释是指2004年最高人民法院发布的《关于审理建设工程施工合同纠纷案件适用法律问题的解释》，现已失效。

2. 行政责任

《招标投标法》第 59 条规定："招标人与中标人不按照招标文件和中标人的投标文件订立合同的，或者招标人、中标人订立背离合同实质性内容的协议的，责令改正；可以处中标项目金额千分之五以上千分之十以下的罚款。"

建设工程"黑白合同"问题涉及复杂的法律关系和法律责任。发包人和承包人及相关从业人员应当严格遵守法律法规，规范合同管理，以维护自身合法权益和建筑市场的健康发展。否则有承担相应的行政责任的风险。

3. 刑事责任

《刑法》第 223 条规定："投标人相互串通投标报价，损害招标人或者其他投标人利益，情节严重的，处三年以下有期徒刑或者拘役，并处或者单处罚金。

"投标人与招标人串通投标，损害国家、集体、公民的合法利益的，依照前款的规定处罚。"

建筑企业和从业人员应当严格遵守法律法规，规范合同管理，避免因违法行为而承担刑事责任。

五、工程签证单的效力如何认定

（一）工程签证单的概念

住房城乡建设部发布的国家标准《建设工程工程量清单计价规范》（GB 50500-2013）（已失效）第 9.14.1 条规定："承包人应发包人要求完成合同以外的零星项目、非承包人责任事件等工作的，发包人应及时以书面形式向承包人发出指令，并应提供所需的相关资料；承包人在收到指令后，应及时向发包人提出现场签证要求。"

根据上述法律规定可知，工程签证单是指建设工程施工过程中，发包人与承包人在施工和结算的过程中，就质量变化、设计变更，价款调整、工期增减，承担违约责任，赔偿损失等内容达成的协议。工程签证单本质具备合同性质。

（二）工程签证单的类型及效力

在施工过程中，图纸变更、设计变更或其他原因，导致承包人工程量、工期等变化的,需要以工程签证单的形式来确定,但是由于施工现场管理、发包人的优势地位等原因,可能发生各方未按照《建设工程工程量清单计价规范》签署工程签证单的情况,由此可能导致工程签证单的效力存在问题。

1. 工程签证单有发包人、承包人授权代表及监理人员签字,在不违反法律规定的情况下,工程签证单有效

《建工司法解释(一)》第20条规定:"当事人对工程量有争议的,按照施工过程中形成的签证等书面文件确认。承包人能够证明发包人同意其施工,但未能提供签证文件证明工程量发生的,可以按照当事人提供的其他证据确认实际发生的工程量。"

《建工司法解释(一)》第10条规定:"当事人约定顺延工期应当经发包人或者监理人签证等方式确认,承包人虽未取得工期顺延的确认,但能够证明在合同约定的期限内向发包人或者监理人申请过工期顺延且顺延事由符合合同约定,承包人以此为由主张工期顺延的,人民法院应予支持。

"当事人约定承包人未在约定期限内提出工期顺延申请视为工期不顺延的,按照约定处理,但发包人在约定期限后同意工期顺延或者承包人提出合理抗辩的除外。"

工程签证单有各方签字或盖章,且签字人员为有权签字的人员,那么在该种情况下,工程签证单有效。

2. 工程签证单仅有承包人授权代表及监理人员签字,无发包人授权代表签字,工程签证单效力存在争议

综观法院的裁判案例,结合相关法律规定,目前的裁判规则为:如果监理人员有发包人授权或者建设工程施工合同中有明确约定的,监理人员签署的签证有效;如果建设工程施工合同中无明确约定,监理人员也无发包人授权的,司法实践中对于工程签证的效力存在争议。

第一种观点为:监理人员无发包人的授权,其签署的工程签证单无效。

例如,浙江省高级人民法院民事审判第一庭《关于审理建设工程施工合同纠纷案件若干疑难问题的解答》第11条规定:

"施工过程中谁有权利对涉及工程量和价款等相关材料进行签证、确认?

"要严格把握工程施工过程中相关材料的签证和确认。除法定代表人和约

定明确授权的人员外，其他人员对工程量和价款等所作的签证、确认，不具有法律效力。没有约定明确授权的，法定代表人、项目经理、现场负责人的签证、确认具有法律效力；其他人员的签证、确认，对发包人不具有法律效力，除非承包人举证证明该人员确有相应权限。”

◎类案裁判要旨精编

江苏省高级人民法院(2018)苏民终1038号二审民事判决书：关于工程签证。ZJYJ公司提供的工程签证中有1 789 829.44元签证经监理公司签字确认，但TWYX公司并未签字确认，不符合施工总承包合同有关工程签证的约定。一审判决以ZJYJ公司提供了对应的技术核定单和工作联系单，鉴定机构认为据此可以认定工作实际存在，对该部分仅有监理签字的工程签证费用予以认定。但经查有对应技术核定单和工作联系单的签证鉴定机构已将其列入已完工程鉴定价，该部分仅有监理公司签字的签证并无对应的技术核定单等资料，且鉴定人到庭接受询问时称，对于工程签证已和一审法院明确鉴定机构仅是按有无签字进行汇总。由于该部分签证不符合合同约定的工程签证要求，且ZJYJ公司也无充分证据证明已实际发生，故对仅有监理签字的签证费用1 789 829.44元，法院不予认定。

第二种观点为：监理人员无发包人的授权，其签署的工程签证单中涉及工程量、工期及工程质量的，对发包人有约束力，涉及工程价款洽商变更等经济决策的，对发包人不具有约束力。

例如，北京市高级人民法院《关于审理建设工程施工合同纠纷案件若干疑难问题的解答》第10条规定：

“工程监理人员在签证文件上签字确认的效力如何认定？

“工程监理人员在监理过程中签字确认的签证文件，涉及工程量、工期及工程质量等事实的，原则上对发包人具有约束力，涉及工程价款洽商变更等经济决策的，原则上对发包人不具有约束力，但施工合同对监理人员的授权另有约定的除外。”

◎类案裁判要旨精编

最高人民法院(2014)民一终字第69号二审民事判决书：FYG作为总监代

表,又是现场唯一监理,其在工程签证单上的签字,是对本案建设工程现场施工情况的真实反映。因此,其签署的工程签证单能够证明变更、签证项目的实际发生,变更、签证的工作量应当予以认定。一审判决以签证单上无监理单位签章,LH 公司不予认可,总监理工程师不知情为由,认定上述签证单是 FYG 超越权限的个人行为,不能作为结算工程款,与事实不符,于法律无据,予以纠正;FS 公司提出的变更、签证的工程量应当予以认定的上诉理由成立,予以支持。

3. 工程签证单仅有发包人、承包人授权代表签字,无监理人员签字,工程签证单有效

发包人与承包人均签署工程签证单,发包人已经就变更或增加的工程量、工期、价款等达成一致意见,此种情形下,可以作为双方计算工程量及工程价款的依据。

◎类案裁判要旨精编

最高人民法院(2017)最高法民终 577 号二审民事判决书:第一部分是 31 份经济签证单,每份经济签证单上均有施工单位、监理单位和建设单位盖章,同时在"工程量及价格变化计算"栏内均明确载明增加或减少工程款的具体数额。……而且,ZX 公司已于 2015 年 12 月 27 日将工程结算书及竣工结算书送达 SY 公司,不存在合同约定的由三一公司自行将结算提交造价咨询机构审核的情形。因此,一审法院对 HY 会计师事务所审核报告不予采信,不支持 SY 公司按照 HY 会计师事务所报告书中确认的工程签证结算审定值 1 764 819. 11 元和合同内未完工程结算审定值 2 690 944. 57 元计算工程款的主张,具有事实和法律依据,并将 31 份经济签证单中记载的 6 053 460. 91 元工程款增加额和 ZX 公司自认的 1 008 976 元未完工程应扣减额作为认定涉案工程价款的依据,是正确的。

六、建设工程分包合同"背靠背"条款的理论和司法实务解析

建设工程合同司法实践中,总承包人为转移业主拖欠工程款的风险,通常

会在建设工程分包合同(仅指合法分包)中约定总承包人收到业主支付的工程款后,向分包人支付分包款,即分包款的支付以业主向总承包人支付工程款为前提。该等条款在司法实践中被称为“背靠背”条款。

长期以来,我国法律、行政法规、最高人民法院司法解释并未对“背靠背”条款进行法律规制。立法和司法解释的缺位,导致司法实践中法院处理“背靠背”条款相关纠纷时出现“同案不同判”现象,不同法院对“背靠背”条款的性质、效力、举证责任分配等问题未形成一致观点,甚至最高人民法院内部对此亦未形成一致意见。

基于此,笔者意图从理论和司法实践两个维度深入分析研究建设工程分包合同中“背靠背”条款的相关法律问题,对建设工程分包合同中“背靠背”条款的常见法律风险进行提示并对风险防控提出实务建议。

(一)“背靠背”条款的概述

1. 司法实践中“背靠背”条款的主要内容

根据对司法案例的研判,司法实践中“背靠背”条款的核心是“业主先行支付”。“背靠背”条款的主要内容如下:

(1)业主向总承包人支付工程款后总承包人再向分包人付款。

(2)分包人的价款按业主工程款的付款进度支付或付款比例支付。

(3)业主未向总承包人支付工程款的,总承包人不承担任何责任,分包人不得通过起诉等方式要求总承包人支付分包价款。

2. “背靠背”条款属于风险转移条款,总承包人享有期限利益

建设工程分包合同中“背靠背”条款的作用在于转移总承包人的价款支付风险,即使分包人已履行完毕分包合同约定的全部义务且验收合格,在业主未向总承包人支付工程款时,总承包人可依据“背靠背”条款对分包人的价款请求权提出抗辩。总承包人因此取得了期限利益,在此期限内可不支付分包价款且无须承担违约责任。

3. 立法和司法解释对“背靠背”条款的规制缺位

长期以来,我国现行法律、行政法规、最高人民法院的司法解释,均未对“背靠背”条款进行规制,直到 2024 年 8 月 27 日,最高人民法院才以批复的形式规定:大型企业在建设工程施工、采购货物或者服务过程中,与中小企业约定以收

到第三方向其支付的款项为付款前提的条款无效。[①] 然而，该规定的适用范围仅限于大型企业与中小企业之间涉及建设工程施工、采购货物或者服务的情形，并未解决“背靠背”条款在实务中产生的普遍问题。

4. “背靠背”条款的主要法律问题

(1)“背靠背”条款效力的认定存在争议

理论界通说认为“背靠背”条款有效，但是，司法实践对“背靠背”条款效力并未形成一致意见。部分法院认为“背靠背”条款有效，部分法院认为“背靠背”条款无效，部分法院未明确“背靠背”条款的效力，但认为该等条款“显失公平”“约定不明”，不予支持。

(2)“背靠背”条款性质的认定存在争议

目前，理论界主流观点认为“背靠背”条款属于附生效条件的条款，还有部分观点认为“背靠背”条款属于附期限的条款。

但是，经笔者检索，涉及“背靠背”条款的案件中，法院通常援引原《合同法》第 45 条或《民法典》第 158 条、第 159 条作为裁判依据，也即法院普遍认为“背靠背”条款属于附生效条件的条款。

(3)“背靠背”条款举证责任的分配存在争议

司法实践中，法院对“背靠背”条款举证责任的分配亦有争议，部分法院认为应由分包人对总承包人未积极履行催告义务、结算义务等承担举证责任，但大多数法院则认为应当由总承包人对自己未怠于行使权利，即积极履行催告义务、结算义务等承担举证责任。

笔者研究发现，上述争议点为司法实践中关于“背靠背”条款最主要的争议内容，对于前述争议，笔者将在下文详述。

（二）“背靠背”条款的效力解析

1. 司法实践对“背靠背”条款的效力有争议

如前所述，理论界通说认为“背靠背”条款是双方当事人的真实意思表示，

---

① 参见最高人民法院《关于大型企业与中小企业约定以第三方支付款项为付款前提条款效力问题的批复》第 1 条规定：“大型企业在建设工程施工、采购货物或者服务过程中，与中小企业约定以收到第三方向其支付的款项为付款前提的，因其内容违反《保障中小企业款项支付条例》第六条、第八条的规定，人民法院应当根据民法典第一百五十三条第一款的规定，认定该约定条款无效。”

内容不违反法律、行政法规的效力性强制性规定,应为有效。

但是,司法实践对"背靠背"条款的效力仍有争议。具体如下:

(1)大部分判决认为"背靠背"条款有效

北京市高级人民法院颁布的《关于审理建设工程施工合同纠纷案件若干疑难问题的解答》(以下简称《北京高院解答》)也对此进行了规定。《北京高院解答》第22条规定:"分包合同中约定总包人收到发包人支付工程款后再向分包人支付的条款的效力如何认定?分包合同中约定待总包人与发包人进行结算且发包人支付工程款后,总包人再向分包人支付工程款的,该约定有效。因总包人拖延结算或怠于行使其到期债权致使分包人不能及时取得工程款,分包人要求总包人支付欠付工程款的,应予支持。总包人对于其与发包人之间的结算情况以及发包人支付工程款的事实负有举证责任。"

经笔者检索,大部分法院的判决认为,建设工程分包合同中的"背靠背"条款是总承包人和分包人的真实意思表示,内容不违反法律、行政法规的效力性强制性规定,应当有效。

例如,最高人民法院(2021)最高法民申4924号民事判决书、最高人民法院(2020)最高法民终106号民事判决书、江西省高级人民法院(2020)赣民终958号民事判决书及上海市第二中级人民法院(2021)沪02民终392号民事判决书等判决书中均认可"背靠背"条款的效力。

(2)部分判决否认"背靠背"条款的效力

司法实践否认"背靠背"条款效力的理由主要有以下几种:

第一,建设工程分包合同中的"背靠背"条款属于排除对方主要权利的格式条款,应无效。例如,河北省邢台市中级人民法院(2019)冀05民终517号民事判决书载明,但审查该合同内容可知,ZJLJ以收到发包人尾款作为给付CD公司的前提条件,是将其施工经营风险转嫁给分包人CD公司承担,该合同为格式合同,其约定的给付条件属于排除CD公司主要权利条款,依照《合同法》第40条(现《民法典》第497条第3款)的规定,该部分内容不产生合同效力。

第二,建设工程分包合同的"背靠背"条款,不合理转嫁风险,违反公平原则,应认定无效。例如,陕西省高级人民法院(2018)陕民申109号民事裁定书载明,申请人提出付款条件尚未成就的问题,经查,合同中有按照工程进度付款的约定条款,又有因业主拖欠工程款时,JH 公司应当承担拖欠风险,不得起诉 SJ 公司的约定条款。但后者条款剥夺 JH 公司及时主张欠付工程款的权利和诉讼的权利,对 JH 公司明显不公,且 SJ 公司在原审中并未提出该辩解理由,也未提供证据证明业主仍拖欠涉案工程款的事实,故其该申请再审的理由不能成立。

第三,建设工程分包合同无效的,其中的"背靠背"条款亦无效。例如,广东省广州市中级人民法院(2022)粤 01 民终 3175 号民事判决书载明,至于 JH 公司上诉主张双方在合同中约定背靠背条款,因业主单位还没有与其进行最终结算,故其无须支付 YL 公司工程款问题。法院对此认为,由于双方签订的《园林绿化工程专业分包合同》无效,故该约定亦无效,在涉案绿化工程已经验收合格情况下,YL 公司要求 JH 公司支付工程款依据充分,法院予以支持,JH 公司该项上诉主张不成立,法院不予支持。

第四,2024 年 8 月 27 日后作出的裁判文书,如建设工程施工合同付款存在最高人民法院《关于大型企业与中小企业约定以第三方支付款项为付款前提条款效力问题的批复》第 1 条规定情形的,法院会认定背靠背条款无效。例如,湖北省武汉市中级人民法院(2024)鄂 01 民终 15700 号民事判决书载明:武汉某建设集团公司为国有大型企业,湖北某混凝土公司为民营小微企业,双方在《材料购销合同》中直接约定"武汉某建设集团公司参考工程进度款回款情况,同比例支付湖北某混凝土公司材料款",根本目的在于通过设置向湖北某混凝土公司支付材料款的条件,转移武汉某建设集团公司的支付风险、减轻其资金压力,不符合一般行业交易惯例,明显违反《保障中小企业款项支付条例》第 6 条第 1 款的强制性规定,根据最高人民法院《关于大型企业与中小企业约定以第三方支付款项为付款前提条款效力问题的批复》第 1 条的规定,该条款应属无效。

2. 满足《最高人民法院关于大型企业与中小企业约定以第三方支付款项为付款前提条款效力问题的批复》第 1 条情形的"背靠背"条款,应认定无效

2024 年 8 月 27 日实施的最高人民法院《关于大型企业与中小企业约定以第三方支付款项为付款前提条款效力问题的批复》第 1 条规定:"大型企业在建设工程施工、采购货物或者服务过程中,与中小企业约定以收到第三方向其支付的款项为付款前提的,因其内容违反《保障中小企业款项支付条例》第六条、

第八条的规定,人民法院应当根据民法典第一百五十三条第一款的规定,认定该约定条款无效。”

根据该条批复的规定,大型企业与中小企业签署的建设工程施工合同中如存在“背靠背”付款条款,该条款应属于无效。但是,实践中对于大型企业、中小企业的认定仍存在较大争议,会影响该批复的落地效果。

3. 符合格式条款无效情形的“背靠背”条款、无效分包合同中的“背靠背”条款以及“背靠背”条款限制分包人诉权的部分,应属无效

(1)建设工程实务中,“背靠背”条款多数情况下符合格式条款的要件,但是只有具有格式条款无效情形的“背靠背”条款无效

在司法实践中,部分法院认定“背靠背”条款属于格式条款,因而无效。但是,该等认定的前提应当是“背靠背”条款属于格式条款,且存在格式条款无效的情形,即不能笼统地认为格式条款即无效。

《民法典》第 496 条规定:“格式条款是当事人为了重复使用而预先拟定,并在订立合同时未与对方协商的条款。

“采用格式条款订立合同的,提供格式条款的一方应当遵循公平原则确定当事人之间的权利和义务,并采取合理的方式提示对方注意免除或者减轻其责任等与对方有重大利害关系的条款,按照对方的要求,对该条款予以说明。提供格式条款的一方未履行提示或者说明义务,致使对方没有注意或者理解与其有重大利害关系的条款的,对方可以主张该条款不成为合同的内容。”

根据《民法典》第 496 条的规定,格式合同具有重复使用、预先拟定、未与对方协商的特点。对于专门从事建设工程的总承包企业,其与分包单位签署的分包合同,通常均为范本合同,符合格式合同重复使用、预先拟定的特点。而且,根据建工实践惯例,分包人对分包合同关键性条款进行修改的可能性极小。因此,大部分情况下,建设工程分包合同中的“背靠背”条款具有格式条款的形式要件,但司法实践中法官仍应根据个案判断。

即使“背靠背”条款被认定为格式条款,也不能一概认为其无效,当且仅当存在法律规定的无效情形时,才可认定其无效,具体如下:

根据《民法典》第 497 条的规定,符合格式条款要件的“背靠背”条款,不合理地限制分包人权利或排除分包人权利的,应属无效,如分包合同中约定,无论

期限多久，业主未支付工程款的情况下，分包人均不得请求总承包人支付分包价款，该等约定应属于不合理地限制分包人权利，因而无效。此时应由分包人承担举证责任。

(2)建设工程分包合同无效的，"背靠背"条款亦无效

《民法典》第155条规定："无效的或者被撤销的民事法律行为自始没有法律约束力。"《民法典》第507条规定："合同不生效、无效、被撤销或者终止的，不影响合同中有关解决争议方法的条款的效力。"第156条规定："民事法律行为部分无效，不影响其他部分效力的，其他部分仍然有效。"

"背靠背"条款不属于争议解决条款，因此，根据前述条款的规定，建设工程分包合同无效的，"背靠背"条款亦无效，自始没有法律约束力。

(3)"背靠背"条款中剥夺分包人诉权的部分，应属无效

《民法典》第153条第1款规定："违反法律、行政法规的强制性规定的民事法律行为无效。但是，该强制性规定不导致该民事法律行为无效的除外。"

诉讼权利，属于法律赋予当事人的法定权利，任何一方不得通过合同剥夺当事人的诉讼权利。如"背靠背"条款存在剥夺分包人诉讼权利的，该部分应属于无效，但不影响"背靠背"条款其他部分的效力。

◎类案裁判要旨精编

河北省邢台市中级人民法院(2019)冀05民终517号二审民事判决书：关于本案工程款是否具备给付条件问题。本案中，当事人虽然在合同约定了"……工程整体竣工验收合格并办理工程结算审计后甲方在收到发包人结算工程尾款30天内付款达到竣工结算款的95%；在工程质量无问题的情况下，缺陷责任期满后30天内付竣工结算款余下的5%。"的付款条件。但审查该合同内容可知，ZJLJ以收到发包人尾款作为给付CD公司的前提条件，是将其施工经营风险转嫁给分包人CD公司承担，该合同为格式合同，其约定的给付条件属于排除CD公司主要权利条款，依照《合同法》第40条的规定，该部分内容不产生合同效力。

4."背靠背"条款并不违反合同相对性，法院以"背靠背"条款违反合同相对性否认其效力的观点不能成立

根据主流学术观点，合同相对性包括主体相对性、内容相对性和责任的相

对性。[①] 但是,“背靠背”条款不符合前述要件。

首先,“背靠背”条款仅约束总承包人和分包人,发包人并不属于合同当事人。其次,“背靠背”条款下,总承包人承担付款义务,分包人享有债权,分包人无权直接要求发包人支付分包价款,除非符合代位权行使的特定条件。最后,“背靠背”条款并未给发包人设置责任条款,无论发包人是否、能否支付工程款,其均无需对分包人承担付款责任或违约责任。

因此,“背靠背”条款并未突破合同相对性,如无前述导致“背靠背”合同无效的情形,法院不能仅以此为由否认“背靠背”条款的效力。

建设工程领域只有实际施工人可突破合同相对性向发包人主张工程价款,[②]除此之外并无其他突破合同相对性的情形,法院应对此有明确的认识。

5. 在无否定事由的情况下,“背靠背”条款应属有效

(1)认定“背靠背”条款有效,具有合法性

《民法典》第143条规定:“具备下列条件的民事法律行为有效:(一)行为人具有相应的民事行为能力;(二)意思表示真实;(三)不违反法律、行政法规的强制性规定,不违背公序良俗。”

一般情况下,“背靠背”条款是总承包人与分包人双方真实意思表示,且内容不违反法律、行政法规的强制性规定,不违背公序良俗,应当认定为有效。除非分包人有相反证据证明其意思表示不真实。

司法实践亦采纳此观点。例如,江西省高级人民法院(2020)赣民终958号民事判决书载明,本案中,上诉人SHCJ公司承接南昌朝阳大桥工程,其对部分施工任务采用公开招标的方式进行分包,招标文件的商务标条款中已经明确业主拨款作为工程款支付条件,被上诉人WCZG公司对于该条件所对应的风险,在投标时就早已知晓。在签订分包合同时,其作为长期从事建设工程领域的企业对于合同中约定的“背靠背”条款十分熟悉,WCZG公司可以根据自身风险承受能力对合同价款支付风险负担作出理性判断,有是否接受该条款的选择权,

---

① 参见王利明:《论合同的相对性》,载《中国法学》1996年第4期。

② 参见《建工司法解释(一)》第43条第2款规定:“实际施工人以发包人为被告主张权利的,人民法院应当追加转包人或者违法分包人为本案第三人,在查明发包人欠付转包人或者违法分包人建设工程价款的数额后,判决发包人在欠付建设工程价款范围内对实际施工人承担责任。”

其签约行为就是接受风险的真实意思表示。因此，上诉人 SHCJ 公司与被上诉人 WCZG 公司签订的《建设工程专业分包合同》第一部分协议书、第二部分通用条款、第三部分专用条款中关于合同价款支付的约定，是双方的真实意思表示，不违反法律、行政法规的强制性规定，应认定合法有效。

（2）认定“背靠背”条款有效，具有合理性

《建设工程质量管理条例》第 27 条规定：“总承包单位依法将建设工程分包给其他单位的，分包单位应当按照分包合同的约定对其分包工程的质量向总承包单位负责，总承包单位与分包单位对分包工程的质量承担连带责任。”

根据该条规定，总承包人对分包人施工的分包工程质量承担连带责任，因此，在分包合同中约定“背靠背”条款，由分包人分担总承包人的部分风险，符合“风险共担”“利益共享”的合同法规则。

（3）司法实践中法院通常赋予总承包人严格的举证责任，对“背靠背”条款的认定非常严格，以充分保护分包人的权利

根据笔者检索的案例，司法实践中法院在认定“背靠背”条款有效的情况下，并不会直接驳回分包人的诉讼请求，法院通常要求总承包人对其与业主方的结算情况、款项支付情况，其积极履行催告义务、结算义务，及其积极起诉业主方支付工程款等承担举证责任。而且，如果“背靠背”条款约定不清，或者分包合同中同时存在分包价款最晚支付期限的，或者工程竣工验收已过多年总承包人未支付分包价款超过合理期限的，或者业主已向总承包人支付完毕工程款的，法院均会支持分包人的诉讼请求。[①]

综上，在无否定事由的情况下，原则上，法院应认定“背靠背”条款有效。但是，认定有效并不等同于完全支持总承包人的主张，总承包人应承担严格的举证责任。

---

① 司法实践中的观点详见：最高人民法院（2020）最高法民终 106 号民事判决书、最高人民法院（2021）最高法民申 4924 号民事判决书、最高人民法院（2021）最高法民终 662 号民事裁定书、重庆市高级人民法院（2020）渝民申 816 号民事裁定书、江苏省高级人民法院（2019）苏民申 7250 号民事裁定书、湖北省高级人民法院（2019）鄂民申 2110 号民事裁定书、江西省高级人民法院（2020）赣民终 958 号民事判决书、河南省高级人民法院（2019）豫民终 1610 号民事判决书、上海市第二中级人民法院（2016）沪 02 民终 6833 号民事判决书、上海市第二中级人民法院（2021）沪 02 民终 392 号民事判决书、天津市第三中级人民法院（2020）津 03 民终 3445 号民事判决书、天津市第三中级人民法院（2021）津 03 民终 6846 号民事判决书及湖南省长沙市中级人民法院（2018）湘 01 民终 8769 号民事判决书等。

(三)“背靠背”条款的性质认定

1. 从理论上讲,“背靠背”条款属于附生效条件的条款

就“背靠背”条款属于附条件的条款还是附期限的条款,理论界有争议。通说认为“背靠背”条款属于附生效条件的条款,①但也有部分观点认为“背靠背”条款属于附期限的条款,②还有部分观点认为“背靠背”条款既不属于附生效条件的条款,也不属于附生效期限的条款,而是总承包人和分包人关于付款期限的约定。③

根据《民法典》的规定,民事法律行为可以附条件,也可以附期限。④“条件者,指法律行为效力的发生或消灭,系于将来是否客观上不确定的事实。期限者,指法律行为效力的发生或消灭,系于将来确定发生的事实。条件与期限乃同以将来的事实为内容,其主要区别在于条件系针对客观上不确定的事实,期限作为确定发生的事实。”⑤另根据崔建远先生的观点,合同可以附条件或附期限,同样地,合同条款亦可以附条件或附期限。所谓附款,无非是一种条款,属于意思表示的范畴。既然附款就是一种条款、一种意思表示,或意思表示的组成部分,那么,它可以与整个合同组合成一体,成为合同的一部分,也可以与作为合同组成部分的条款组合成一体。换句话说,合同的整体与合同的组成部分(条款)在本质上都不排斥附款。因此其坚持合同的条款可以附条件。⑥因此,合同条款的效力具有一定的独立性,可以单独附款成为“附条件条款”或“附期限条款”。

建设工程分包合同中的“背靠背”条款,以将来“业主向总承包人支付工程

---

① 参见张永亮:《建设工程合同中背靠背条款的适用及其规制》,载《山东法院培训学院学报》2018年第6期;周显峰、叶万和:《论分包合同“背靠背”条款及其法律风险防范》,载《施工企业管理》2008年第4期。

② 参见袁华之、丑斌:《分包合同中的“背靠背”条款浅析》,载《财经法学》2017年第2期。

③ 参见张仁藏:《“背靠背条款”的实务操作》,载《工程建设》2017年第10期。

④ 参见《民法典》第158条规定:“民事法律行为可以附条件,但是根据其性质不得附条件的除外。附生效条件的民事法律行为,自条件成就时生效。附解除条件的民事法律行为,自条件成就时失效。”第160条规定:“民事法律行为可以附期限,但是根据其性质不得附期限的除外。附生效期限的民事法律行为,自期限届至时生效。附终止期限的民事法律行为,自期限届满时失效。”

⑤ 王泽鉴:《民法总则》,北京大学出版社2009年版,第332页。

⑥ 参见崔建远:《合同条款附期限绝非合同附期限》,载《中州学刊》2017年第7期。

款”作为总承包人给付义务生效的前提。在建设工程领域，业主何时向总承包人支付工程款以及最后能否支付工程款，存在不确定性；司法实践中，业主因为各种原因最后无法支付总承包人工程款的情况大量存在。因此，“业主支付工程款”属于将来客观上不确定之事实。因此，建设工程分包合同中的“背靠背”条款属于附条件的条款。

笔者认为，认定“背靠背”条款属于附期限条款的观点，在于错误地将区分条件与期限的“客观事实”理解为“法律事实”。从法律角度看，业主负有向总承包人支付工程款的义务自不待言。但是，法律上负有该等义务并不意味着客观上该等义务未来确定能够履行，即业主未来是否可以实际支付工程款，仍属于客观上不确定的事实。

另外，“背靠背”条款也不属于对价款履行期限进行约定的条款。根据《民法典》的规定，附生效条件的法律行为，自条件成就时生效。“背靠背”条款的条件即“业主向总承包人支付工程款”，如果业主已向总承包人支付工程款，即该条件成就，“背靠背”条款生效，分包人有权行使价款请求权，要求总承包人履行给付价款之义务。相反，如果业主未向总承包人支付工程款，则该条款所附的条件不成就，“背靠背”条款不生效，分包人无权请求总承包人给付价款。若将“背靠背”条款认定为是双方当事人对价款支付期限的约定，则意味着该条款在建设工程分包合同生效时便已生效，在此种情况下，若总承包人恶意阻止条件成就，将会导致分包人在承包人恶意逃避付款义务时救济难度加大甚至面临无法救济的境况，这一规定并不符合公平原则的价值判断。因此，“背靠背”条款不属于双方当事人对价款履行期限进行约定的条款。综上所述，“背靠背”条款应属于附生效条件的条款。

2. 司法实践中，法院普遍认为“背靠背”条款属于附生效条件的条款

经笔者检索，涉及“背靠背”条款的案件中，法院通常援引《合同法》第 45 条或《民法典》第 158 条、第 159 条作为裁判依据，也即法院普遍认为“背靠背”条款属于附条件的条款。

例如，最高人民法院(2020)最高法民终 106 号民事判决书、最高人民法院(2021)最高法民申 4924 号民事裁定书、重庆市高级人民法院(2020)渝民申 816 号民事裁定书、江西省高级人民法院(2020)赣民终 958 号民事判决书、天津

市第三中级人民法院(2020)津03民终3445号民事判决书、江苏省徐州市中级人民法院(2021)苏03民终2110号民事判决书等判决书中均认为“背靠背”条款属于附生效条件的条款。

3.“背靠背”条款使得总承包人获得暂时拒绝支付分包价款的抗辩,但分包人的价款请求权并不因此丧失,因此,“背靠背”条款所附条件如确定不能成就时,“背靠背”条款不生效,分包人有权依据建设工程分包合同和法律规定要求总承包人支付工程款

司法实践中,存在业主因破产等原因而确实无法支付总承包人工程款的情况,在此情况下,分包人是否有权要求总承包人支付分包价款? 有学者认为“如果因发包人原因,工程款确实无法实现,那么要求承包人垫付分包人工程款也无可能性”①。

笔者认为,该观点有待商榷。在建设工程分包合同有效的情况下,总承包人承担支付分包合同价款之给付义务,分包人享有分包价款请求权。建设工程分包合同中“背靠背”条款,仅是对总承包人履行给付义务附加了条件,使总承包人享有期限利益,其有权抗辩暂时拒绝支付分包价款,但其负有的付款义务并不因此消灭;同时,分包人享有的价款请求权也不因此消灭。

在“背靠背”条款所附条件确定不成就时,即业主确已无法向总承包人支付工程款时,根据《民法典》的规定,“背靠背”条款不发生效力,即总承包人享有的期限利益消灭,不得拒绝履行价款给付义务。此时,分包人有权按照建设工程分包合同其他条款的约定,向总承包人主张价款请求权,如分包合同中无明确约定,可通过法律规定,向总承包人主张价款请求权。

(四)“背靠背”条款举证责任分配规则

1. 总承包人应对“背靠背”条款生效、所附条件未成就的基本事实承担举证责任

《民事诉讼法解释》第91条规定:“人民法院应当依照下列原则确定举证证

---

① 张永亮:《建设工程合同中背靠背条款的适用及其规制》,载《山东法院培训学院学报》2018年第6期。

明责任的承担，但法律另有规定的除外：（一）主张法律关系存在的当事人，应当对产生该法律关系的基本事实承担举证证明责任；（二）主张法律关系变更、消灭或者权利受到妨害的当事人，应当对该法律关系变更、消灭或者权利受到妨害的基本事实承担举证证明责任。”

在分包人起诉总承包人支付分包价款的案件中，总承包人通常会援引“背靠背”条款进行抗辩，对分包人的价款请求权造成妨害。根据前述规定，总承包人应对权利受到妨害的基本事实承担举证证明责任，即总承包人应对“背靠背”条款生效的基本事实和业主未付工程款的基本事实承担举证证明责任。

◎类案裁判要旨精编

湖北省高级人民法院（2019）鄂民申2110号再审民事裁定书：因工程结算及付款的相关证据由TY公司与业主持有，YD公司无法取得，原判决将证明TY公司与业主之间是否结算的举证责任分配给YD公司不当。二审期间，YD公司书面申请法院调查收集TY公司与业主之间工程结算及款项支付的证据，其申请符合《民事诉讼法解释》第94条第3项规定的情形，但二审法院未予准许，故YD公司的再审申请符合《民事诉讼法》第200条第5项规定的情形。

2. 总承包人应对其没有不正当阻止条件成就承担举证证明责任

《民法典》第159条规定：“附条件的民事法律行为，当事人为自己的利益不正当地阻止条件成就的，视为条件已经成就；不正当地促成条件成就的，视为条件不成就。”

司法实践中，法院认定总承包人为自己的利益不正当地阻止条件成就的事由主要有如下几点：

（1）业主已支付工程款，但总承包人以不合理的理由拒绝向分包人支付。

（2）案涉建设工程已竣工验收合格，总承包人未积极与业主进行结算，未积极催告业主支付工程款。

（3）业主经催告一直拒绝支付工程款的，总承包人未及时起诉业主索要工程款。

（4）总承包人与业主恶意串通，故意不支付工程款。

司法实践中，大多数法院认为总承包人应举证证明其不存在上述阻止条件成就的不正当行为，否则，应承担举证不利的后果。但也有法院认为分包人应对总承包人怠于行使权利承担举证责任。[①] 但是，由于总承包人与业主之间的结算、价款支付等属于其商业秘密，分包人作为总包合同外当事人，很难知晓具体情况，将举证责任分配给分包人，不仅不符合法律规定，也不具有合理性。

（五）建设工程分包合同中“背靠背”条款的风险防范

1. 总承包人角度的风险防范

（1）总承包人应注意在建设工程分包合同中约定详细具体的“背靠背”条款。否则，即使“背靠背”条款有效，法院也可能因条款内容约定不明确而不支持总承包人的主张。

◎类案裁判要旨精编

天津市第三中级人民法院（2021）津03民终6846号二审民事判决书：对于“背靠背”条款，虽然合法有效，但约定不明确，且湖南XD公司提供的证据难以证实本案诉争工程的工程款是否支付，且工程已竣工多时，若机械等待业主单位付款才能向河北ZR公司付款，将使河北ZR公司的权利长期处于不确定状态，不符合公平原则。

（2）“背靠背”条款的约定，应避免剥夺分包人的诉讼权利，避免不合理地限制分包人的权利。否则，法院可能认定该条款违反公平原则而不适用。

◎类案裁判要旨精编

陕西省高级人民法院（2018）陕民申109号再审民事裁定书：申请人提出付款条件尚未成就的问题，经查，合同中有按照工程进度付款的约定条款，又有因业主拖欠工程款时，JH公司应当承担拖欠风险，不得起诉SJ公司的约定条款。但后者条款剥夺JH公司及时主张欠付工程款的权利和诉讼的权利，对JH公司明显不公，且SJ公司在原审中并未提出该辩解理由，也未提供证据证明业主仍拖欠涉案工程款的事实，故其该申请再审的理由不能成立。

---

① 参见江苏省徐州市中级人民法院（2021）苏03民终2110号民事判决书。

（3）总承包人在签署建设工程分包合同时应将“背靠背”条款加粗，向分包人提示、解释“背靠背”条款内容并与其协商，对相关沟通记录进行留存。否则，发生纠纷时，分包人通常会以“背靠背”条款为格式条款且总承包人未履行提示告知义务等为由，主张“背靠背”条款不成为合同内容。

◎类案裁判要旨精编

河北省邢台市中级人民法院（2019）冀05民终517号二审民事判决书：审查该合同内容可知，ZJLJ以收到发包人尾款作为给付CD公司的前提条件，是将其施工经营风险转嫁给分包人CD公司承担，该合同为格式合同，其约定的给付条件属于排除CD公司主要权利条款，依照《合同法》第40条的规定，该部分内容不产生合同效力。

（4）总承包人在工程建设过程中，应积极催告业主支付工程预付款、进度款；在工程竣工验收后，应积极与业主方进行结算，催告业主及时支付工程款，合理催告后业主仍不支付的，应及时起诉。总承包人应保留对业主进行催告等的过程文件。否则，即使“背靠背”条款有效，可能被法院认定为怠于行使权利，不正当阻止条件成就，视为付款条件已成就。

◎类案裁判要旨精编

最高人民法院（2020）最高法民终106号二审民事判决书：关于“背靠背”付款条件是否已经成就，ZJYJ提出双方约定了在DD建设未支付工程款情况下，ZJYJ不负有付款义务。但是，ZJYJ的该项免责事由应以其正常履行协助验收、协助结算、协助催款等义务为前提，作为DD建设工程款的催收义务人，ZJYJ并未提供有效证据证明其在盖章确认案涉工程竣工后至本案诉讼前，已积极履行以上义务，对DD建设予以催告验收、审计、结算、收款等。相反，ZJYJ工作人员房某的证言证实ZJYJ主观怠于履行职责，拒绝QY公司要求，始终未积极向DD建设主张权利，该情形属于《合同法》第45条第2款规定附条件的合同中当事人为自己的利益不正当地阻止条件成就的，视为条件已成就的情形，故ZJYJ关于“背靠背”条件未成就、ZJYJ不负有支付义务的主张，理据不足。

2. 分包人角度的风险防范

(1)签署建设工程分包合同时,分包人可以向总承包人提出修改“背靠背”条款内容,并保留沟通记录。发生纠纷时,分包人可以援引格式条款相关规定,争取认定“背靠背”条款无效。

(2)签署建设工程分包合同无法修改“背靠背”条款时,分包人应要求总承包人加入总承包人最后付款期限的条款,以便在业主未向总承包人支付工程款但总承包人最后付款期限已届满的条件下,起诉要求总承包人支付分包价款。

◎**类案裁判要旨精编**

天津市第三中级人民法院(2020)津03民终3445号二审民事判决书:关于付款条件是否成就的问题,合同约定,南京PX公司收到最终政府建设方用户全款,并在ZTO公司按合同要求向南京PX公司开具同等额度增值税发票后一周内,支付ZTO公司合同款,最终支付期限为项目验收后的6个月。案涉工程于2018年7月31日验收合格,南京PX公司最迟的付款时间应为2019年1月31日,现付款条件已经成就。

(3)如法院认定“背靠背”条款有效,分包人应举证证明“背靠背”条款所附条件已成就,业主已向总承包人支付了工程款或业主付款期限已届满但总承包人怠于行使权利。

◎**类案裁判要旨精编**

河南省高级人民法院(2019)豫民终1610号二审民事判决书:上述约定属于附付款条件的约定。但是,案涉工程已经交付,且XKY公司与SJ城投BT实施合同约定的付款期限也已届满。XKY公司主张不具备付款条件,明显不合情理,对其主张法院不予采纳。

(4)如因总承包人过错导致工程质量不合格,业主拒绝付款的,分包人应积极掌握该等证据,要求总承包人支付分包价款。

(六)结语

“背靠背”条款未被现行立法和司法解释所规制,导致司法实践中对“背靠背”条款的审理存在“同案不同判”的现象。为了解决建设工程领域普遍存在的“背靠背”付款情形,减轻中小企业的回款压力,最高人民法院《关于大型企业与中小企业约定以第三方支付款项为付款前提条款效力问题的批复》规定大型企业在建设工程施工、采购货物或者服务过程中,与中小企业签署的“背靠背”条款无效。笔者认为,除批复规定的情形外,建设工程分包合同“背靠背”条款,属于当事人双方真实意思表示的,原则上应认可其有效,除非分包合同整体无效。“背靠背”条款并未突破合同相对性,形式上也不违反公平原则,法院不得仅以此为由否定总承包人的抗辩,支持分包人诉求。“背靠背”条款属于附生效条件的条款。即使“背靠背”条款有效,司法实践中法院均要求总承包人承担严格的举证责任,总承包人应举证证明其不存在不正当阻止条件成就的事实。

第三章　建设工程工期纠纷的处理

一、概述

工期管理是建设工程项目全周期的核心要素，贯穿合同订立、施工履约至竣工验收各环节，其法律规则体系直接影响工程效率、责任分配及风险防控。建设工程工期管理不仅是项目管理的核心内容，也是法律实践中的重要议题。随着建筑行业技术迭代与市场环境的复杂化，工期管理面临诸多新挑战，传统法律框架的适用性遭遇现实困境。

工期的合理安排和有效控制不仅关系到项目的经济效益，还涉及合同履行、违约责任、索赔与反索赔等法律问题。本章将从合理工期、开工日期、竣工日期、工期顺延、工期违约赔偿等角度分析工期延误的法律责任、合同条款的设计、争议解决机制等，以期为建设工程项目的法律实践提供参考。

二、如何确定建设工程的开工日期

建设工程的开工日期是项目管理中的重要时间节点，它不仅标志着项目的正式启动，还直接关系到工期的计算、合同的履行以及各方的权利义务。然而，在实际操作中，开工日期的认定往往存在争议，尤其是在合同约定不明确或实际履行与合同约定不一致的情况下。本节将从法律和实践的角度，探讨建设工程开工日期的认定问题，分析相关法律规定、常见争议及解决方法，以期为建设工程项目的法律实践提供参考。

（一）开工日期的定义与法律意义

开工日期是计算工期的起点，是建设工程实际开始施工的日期，也是确定合同履行情况以及判定违约责任的依据。开工日期的认定直接影响工期延误的责任划分,影响索赔与反索赔的成立与否。

(二)开工日期的认定的法律依据

在建设工程施工合同纠纷案件中,开工日期的确定方式主要包括:合同中约定的具体日期;发包人或监理人发出的开工通知中载明的日期;承包人实际进场施工的日期(经发包人同意);开工报告中记载的日期。

开工日期的认定一般依据《建工司法解释(一)》第8条的规定,该规定具体区分了开工日期认定的几种情形:

第一,开工日期一般为发包人或者监理人发出的开工通知载明的开工日期。

第二,如果开工通知发出后,但案涉项目尚不具备开工条件的,以开工条件具备的时间为开工日期。

第三,如果因承包人原因导致开工时间推迟的,以开工通知载明的时间为开工日期。

第四,如果承包人经发包人同意后已经实际进场施工的,以实际进场施工时间为开工日期。

第五,如果发包人或者监理人均未发出开工通知,亦无相关证据证明实际开工日期的,应当综合考虑开工报告、合同、施工许可证、竣工验收报告或者竣工验收备案表等载明的时间,并结合是否具备开工条件的事实,认定开工日期。

上述法律规定了几种开工日期如何认定的情况,但在司法实践当中,往往存在着复杂多变的情形,各方对开工日期的认定仍然存在较大争议。

(三)开工日期存在争议的几种情形

1. 如果有开工令或开工通知的,以开工令或开工通知载明的日期为开工日期

该观点为司法实践中的主流观点,根据上述司法解释的规定,开工日期一般以发包人或者监理人发出的开工令或开工通知载明的开工日期为准。一般在案涉项目具备开工条件后,发包人或监理人向承包人发送开工通知,开工通

知上载明的日期为开工日期。

除了《建工司法解释(一)》第8条的规定之外,其他省市也对“以开工通知作为开工日期的依据”进行了规定。

北京市高级人民法院在《关于审理建设工程施工合同纠纷案件若干疑难问题的解答》第25条规定,建设工程施工合同实际开工日期的确定,一般以开工通知载明的开工时间为依据。

浙江省高级人民法院民事审判第一庭在《关于审理建设工程施工合同纠纷案件若干疑难问题的解答》第5条“如何认定开工时间”中规定,建设工程施工合同的开工时间以开工通知或开工报告为依据。

安徽省高级人民法院《关于审理建设工程施工合同纠纷案件适用法律问题的指导意见(二)》第3条规定,建设工程的开工日期应依据开工令、开工报告记载的时间予以认定。当事人认为实际开工时间与开工令、开工报告记载的时间不符的,应当承担举证责任。

◎类案裁判要旨精编

最高人民法院(2018)最高法民再166号再审民事裁定书:法院认定开工、竣工总工期时以“监理批准的开工令”作为依据,将住宅楼开工日期暂定为2010年元月10日,商业楼暂定2010年4月10日,进而计算出合同工期总日历天数为540天。

2. 开工通知载明的开工日期与实际开工日期不一致,需要根据情况判断

在项目施工时,开工通知载明的开工日期与实际开工日期不一致的情况比较常见,在该种情况下,开工日期如何认定需要结合实际情况具体判断。

(1)不一致的具体表现

开工通知载明的开工日期与实际开工日期不一致的具体表现为:

①开工通知在先,实际施工在后

第一种情况:发包人提前签发开工通知,但因场地未交付、图纸未审批等原因导致施工延迟。

第二种情况:承包人收到通知后因设备未到位等原因推迟进场。

②实际施工在先，开工通知在后

第一种情况：承包人擅自提前进场施工，事后补签开工通知。

第二种情况：发包人默许承包人提前施工，但未及时补发正式通知。

③其他原因

发包人与承包人对开工日期有多次变更，以双方的真实意思为准。

根据上述不一致的表现情况，可以看出开工通知载明的开工日期与实际开工日期不一致的原因为发包人原因、承包人原因及其他原因。

（2）发包人原因

①发包人原因导致开工迟延。

如果开工通知载明的开工日期与实际开工日期不一致是因发包人的原因，由此导致开工迟延，开工通知与施工条件不匹配、如施工许可证未及时取得、施工场地未按时移交、不具备开工条件、未提供施工图纸等，开工日期应以实际开工日期为准，发包人需承担迟延开工的责任。浙江省高级人民法院和安徽省高级人民法院也对此作出了规定。

浙江省高级人民法院民事审判第一庭在《关于审理建设工程施工合同纠纷案件若干疑难问题的解答》第5条“如何认定开工时间”中规定，开工通知或开工报告发出后，仍不具备开工条件的，应以开工条件成就时间确定。

安徽省高级人民法院《关于审理建设工程施工合同纠纷案件适用法律问题的指导意见（二）》第3条规定，因发包人原因导致延误开工的，以实际开工时间作为开工日期。

◎类案裁判要旨精编

最高人民法院（2020）最高法民终941号二审民事判决书：在这一建设工程施工合同纠纷案件中，项目总监理工程师办公室于2012年3月15日向LA公司下达开工令，但当时MB公司未交付施工所需用地，案涉项目不具备全线平行施工的开工条件。根据《建工司法解释（二）》（已失效）第5条规定，需查明何时具备全线平行施工的开工条件，才能确定LA公司的实际开工日期。此案例体现了在开工令发出后，因不具备开工条件，不能直接以开工令载明日期为开工日期，而是要结合实际情况确定。

②发包人原因导致提前开工,详见本节后述"3. 承包人经发包人同意后已经实际进场施工的,以实际进场施工时间为开工日期"。

(3)承包人原因导致的迟延

如果开工迟延是承包人的原因导致,承包人怠于履行准备义务,如承包人施工组织不力、施工人员不足、材料供应不足等原因,开工日期应以开工令载明的开工日期为准,承包人需承担迟延开工的责任。

(4)其他原因

因发包人与承包人多次变更开工日期的,以双方的真实意思表示认定开工日期。法院通常根据双方提交的证据情况,综合判断双方的真实意思表示,并以此认定开工日期。

◎类案裁判要旨精编

福建省高级人民法院(2016)闽民终165号二审民事判决书:关于开工日期。双方在《总承包施工合同书》中约定工期起计时间以开工许可证的日期为工期起计日。双方随后签订的《补充协议书》约定双方同意将"施工合同"中4.1项关于"工期起计时间"的表述改为"无论开工许可证的办理时间是何时,均以2009年10月8日为工期的起计时点……乙方分地段作业,以尽量避免尚未完成的桩基础的后灌浆作业或桩基检测程序对工程的影响"。虽然MN公司在施工过程中,曾经向XJ公司、监理单位发出工程联系单,主张工桩基检测及纠偏延误了工期应予顺延,但MN公司在签订《补充协议书》时已经清楚施工许可证尚未颁发且桩基后灌施工尚未完成可能对工期产生影响,且《补充协议书》明确除非相关工序影响MN公司的施工进度且经监理单位签证才能予以顺延工期,因此,MN公司提出的工期顺延即工程开工日期为2010年6月8日,在未经监理单位同意的情况下,不能予以支持。鉴于XJ公司发出的《关于工期—索赔问题的回复函》,提出"考虑到补桩延误时间和春节因素,同意将工期起计时间调整为施工许可证签发时间即2009年12月9日",故讼争工程的开工日期应为XJ公司认可的顺延时间即施工许可证载明的开工日期2009年12月9日,一审法院认定讼争工程开工日期为2009年12月12日显属不当,应予纠正。

3. 如果承包人经发包人同意后已经实际进场施工的，以实际进场施工时间为开工日期

如果承包人在开工通知前经发包人同意后，已经进场施工的，以实际进场施工的日期为开工日期。

《建工司法解释（一）》第8条明确赋予"发包人同意"的法律效力：若承包人提前进场施工经发包人认可，即使早于合同约定或开工令日期，实际进场时间即为法定开工日期。该条款强调"同意"的必要性：若发包人未明确同意，即便承包人擅自进场，仍可能以合同约定或开工令日期为准。

◎类案裁判要旨精编

最高人民法院（2019）最高法民申3651号再审民事裁定书：在该建设工程施工合同纠纷案件中，KA公司与DB公司签订了《建设工程施工合同》，合同约定开工日期以开工令为准。之后，KA公司下达开工令，上面明确记载的开工日期为2010年8月24日。在案件审理期间，双方针对开工日期产生了争议。DB公司主张应按照开工令的时间来确定开工日期，而KA公司依据监理例会等相关记录，认为开工日期应当是2010年3月5日。法院经过仔细审查发现，从会议纪要等书面记录内容来看，DB公司在2010年7月31日之前就已经进场施工。同时，3月5日的监理例会明确将当日定为开工日期。综合这些情况，法院最终认定2010年3月5日为实际进场施工日期，也是涉案工程的开工日期。二审判决作出后，DB公司向最高人民法院申请审判监督程序。最高人民法院经审理认为，原判决对开工日期的认定符合法律规定。

4. 如果发包人或者监理人均未发出开工通知，亦无相关证据证明实际开工日期的，应当综合考虑开工报告、合同、施工许可证、竣工验收报告或者竣工验收备案表等载明的时间，并结合是否具备开工条件的事实，认定开工日期

在司法实践当中，可能存在无开工通知及相应证据证明开工日期的情况，在该种情况下，应当结合开工报告、合同、施工许可证、竣工验收报告或者竣工验收备案表、监理日志等情况综合认定。

根据法律规定，开工日期认定原则可以总结为以下几方面：

第一，文件优先原则：优先依据施工许可证、竣工验收报告等法定文件载明

的时间,但需结合实际情况。

第二,事实推定原则:若文件载明时间与事实不符(如施工许可证日期早于实际开工),需结合施工现场记录、材料采购、人员进场等事实认定。

◎类案裁判要旨精编

最高人民法院(2016)最高法民申2826号再审民事裁定书。该案例虽未聚焦上述观点,但在确定工程相关时间节点及责任认定时,涉及对合同约定、施工实际情况等多方面因素的考量。在建设工程纠纷中,确定开工日期往往需综合分析各类证据和实际情况,这与该观点中综合考虑多种因素认定开工日期的思路相符。例如,双方围绕合同履行过程中的诸多细节产生争议,法院在审理时需从多方面审查判断,其中就可能包含对开工日期认定的综合考量,体现出司法实践中全面审查案件事实的原则,与该观点的理念相通。

根据上述分析,合同约定是否明确、证据是否完备是认定开工日期的关键,在项目施工过程中,发包人或监理人应通过《开工通知》明确开工日期,在未发出开工通知且无直接证据的情况下,法院将通过文件内容及事实情况的综合判断认定开工日期。

三、如何确定建设工程的竣工日期

(一)竣工日期的定义与法律意义

竣工日期是指建设工程通过竣工验收的日期,是计算工期的终点,直接关系到工期的长短。它是计算工期、确定合同履行情况以及判断违约责任的重要依据。竣工日期的认定直接影响工期延误的责任划分,进而影响索赔与反索赔的成立与否。

(二)竣工日期的法律依据

竣工日期的认定一般依据《建工司法解释(一)》第9条的规定,该规定具体区分了竣工日期认定的几种情形:

1. 建设工程经竣工验收合格的,以竣工验收合格之日为竣工日期。

2. 承包人已经提交竣工验收报告,发包人拖延验收的,以承包人提交验收报告之日为竣工日期。

3. 建设工程未经竣工验收，发包人擅自使用的，以转移占有建设工程之日为竣工日期。

（三）竣工日期的认定标准

1. 如果建设工程经竣工验收合格的，以竣工验收合格之日为竣工日期

对于竣工验收合格的标准，《建筑法》第 61 条已经进行规定，交付竣工验收的建筑工程，必须符合规定的建筑工程质量标准，有完整的工程技术经济资料和经签署的工程保修书，并具备国家规定的其他竣工条件。建筑工程竣工经验收合格后，方可交付使用；未经验收或者验收不合格的，不得交付使用。

竣工验收必须符合上述竣工验收标准，符合规定的建筑工程质量标准，否则无法进行竣工验收。发包人与承包人在正式的竣工验收之前，一般都会进行预验收，以确保竣工验收合格。

竣工验收合格一般指的是通过“五方验收”，“五方验收”是建设工程竣工验收的重要环节，参与方包括建设单位、施工单位、设计单位、监理单位和勘察单位。

除了上述法律规定之外，北京市高级人民法院在《关于审理建设工程施工合同纠纷案件若干疑难问题的解答》第 25 条“工程开竣工日期如何确定”中规定，发包人、承包人、设计单位和监理单位四方在工程竣工验收单上签字确认的时间，可以视为最高人民法院《关于审理建设工程施工合同纠纷案件适用法律问题的解释》（已失效）第 14 条第 1 项规定的竣工日期，但当事人有相反证据足以推翻的除外。

《江苏省高级人民法院建设工程施工合同案件审理指南》第 3 条“竣工日期的认定”中规定，建设工程经过竣工验收且合格的，方能视为建设工程最终完成即竣工。如双方签字确认竣工日期的，应以双方确认的日期为竣工日期。

◎类案裁判要旨精编

上海市第一中级人民法院（2016）沪 01 民终 1538 号二审民事判决书：H 建设公司按协议施工完工后，对案涉项目 1#、2#楼、C 区商铺进行验收，竣工验收证明书有建设单位、监理单位等多方盖章确认，时间为 2015 年 12 月。后

续双方进行工程结算、达成抵房协议等，均以该竣工验收时间为基础进行相关事宜处理，说明在该案例中，竣工验收合格之日被认定为竣工日期，用于确定工程价款支付、保修期起算等关键节点。

2. 如果承包人已经提交竣工验收报告，发包人拖延验收的，以承包人提交验收报告之日为竣工日期

这一规定的目的是保护承包人的合法权益，防止发包人通过拖延验收的方式逃避责任或损害承包人的利益。发包人拖延验收主要指：承包人已经提交竣工验收报告，发包人未在合同约定的期限内组织验收，或未在合理期限内对竣工验收报告作出回应。发包人拖延验收的行为需有证据支持，如书面通知、往来函件等。

为了证明发包人拖延验收，承包人需要提供充分的证据，主要证据类型及具体内容如下：

（1）竣工验收报告的提交记录

书面签收记录：如果承包人通过书面形式提交竣工验收报告，需保留发包人的签收记录。

邮件或快递记录：如果通过电子邮件或快递提交竣工验收报告，需保留邮件发送记录或快递单号及签收信息。

会议纪要：如果竣工验收报告是在会议上提交的，需保留会议纪要，记录提交的时间和内容。

（2）竣工验收报告的内容

报告完整性：竣工验收报告应包括工程完工情况、施工质量、技术资料等内容，确保报告符合合同约定和法律规定，以避免发包人以竣工验收报告不完整为由拒绝竣工验收。

竣工验收报告日期：竣工验收报告需明确注明提交的日期，作为认定竣工日期的重要依据。

◎类案裁判要旨精编

最高人民法院（2021）最高法民申1272号再审民事裁定书：2016年9月双方签订的《会议记录》约定，SA公司对于砌体分项工程、消防水暖安装工程不再施工，由ZB公司另行安排人员进行施工，并约定针对以上因素造成竣工

验收的问题，SA公司不负责任。2016年9月27日，SA公司以ZB公司第一项目部的名义分别向ZB公司、工程监理公司提交“关于验收商务中心楼二期工程的申请报告”，该申请报告载明案涉工程已按图纸设计内容及相关要求全部完工，并具备验收条件，ZB公司工作人员在报告上签名并注明属实，监理公司在报告上加盖公章、由工程师注明同意验收。但ZB公司之后并未组织验收，亦未提供证据证明其要求SA公司补充竣工验收材料。法院根据上文所述的规定，认定案涉工程的竣工日期为HS公司提交验收报告之日。SA公司派人看护施工现场并不影响案涉工程的竣工验收。

3. 建设工程未经竣工验收，发包人擅自使用的，以转移占有建设工程之日为竣工日期

该条款主要是为了平衡发包人与承包人的利益，既防止发包人逃避竣工验收义务，又明确了擅自使用后的法律后果。

(1)擅自使用的认定规则及法律后果

①擅自使用行为的认定

《建筑法》第61条第2款规定，建筑工程竣工经验收合格后，方可交付使用；未经验收或者验收不合格的，不得交付使用。根据法律规定，建筑工程未经竣工验收合格的，不得交付使用，但在司法实践中，经常出现发包人在未经竣工验收的情况下，将案涉工程投入使用，在该种情形下，如何认定擅自使用，便成为认定竣工日期的重要依据。

一般有下列情形的，认定发包人擅自使用：

第一，实质性使用：发包人需对工程进行实质性占有，如投入使用、营业、居住（如业主入住、设备安装或为使用做准备等），或发包人已对工程进行管理、维护等。在司法实践中，临时性、辅助性使用（如看守、仓储）不构成擅自使用。

第二，控制权转移：发包人实际控制案涉工程，承包人无管理权，如交付钥匙、图纸等资料。

◎类案裁判要旨精编

最高人民法院(2021)最高法民申6089号再审民事裁定书：根据最高人民法院《关于审理建设工程施工合同纠纷案件适用法律问题的解释》（法释

〔2004〕14号，已失效）第2条、第14条之规定，建设工程施工合同无效，但建设工程经竣工验收合格，承包人请求参照合同约定支付工程价款的，应予支持；建设工程未经竣工验收，发包人擅自使用的，以转移占有建设工程之日为竣工日期。案涉工程虽未竣工验收，但因被XM公司占有并用于抵押，属于发包人擅自使用建设工程的情形，案涉工程可视为已经竣工，故原审判决认定工程价款支付条件业已成就并无不当。

②擅自使用的法律后果

擅自使用行为本质上是发包人违反法定验收程序，在未完成竣工验收的情况下单方占有工程的行为。其法律后果包括：

第一，视为工程质量合格推定：依据《建工司法解释（一）》第14条，发包人擅自使用后，又以工程质量不符合约定为由主张权利的，人民法院不予支持，但地基基础工程和主体结构质量除外。

第二，竣工日期法定化：转移占有之日即视为竣工，承包人免除逾期竣工违约责任。

第三，保修责任起算：保修期自转移占有之日起算，发包人需自行承担后续质量风险。

（2）擅自使用后竣工日期的认定

该条款明确指出，若发包人未经验收即擅自使用工程，视为发包人认可工程质量符合合同约定，因此以转移占有之日作为竣工日期。“转移占有”通常指发包人实际控制或使用工程的行为，如将工程投入使用、出租或进行其他经营活动。

发包人应当严格按照合同约定进行竣工验收，避免擅自使用导致法律风险。若发包人擅自使用，承包人应当及时取证，以便后续主张权利。

◎类案裁判要旨精编

最高人民法院（2019）最高法民终1588号二审民事判决书：审计局于2014年8月29日出具的《审计报告》中明确载明案涉项目主体工程于2012年10月16日完成并与C站衔接投入使用。B重点局对此不持异议，但主张至2014年5月份案涉工程仍在施工，案涉工程并未完工并交付给B重点局。

根据上述规定,因B重点局在案涉工程未经竣工验收情形下,即在2012年10月16日将案涉工程投入使用,故认定该时间节点为案涉工程竣工结算款支付之日。B重点局提交的责任书、函、监理函、监理日志等证据,仅能证明案涉主体工程完工后,仍存在零星工程的施工,并不能推翻案涉主体工程已于2012年10月16日交付使用的认定。

建设工程竣工日期的认定是法律与工程实务的复合性问题,需以合同约定为基础,以竣工验收文件为核心,以事实履行行为补充。在司法实践中,法院倾向于通过证据链条还原工程实际状态,因此,参建各方应强化过程证据管理,完善合同条款设计,以有效防控法律风险。

四、承包人可以顺延工期的主要情形有哪些

工期是建设工程合同的核心条款之一,直接关系到工程的质量、成本和双方的利益。然而,在施工过程中,由于各种不可预见或不可控的因素,承包人可能无法按时完成工程。此时,承包人需要根据法律规定和合同约定申请工期顺延。工期的顺延是一个常见的法律问题,本节将从法律依据、主要情形、实务操作及风险防范等方面,深入探讨承包人可以顺延工期的情形,并结合案例和实践经验,为承包人和发包人提供参考。

在论述工期顺延的情形前,需要了解工期顺延和工期延误的区别,二者又有何联系?

工期延误,指在施工过程中,由于各种原因,使发包人完成施工项目的工期相应延长。

工期顺延,指在发生工期延误的情况下,发生了不可归责于承包人的事项,将合同工期合理延长的行为。

两者的主要法律关系为:工期延误的天数内,包含了工期顺延的部分,如果承包人可以举证证明施工过程中,发生了不可归责于承包人的事项,那么承包人可以主张工期进行相应天数的顺延,免除该部分的违约责任。

工期顺延主要可以分为不可抗力、发包人原因、政府行为或政策调整、第三方原因这几大类,笔者将在下文中详细阐述。

（一）发包人原因引起的工期顺延

1. 发包人提出设计变更，导致承包人需要重新进行施工或需要调整施工计划

设计变更导致工程量增加或施工难度加大，影响了合同约定的工期，或导致施工工艺、材料发生重大变化，需重新组织采购、施工的，或导致施工顺序或施工计划需要调整，影响后续施工进展的，承包人可以向发包人或监理主张将原定工期予以顺延。

承包人应在收到设计变更通知后，及时分析评估对工期的影响，明确工期顺延的具体天数和责任归属，并书面通知发包人。并将设计变更通知、施工计划调整等证据予以留存，以便后续向发包人主张权利。

◎类案裁判要旨精编

上海市第一中级人民法院（2016）沪 01 民终 1538 号二审民事判决书：2012 年 5 月 6 日，双方签订施工承包合同后，因施工图纸修改、被告指定分包单位钢结构及水电安装等原因导致工期拖延。2013 年 9 月 10 日，双方签订《工程甩项签证》，约定对合同中未完的部分工作进行签证结算。施工图纸修改属于发包人提出的设计变更，致使承包人需调整施工计划；对工程进行甩项处理，符合上述情况。

2. 发包人未及时供应材料，导致承包人无法按照施工计划组织施工

根据《民法典》第 803 条“发包人未按照约定的时间和要求提供原材料、设备、场地、资金、技术资料的，承包人可以顺延工程日期，并有权请求赔偿停工、窝工等损失”的规定，发包人未及时供应甲供材料，导致承包人无法按照施工计划组织施工，在该种情况下，承包人有权要求顺延工期。

承包人应在发现材料供应延误后，及时书面通知发包人，并说明其对施工进度的影响，明确工期顺延的具体天数和责任归属。承包人应保留相关证据，如材料供应合同、催告函、施工计划调整记录等，以便后续主张权利。同时承包人需按照合同约定申请工期签证，并提供相关证据。

◎类案裁判要旨精编

最高人民法院(2016)最高法民申2826号再审民事裁定书:2008年5月24日,SX公司与SD医院签订《幕墙工程施工合同》。合同签订后,SD医院迟迟未履行支付预付款义务,致使SX公司施工材料、设备等闲置。同时,SD医院对图纸设计方案拖延不定、故意拖延确定供货商,造成SX公司无法签订供货合同。这些情况导致SX公司无法按原计划开始施工,后续也无法正常施工、支付工人工资和材料款。SD医院作为发包人,未及时供应材料(预付款是用于采购材料等施工准备的重要资金,未按时支付预付款以及拖延确定供货商的行为均影响了材料供应),使得承包人SX公司无法按照施工计划组织施工。

3. 发包人未及时移交施工场地、提供施工图纸,导致承包人无法按照合同约定或开工通知开工

根据《民法典》第803条和《建工司法解释(一)》第8条"开工通知发出后,尚不具备开工条件的,以开工条件具备的时间为开工日期"的规定,如果发包人未及时移交施工场地,即便发包人或监理向承包人发送了开工通知,开工条件仍然不具备,承包人无法按照合同约定或开工通知组织施工,承包人有权主张顺延工期。

承包人应在发现发包人未及时移交场地后,及时书面通知发包人,并说明其对施工进度的影响,明确工期顺延的具体天数和责任归属。承包人应保留相关证据,如开工通知、催告函、施工计划调整记录等,以便后续主张权利。同时承包人需按照合同约定申请工期签证,并提供相关证据。

◎类案裁判要旨精编

福建省高级人民法院(2021)闽民终822号二审民事判决书:根据《施工招标文件》及《建设工程施工合同》,HF公司应在合同签订后7天内向LM公司提供符合法律规定和施工条件的施工现场。然而自2014年3月8日起,LM公司多次指出施工现场存在"三通一平"未完成、高压线及通信电缆未迁移、征地工作未完成、土地规划手续未办理等问题,致使工程无法开工。直至2020年2月24日合同解除,这些问题仍未解决,直接导致LM公司无法按照

合同约定正常开工,体现了"发包人未及时移交施工场地,导致承包人无法按照合同约定或开工通知开工"的情况。法院认为,讼争合同系因HF公司的违约行为而致无法履行,最终解除合同,应当由其自行承担工程未能如期竣工的责任。HF公司主张LM公司支付逾期竣工违约金没有事实依据,不能成立。

4. 发包人迟延支付工程款,导致承包人无法按照合同约定组织施工

《民法典》第803条规定,发包人未按照约定的时间和要求提供原材料、设备、场地、资金、技术资料的,承包人可以顺延工程日期,并有权请求赔偿停工、窝工等损失。

发包人迟延支付工程款是建设工程施工合同纠纷中的常见情形。根据《民法典》及相关司法解释的规定,承包人有权主张工期顺延,但需满足合同约定、因果关系证明及程序性要求,详见本书第三章"五、发包人逾期付款,承包人是否可以主张工期顺延"。

(二)第三方原因引起的工期顺延

1. 指定分包商未及时交付施工界面导致的工期顺延

"甲指分包"在建设工程中广泛适用,但其引发的施工界面延误纠纷频发。当指定分包商未按期交付施工界面时,直接导致关键线路施工受阻,导致施工人无法按照合同约定及施工计划正常施工,在该种情形下,承包人需要按照合同约定履行通知、协商及止损义务,可以向承包人主张工期顺延。

为证明指定分包商未及时交付施工界面导致的工期顺延,发包人与承包人需承担的举证责任如下:

承包人需提供发包人指定行为与延误的因果关系相关证据,如发包人干预分包进度、未协调界面移交等。

发包人需举证证明承包人管理不善,发包人可主张总包商未履行监管职责,如未及时发出移交通知、未督促分包商整改等,或举证证明工期延误系承包人自身原因,如施工能力不足等,责任应由其自行承担。

◎**类案裁判要旨精编**

江苏省高级人民法院(2019)苏民终466号二审民事判决书:甲指分包未完成影响四方验收导致窝工损失认定问题。ZX造价公司出具的鉴定意见载明因甲指分包未完成影响四方验收引起的窝工(2010年10月4日至2012年4月28日)损失为192 000元,理由是2012年1月12日YM已完成楼地面工程施工,而甲指分包确实存在延误,YM因施工需要必须保有一定的施工人员,存在泥工窝工损失,另外2012年2月24日至2012年4月10日期间的别墅内墙涂料施工存在甲供涂料供应不到位的情形,亦存在一定的油漆工窝工,且ZX造价公司考虑了人员备工情况按照30%的比例核算出窝工损失。

2. 交叉施工导致的工期顺延

交叉施工是指存在两家以上施工单位在同一施工区域内作业,并且施工流程存在物理空间或工序上的重叠,导致承包人无法按照施工计划组织施工,承包人可以向发包人主张工期顺延。

拟证明交叉施工的情形存在,需先行明确各方的责任认定:

承包人责任:承包人具有统筹案涉项目的责任,承包人对施工全过程负总责,需协调各分包商作业顺序。

分包人履约责任:分包商须按合同约定完成自身工序,并配合其他单位移交施工界面。

发包人责任:发包人具有协调各施工单位施工的义务,发包人应确保施工计划合理,避免因指令冲突导致延误。

承包人如果向发包人主张工期顺延,除了要举证交叉施工的情形存在之外,还要举证证明是因发包人施工计划不合理导致的延误还是因承包人未按约定时间完成工序或移交界面等原因导致。否则,如果是承包人未有效协调导致工序冲突,那么承包人无权再主张工期顺延、工期延误的责任由承包人承担。

◎**类案裁判要旨精编**

上海市第一中级人民法院(2016)沪01民终1538号二审民事判决书:从原告提供的工程部分停工备忘录、工作联系单等证据可以看出,施工图纸修改以及指定分包单位的施工问题影响了工程进度。交叉施工中各方协调配合不足，导致整体施工进度受阻，符合工期顺延的情形。且被告在接收工程、退还履约保证金等行为表明其对工程相关情况的认可，应承担相应责任，故认定被告以未经验收通过为由拒付工程价款的抗辩不予采纳，支持了原告的部分诉求。

（三）不可抗力原因引起的工期顺延

《民法典》第 180 条规定，不可抗力指的是不能预见、不能避免且不能克服的客观情况，主要包括自然灾害类、政府行为类、社会异常事件等。

1. 自然灾害类

台风、暴雨天气、地震、洪涝、干旱以及因极端天气引发的次生灾害等，但并非只要发生上述灾害就可以构成不可抗力，主张工期顺延，上述灾害必须达到极强的破坏力，可能导致施工设备损坏、场地被淹、人员安全受到威胁等，符合不可抗力的“不能克服”特征后，才能构成不可抗力。

◎类案裁判要旨精编

广东省佛山市中级人民法院(2021)粤 06 民终 8362 号二审民事判决书：关于不可抗力事件。首先，不可抗力是法律规定的免责事由，如果承包人因不可抗力而未能在工期内完成工程，有权顺延工期。依照《合同法》第 117 条规定：因不可抗力不能履行合同的，根据不可抗力的影响，部分或者全部免除责任，但法律另有规定的除外。其次，不可抗力是不能预见，不能避免且不能克服的客观情况，因不可抗力不能履行民事义务的不承担民事责任。根据《广东省建设工程施工标准工期定额(2011)》第 3.3.3 条规定：施工过程中，遇不可抗力或异常恶劣的自然天气影响施工进度或暂停施工的，按照实际耽搁的工期予以顺延。FY 公司、FS 集团在《建设移交 BT 协议》中虽然对不可抗力事件约定了通报程序，但该约定不能对抗不可抗力的法定效力，当事人未能履行通报程序不能成为排除不可抗力免责的事由。该项目工程在实施过程中发生了隧道滑坡、地面弹软、台风等事件，上述事件属于协议约定的免责事由，故因上述事件导致工期延误的时间应作工期顺延计算。

2. 政府行为类

(1)疫情防控措施

如果发生流行病等疫情,如新冠肺炎,在疫情期间因防控措施的停工,承包人可以结合项目当地政府防疫政策、管控等相关文件向承包人主张工期顺延。

◎类案裁判要旨精编

云南省高级人民法院(2024)云民申1324号再审民事判决书:对于疫情防控物资费,根据住房和城乡建设部办公厅《关于加强新冠肺炎疫情防控有序推动企业开复工工作的通知》第5项"加强合同履约变更管理。疫情防控导致工期延误,属于合同约定的不可抗力情形。地方各级住房和城乡建设主管部门要引导企业加强合同工期管理,根据实际情况依法与建设单位协商合理顺延合同工期。停工期间增加的费用,由发承包双方按照有关规定协商分担。因疫情防控增加的防疫费用,可计入工期造价;因疫情造成的人工、建材价格上涨等成本,发承包双方要加强协商沟通,按照合同约定的调价方法调整合同价款"的规定,结合鉴定意见确认的金额,原审法院将该疫情防控物资费14 052.21元计入工程价款并无不妥。

(2)征收拆迁命令

根据《土地管理法》第2条规定,国家为了公共利益的需要,可以依法对集体所有的土地实行征收或者征用并给予补偿。如果征收涉及施工场地,并且影响项目工期,承包人可以向发包人主张工期顺延。

3. 社会异常事件

(1)战争、武装冲突。

(2)重大社会治安等群体性事件。

发生上述事件时,承包人可以不可抗力为由向发包人主张工期顺延。

◎类案裁判要旨精编

最高人民法院(2019)最高法民终302号二审民事判决书:ZZ公司和YT公司参与工程项目,因某国国内发生战争,工程无法继续,施工人员撤离。YT公司以ZB公司违约为由,要求银行支付履约保函项下款项。法院认定ZB公司系因不可抗力不能履行合同,YT公司在明知工程因不可抗力无法继续的情况下仍坚持索赔,属于滥用索赔权。

(四)政府行为或政策调整导致的工期顺延

1. 政府规划调整导致工期顺延

《城乡规划法》第48条规定了控制性详细规划修改的情形,在项目施工过程中,如遇政府规划调整的情况,承包人可向承包人主张工期顺延。

承包人需要提供城乡规划主管部门出具的规划变更通知书、设计单位出具的工程量变更相关报告、施工现场照片及视频记录等内容,以便承包人后续主张权利。

2. 环保管控停工情形

《大气污染防治法》第96条规定,县级以上地方人民政府应当依据重污染天气的预警等级,及时启动应急预案,根据应急需要可以采取责令有关企业停产或者限产、限制部分机动车行驶、禁止燃放烟花爆竹、停止工地土石方作业和建筑物拆除施工、停止露天烧烤、停止幼儿园和学校组织的户外活动、组织开展人工影响天气作业等应急措施。

重污染天气应急响应期间禁止露天施工,在政府相关部门启动应急预案后,承包人根据通知文件,应当停止施工,在该种情况下,承包人可以向发包人主张工期顺延。

承包人需留存生态环境部门发布的停工停产通知文件、施工扬尘在线监测数据超标记录、承包人已采取降噪降尘措施但仍无法施工的证明等文件,以便承包人后续主张权利。

◎类案裁判要旨精编

最高人民法院(2021)最高法民终1241号二审民事判决书:依据总承包补充协议约定,工程应于2015年7月20日完工,但现有证据证明直到2017年11月1日才竣工验收合格,工期延误长达834天。HA公司提交的当地政府对施工工地环境管控通知书,可以证明2015年7月20日后当地政府要求停工共计19天,这一延期事由得到了法院的认可,综合被告HA公司的各项主张,法院酌定HA公司对工期延误834天承担60%主要责任,即承担工期延误500天的违约责任。

五、发包人逾期付款，承包人是否可以主张工期顺延

在建设工程施工合同中，发包人逾期支付工程款项是常见的违约情形之一。承包人能否以发包人逾期付款为由主张工期顺延，并进而要求赔偿因工期延误造成的损失？本节结合《民法典》及相关司法解释、司法实践，从法律依据、实务操作、证据要求、司法裁判规则、风险防范等角度进行系统性分析，为承包人维护合法权益提供实务指引。

（一）法律依据

1.《民法典》第803条规定，发包人未按照约定的时间和要求提供原材料、设备、场地、资金、技术资料的，承包人可以顺延工程日期，并有权请求赔偿停工、窝工等损失。

在施工合同中，发包人的主要义务是按照合同约定支付工程款，根据上述法律规定，如果发包人未按照约定支付工程款，在一定条件下，承包人可以要求顺延工期。

2.《建设工程施工合同（示范文本）》（GF-2017-0201）通用合同条款中明确约定，发包人未能按合同约定日期支付工程预付款、进度款或竣工结算款的，由发包人承担由此延误的工期和（或）增加的费用，且发包人应支付承包人合理的利润。

发承包双方如果在施工合同中未明确约定工期顺延的具体情形，发生了发包人逾期付款导致工期延误的情况，承包人仍有权主张工期顺延。这一权利在多地法院发布的规范性文件中得到了明确支持。

3.北京市高级人民法院在《关于审理建设工程施工合同纠纷案件若干疑难问题的解答》第26条“工期顺延如何认定”中规定，因发包人拖欠工程预付款、进度款、迟延提供施工图纸、场地及原材料、变更设计等行为导致工程延误，合同明确约定顺延工期应当经发包人签证确认，经审查承包人虽未取得工期顺延的签证确认，但其举证证明在合同约定的办理期限内向发包人主张过工期顺延，或者发包人的上述行为确实严重影响施工进度的，对承包人顺延相应工期的主张，可予支持。

4. 安徽省高级人民法院《关于审理建设工程施工合同纠纷案件适用法律问题的指导意见》第15条规定，承包人以发包人未按合同约定支付工程进度款为由主张工期顺延权，发包人以承包人未按合同约定办理工期顺延签证抗辩的，如承包人举证证明其在合同约定的办理工期顺延签证期限内向发包人提出过顺延工期的要求，或者举证证明因发包人迟延支付工程进度款严重影响工程施工进度，对其主张，可予支持。

（二）构成要件与实务认定

1. 逾期付款事实的成立需要明确合同约定的付款节点以及实际付款的时间，承包人可通过银行转账记录、催款函等相关证据证明发包人未按约定支付预付款、进度款或结算款

若施工合同中明确约定了付款期限、逾期付款的后果（如工期顺延、违约金计算方式），承包人可依据合同约定主张权利。但需注意施工合同中是否存在"付款迟延不影响工期"等排除性条款。此类条款可能被认定为"显失公平"而无效，但需结合具体案情判断。

2. 承包人需要证明付款迟延与施工停滞的关联性，即需要证明因果关系，且需证明逾期付款直接导致施工无法正常进行。因果关系链条的完整性是司法审查的核心

第一，承包人需提供证据证明因发包人迟延支付导致资金短缺，无法采购材料、支付工人工资或租赁设备，进而影响施工进度。例如：供应商催款通知、材料采购合同及付款凭证；工人工资发放记录或停工证明；租赁合同及租金支付凭证等。

第二，承包人需要证明付款迟延与施工进度的直接影响。例如：通过施工日志、监理签证、会议纪要等文件，证明因付款迟延导致的具体工序停滞时间。

第三，承包人需证明工期延误完全或部分由发包人付款迟延导致，而非承包人自身管理问题。例如：施工组织不当、不可抗力或第三方原因，政府行为、异常天气等原因造成。若施工停滞是多种原因叠加造成，需合理划分责任比例，避免因举证不足导致工期顺延主张被驳回。

（三）工期顺延流程及举证责任

第一，承包人在付款期限届满后，书面向发包人发送催告函，要求其在合理期限内支付。催告函应明确付款金额、到期日、逾期后果等，例如工期顺延、索赔权利等。

第二，承包人要及时向发包人及监理主张工期顺延，在发包人逾期未支付且施工受影响时，承包人应立即书面通知发包人顺延工期，并附相关证据，例如进度款未支付导致某工序暂停的时间等。同时通过监理签证、施工日志、影像资料等记录施工停滞的事实及时间节点。施工停滞的证明标准较高，承包人需提供完整的证据链，如停工通知、现场照片、供应商断供证明、工人停工记录等，证明因资金短缺导致施工实质性停滞。若仅主张资金周转困难但未实际停工，法院可能不支持工期顺延。

第三，承包人及时提交索赔，在主张工期顺延的同时，承包人应提交详细的索赔报告，列明因停工、窝工产生的损失，例如人工费、设备租赁费、管理费等，并附计算依据。

发包人迟延支付工程款构成承包人主张工期顺延的合法事由，但需满足严格的法律要件：合同约定或法定依据、因果关系证明、程序性义务履行。承包人应通过完善合同条款、规范施工管理、系统留存证据等方式降低法律风险。同时，司法实践中对因果关系和证据充分性的审查日益严格，提示各方需重视合同履行中的程序合规性。

◎类案裁判要旨精编

最高人民法院（2022）最高法民再114号再审民事判决书：2012年10月9日，双方签订《施工合同》，约定了工程价款支付方式。施工过程中，ZB公司未按时支付工程进度款，JG公司多次催款无果，导致工程于2013年6月30日全面停工。案件中ZB公司迟延支付工程款的行为是导致工程停工的重要原因。最高人民法院维持重庆市高级人民法院的判决，确认JG公司对ZB公司享有工程款债权。

六、工期延误中的关键线路分析方法

工期延误是建设工程领域的核心争议焦点，关键线路作为项目管理技术工具，在延误责任认定、索赔与反索赔中具有决定性作用。笔者从法律视角切入，结合《民法典》《建工司法解释（一）》等规定，探讨关键线路在工期延误中的法律适用规则及实务操作要点。

（一）关键线路的概念及意义

我国第一部有关工期延误分析方法的标准《建设工程工期延误量化分析标准》（编号：T/CECS 1522-2024）已发布，并于 2024 年 6 月 1 日起正式施行。根据该《建设工程工期延误量化分析标准》，工期延误分析方法是指使用关键线路法或其他公认的进度计算方法对延误事件或延误活动所造成的工期延误进行研究和调查。

关键线路是指在工期网络计划中从起点节点开始，沿箭线方向通过一系列箭线与节点，最后达到终点节点为止所形成的通路上所有工作持续时间总和最长的线路。[①]

任何关键线路上的活动延误都会直接导致整个项目工期的延误。因此，识别和管理关键线路是项目管理中极为关键的部分，也是后续发包人与承包人就工期延误责任归属产生争议时，作为法官判定工期延误发承包双方责任大小的依据。

（二）关键线路的归责原则与举证规则

1. 关键线路的归责原则

发包人责任：根据《民法典》第 803 条，因业主设计变更、进度款迟延支付等导致关键线路延误的（详见上文发包人原因引起的工期顺延），发包人需承担工期顺延及停窝工损失赔偿责任。

---

① 参见常设中国建设工程法律论坛第八工作组：《中国建设工程施工合同法律全书词条释义与实务指引》，法律出版社 2019 年版，第 622 页。

承包人责任：若因承包商施工组织不当、资源调配不足导致关键线路延误，承包商需承担工期延误违约金。

不可抗力：关键线路活动因不可抗力（如地震）延误的，依据《民法典》第590条①，工期可部分或全部顺延，但承包人需及时履行通知义务，并提供不可抗力事件发生的相关证据予以证明。

2. 举证责任分配

承包人主张关键线路延误索赔时，需提供以下证据：经监理确认的施工进度计划及网络图、延误前后的关键线路对比分析、延误原因与关键线路因果关系的专家意见。

发包人主张反索赔时，需提供以下证据：延误行为不属于关键线路；承包人存在管理过失的相关证据，如监理日志、监理通知、联系单等；共同延误中业主责任比例相关证据，如专家报告及承包人延误相关证据。

（三）关键线路的认定规则

1. 多事件叠加影响的处理

单一延误：若仅有一个延误事件且发生在关键线路上，直接认定为关键线路延误。

共同延误：多个延误事件同时发生时，需分析各事件对关键线路的影响程度，按比例分摊责任。

交叉延误：延误事件交替影响关键线路时，需结合工程实际情况和合同约定判断责任归属。

2. 专家鉴定的效力

法院通常采信具有资质的第三方机构（如住建部认证的项目管理咨询单位）出具的关键线路分析报告。

鉴定内容应包括：网络图绘制合规性、延误活动与关键线路的因果关系、工

---

① 参见《民法典》第590条规定："当事人一方因不可抗力不能履行合同的，根据不可抗力的影响，部分或者全部免除责任，但是法律另有规定的除外。因不可抗力不能履行合同的，应当及时通知对方，以减轻可能给对方造成的损失，并应当在合理期限内提供证明。当事人迟延履行后发生不可抗力的，不免除其违约责任。"

期量化分析等内容。

（四）结语

工期延误关键线路的认定是建设工程纠纷中的核心争议点，其本质是技术逻辑与法律规则的交叉验证。在司法实践中，关键线路的法定化地位已通过合同约定与行业惯例转化为责任划分的标尺，但其动态调整特性与证据固化需求，需要发包人与承包人更加深入了解。

关键线路的认定需技术工具与法律规范的深度融合。发包人与承包人应在合同中明确关键线路条款，建立动态管理机制，运用 BIM[①] 等技术固化证据，并通过专家意见增强说服力。未来，随着数字化技术的普及，关键线路的实时跟踪与智能分析将成为工期延误争议解决的核心证据，推动工程纠纷解决向精准化、法治化方向发展。

◎类案裁判要旨精编

最高人民法院（2020）最高法民终 1145 号二审民事判决书：停、窝工损失以及由此产生的贷款利息、同期银行透支利息等损失。案涉建设工程施工合同第 5.6.1 条款约定："因以下原因在施工关键线路（按乙方提交，并经甲方、监理确认的施工网络图中关键线路）造成工期延误，经甲方确认，工期相应顺延；但甲方不再承担包括乙方窝工停工费等在内的任何费用（已经由乙方在增加的措施费中包干考虑）：（b）甲方引起的工程延期开工、停建、缓建、暂停施工。"本案中，SJ 公司于 2014 年 4 月 8 日及 2014 年 5 月 6 日向 HFX 公司发出 2 份《工作联系单》，载明案涉工程因 HFX 公司原因造成停、窝工，HFX 公司以及监理工程师在该《工作联系单》以及所附《进场人员窝工费用、机械周转料具租赁费用清单》上签字或盖章，后 HFX 公司对 SJ 公司报送的《工程延期报审表》经过审核，同意延长工期 77 天，双方未对停、窝工损失问题达成新的处理意见，依照前述约定，因 HFX 公司原因造成的工期延误，HFX 公司给予

① BIM 是利用数字模型对项目进行设计、施工、运营的过程，通过 BIM 可以体现和存储工程项目所有的几何、物理、功能和性能等信息。因此，对于采用 BIM 技术施工的工程项目，可以利用该技术固定证据。

顺延工期，但不再承担SJ公司的停、窝工损失，故SJ公司主张HFX公司承担停、窝工损失以及由此产生的贷款利息、同期银行透支利息的上诉请求不能成立。

七、建设工程施工合同无效的，当事人是否有权主张工期索赔

在现代建筑工程项目中，建设工程施工合同是确保项目顺利进行和各方利益得到保护的重要依据。然而，由于市场环境复杂多变，合同无效的情况时有发生。合同无效可能由多种原因引起，如违反法律法规、缺乏必要资质、非法转包或违法分包等。这些情况一旦发生，不仅影响工程的正常进行，还可能导致工期延误、成本增加，甚至引发法律纠纷。因此，探讨建设工程施工合同无效时，发包人和承包人是否有权主张工期索赔，对于维护合同双方的合法权益，确保工程项目顺利推进具有重要意义。

除此之外，从法律角度来看，合同无效并不意味着双方的权利和义务完全消灭。根据《民法典》的相关规定，合同无效后，双方应根据过错程度承担相应的责任。因此，探讨合同无效情况下工期索赔的合法性，不仅有助于保护双方的合法权益，还能够促进法律制度的完善，推动建筑市场的健康发展。本节从法律依据、责任分析、实务操作及风险防范等方面，全面探讨发包人主张工期延误损失、承包人主张工期索赔的条件、法律依据及实务操作，为建设工程领域的从业者提供参考。

(一)建设工程施工合同无效对于工期条款的影响

施工合同无效意味着合同中所有的条款，包括工期条款，失去了法律约束力。然而，这并不意味着工期延误的问题可以被忽视。根据法律原则，即使合同无效，因合同无效造成的实际损失，尤其是因工期延误导致的损失，相关方仍然有权要求赔偿。

《建工司法解释(一)》第6条规定，建设工程施工合同无效，一方当事人请求对方赔偿损失的，应当就对方过错、损失大小、过错与损失之间的因果关系承担举证责任。损失大小无法确定，一方当事人请求参照合同约定的质量标准、

建设工期、工程价款支付时间等内容确定损失大小的,人民法院可以结合双方过错程度、过错与损失之间的因果关系等因素作出裁判。

具体来说,如果承包人因自身原因(如无资质或转包)导致合同无效,同时造成工期延误,发包人可以依据实际发生的损失要求赔偿。反之,如果发包人的原因导致合同无效,承包人同样可以就因工期延误造成的损失要求补偿。这种处理方式体现了法律的公平原则,确保了无论合同是否有效,各方的合法权益都能得到保护。

在司法实践中,法院在处理无效合同中的工期索赔问题时,通常会综合考虑双方的过错程度、损失大小以及过错与损失之间的因果关系。例如,如果发包人未能及时提供施工场地或者支付工程进度款,导致工期延误,承包人可以要求发包人承担相应的赔偿责任。反之,如果承包人因自身管理不善或者技术问题导致工期延误,发包人也可以要求承包人赔偿因此遭受的损失。

(二)发包人主张工期索赔的依据

建设工程施工合同无效的情形下,发包人、承包人双方关于工期的约定亦无效,发包人无法基于合同约定主张工期延误违约金,那么在工期延误的情况下,发包人如何主张自己的合法权益,以确保发包人与承包人之间的利益均衡?

根据《建工司法解释(一)》第6条规定,在建设工程施工合同被认定为无效的情况下,发包人依然有权基于实际损失向承包人索赔。这一点在法律上是有明确支持的,根据《民法典》及相关司法解释,发包人可以要求承包人赔偿因工期延误造成的直接经济损失,如额外的管理费用、投资成本的增加等。

在实践中,发包人主张工期索赔的成功与否,往往取决于其能否提供充分的证据证明损失的真实性和具体金额。例如,发包人需要提供工程进度计划、工期延误记录、额外费用的支付凭证等证据,以证明其因工期延误而遭受的实际损失。如果发包人无法提供充分的证据,其索赔主张可能难以得到法院的支持。

◎类案裁判要旨精编

最高人民法院(2016)最高法民申2049号再审民事裁定书:法院认为合同无效,工期约定条款也无效,不能直接适用该工期作为判断是否存在延误的依据。对于承包人的实际工期已超过鉴定合理工期情形，发包人可以主张工期延误损失，但应由其提供因工期导致的实际损失的证据，而不能简单参照无效合同约定的违约金条款计算。

(三)承包人主张工期索赔的依据

施工合同无效时，基于合同产生的权利义务（如违约金、工期条款）原则上不再适用，但承包人仍可基于缔约过失责任或实际损失赔偿主张权利，在施工合同无效的情况下同样拥有工期索赔权，尤其是在因发包人的原因导致合同无效时。根据公平原则，如果发包人未能履行合同中的义务，如未按期支付工程款项或提供必要的施工条件，导致工期延误，承包人有权要求赔偿由此造成的损失。

《民法典》第157条规定，民事法律行为无效、被撤销或者确定不发生效力后，行为人因该行为取得的财产，应当予以返还；不能返还或者没有必要返还的，应当折价补偿。有过错的一方应当赔偿对方由此所受到的损失；各方都有过错的，应当各自承担相应的责任。法律另有规定的，依照其规定。

根据上述法律规定，施工合同无效导致工期条款失效，但实际发生的工期延误损失属于事实损失，承包人可以依据法律规定，向发包人主张工期赔偿。

◎类案裁判要旨精编

最高人民法院(2022)最高法民再193号再审民事裁定书：再审庭审中，CM承认当时知道案涉工程没有取得许可证，也明知自己不具备施工资质，二审判决认定CM对实际履行的建设工程施工合同无效应承担责任并无不当，但是，案涉工程停窝工损失的发生有发包人的原因，并非全因合同无效导致。根据鉴定意见对停窝工损失发生原因的记载，发包人对损失的发生负有责任。CM明知自身不具备案涉工程施工资质，明知案涉工程没有取得许可证、未签订合同而进场施工，导致案涉合同无效、工程被暂缓施工整改，CM对由此产生的损失存在一定过错。综合考虑导致案涉工程损失发生的过错以及本案实际，停窝工损失以各方分担为宜，由DJQ公司、CX公司负担70%，陈某某负担30%。

（四）工期索赔中的举证责任分配

1. 发包人的举证责任

《民事诉讼法》第 67 条规定，当事人对自己提出的主张，有责任提供证据。在主张工期索赔的过程中，发包人需要承担举证责任，证明工期延误是由于承包人的原因造成的，并且需要具体量化由此造成的损失。这包括提供施工进度计划、实际施工记录、延误原因的分析报告等。

施工合同有效与无效，发包人的主张不同，依据不同，承担的举证责任轻重也不同。合同有效的情形下，发包人可以依据施工合同主张工期延误违约金、工期延误损失，合同无效的情形下，发包人需要根据法律规定主张工期延误损失，二者并非同一法律关系，发包人所承担的举证责任也不同。

（1）证明工期延误事实

首先需要证明的是工期延误，根据约定工期来判断认定实际工期存在延误情形：开工通知、施工日志、监理记录等证明实际竣工时间；对比合同约定工期与竣工验收报告时间；工期延误原因分析报告等（区分发包人原因与承包人原因）。

（2）证明损失范围及金额

第一，因延误导致的额外管理费用（如监理费、设备租赁费）、材料价格上涨损失、贷款利息增加等，需提供的证据包括：财务凭证（如管理费用发票、租赁费用合同），材料采购价格对比证明，贷款合同及利息计算明细。

第二，违约责任损失。如向第三方支付的逾期交房违约金，需证明：与第三方签订的合同及违约金条款，支付违约金的转账凭证或生效判决，证明违约金与工期延误的因果关系。

第三，预期利益损失。需证明：工程预期收益的合理性（如房屋预售合同、租赁协议），延误导致的收益减少计算依据。

合同有效和无效的情形下，发包人所承担的举证责任的轻重不一致。合同有效的情形下，发包人举证证明承包人的违约情形、并提交损失证明损失与违约金相当，依据施工合同主张就可以，损失相关证据只是为了证明与违约金的相当性，即便未有损失相关证据，法院仍然可能支持部分违约金；但是在合同无效的情形下，发包人需证明其发生的损失，并依据法律规定来主张，否则其损失法院可能无法支持。

◎类案裁判要旨精编

最高人民法院(2020)最高法民申690号再审民事裁定书：本案中《建设工程施工合同》《地下汽车库及会所施工协议书》因违反《建筑法》的强制性规定而无效。BA房地产公司申请再审称：BG建筑公司拒绝、拖延竣工验收，应当承担逾期竣工违约责任。法院认为BA房地产公司申请再审称逾期竣工导致其损失巨大，但其并未举证证明所造成的实际损失，也未能证明系因BG建筑公司的原因造成损失，因此BA房地产公司关于逾期竣工损失的申请再审理由不能成立。

(3)过错与因果关系的举证

发包人需证明承包人的过错，承包人存在导致工期延误的违约行为，例如，未按进度计划施工的证据（如施工日志、监理通知）、擅自停工或施工缺陷导致返工、未按时提交竣工资料。

另外发包人需要证明工期延误与损失之间的直接关联（如延误期间产生的额外费用），排除其他原因导致的损失（如发包人自身原因或不可抗力）。

(4)关于违约金及损失能否同时主张

《民法典》第585条第1款、第2款规定，当事人可以约定一方违约时应当根据违约情况向对方支付一定数额的违约金，也可以约定因违约产生的损失赔偿额的计算方法。

约定的违约金低于所造成损失的，人民法院或者仲裁机构可以根据当事人的请求予以增加；约定的违约金过分高于造成的损失的，人民法院或者仲裁机构可以根据当事人的请求予以适当减少。

违约金兼具补偿性与惩罚性，但其本质应以补偿为主。司法实践中，法院通常将违约金认定为“预定损害赔偿额”，即违约金应相当于违约造成的实际损失。但是仍有部分法院认为违约金的约定为“惩罚性”，若合同明确约定违约金为惩罚性质，且不与实际损失挂钩，法院可能支持同时主张，但建设工程领域此类约定较为罕见。

在建设工程工期延误纠纷中，发包人同时主张违约金与损失赔偿需满足严格条件：违约金不足以弥补损失时，可主张差额赔偿；违约金被认定为“过高”时，法院可能调整为实际损失。因此，在施工合同有效的情形下，发包人在举证时，除了要搜寻承包人工期延误相关违约证据外，还要举证证明发包人产生的实际损失，以此证明违约金与损失的相当性，减小法院调减违约金的风险。

合同条款设计、证据链条完整性和诉讼策略选择，是决定主张能否成立的关键。未来立法或司法解释可能进一步明确违约金与损失赔偿的适用边界，建议发包人在缔约阶段即完善条款设置，并注重施工过程中的证据固化。

◎类案裁判要旨精编

最高人民法院（2018）最高法民再95号再审民事裁定书：关于ZY公司同时请求赔偿损失和违约金有无法律依据和事实依据的问题。《合同法》第114条规定：当事人可以约定一方违约时应当根据违约情况向对方支付一定数额的违约金，也可以约定因违约产生的损失赔偿额的计算方法。约定的违约金低于造成的损失的，当事人可以请求人民法院或者仲裁机构予以增加；约定的违约金过分高于造成的损失的，当事人可以请求人民法院或者仲裁机构予以适当减少。据此，只有在违约金低于造成损失的情况下，当事人方可请求人民法院予以增加，但该增加亦限于损失范围内。ZY公司在诉请赔偿1 421.28万元的同时诉请支付600万元违约金，但其主张赔偿损失的依据主要是其单方委托房地产估价咨询机构作出的鉴定意见，在质证中并未得到JG公司的认可，不应作为认定案件事实的依据。因JG公司违约，ZY公司可以依据《相关事宜协议》中关于支付补偿金的约定要求JG公司承担违约责任，其不能证明合同约定的补偿金低于造成的损失，一并主张违约金及赔偿损失，与合同法规定不符，法院不予支持。

2. 承包人的举证责任

同样，承包人在主张工期索赔时也需要承担举证责任，证明工期延误是由于发包人的原因造成的。这要求承包人保持详细的施工日志，记录所有与施工相关的活动和遇到的问题，以及因此产生的额外费用和损失。

(1)举证责任

第一,工期延误事实,如施工日志、监理记录、工期顺延签证等。承包人需详细记录施工日志,记录所有与施工相关的活动和遇到的问题,以及因此产生的额外费用和损失。

第二,工程竣工验收合格记录。若工程未验收或不合格,工期索赔可能受限,需证明已完工部分合格或竣工验收合格。

第三,签证与索赔文件。承包人应及时向发包人或监理提交索赔意向书、索赔报告,并保留相关签收记录。

第四,延误原因可归责于发包人。如未按时支付进度款、未提供施工场地、设计变更等。

第五,实际损失的计算依据,包括窝工费计算:需提供工人工资单、设备租赁合同及支付凭证,证明因发包人原因导致的额外支出。管理成本:因延误增加的现场管理、人员工资、资金占用利息等。利润损失:合同虽然无效,但承包人可主张合理预期利润损失,需结合类似项目利润率举证。

第六,因果关系证明。通过签证、会议纪要等文件证明延误与发包人行为直接相关。

(2)不支持工期索赔的常见情形

因承包人原因导致施工合同无效:若因承包人无资质、转包、违法分包导致合同无效,其主张工期索赔的难度较大,法院可能认为因承包人自身存在过错,不应获得赔偿,不支持承包人的工期索赔。

无法证明因果关系:若承包人无法证明工期延误与发包人行为存在直接因果关系,或延误系自身管理不善导致,如施工组织不当、材料供应不及时等原因,索赔可能不被法院支持。

通过以上分析可见,承包人主张工期索赔的关键在于“过错责任”与“实际损失”的举证,需结合具体案情与证据材料,审慎处理。如果承包人不具备施工资质,或者进行非法转包或分包,可能直接导致施工合同无效。合同无效也不当然否定索赔权,但举证难度较大,需注重过程证据留存和因果关系证明。

八、建设工程施工合同任意压缩合理工期时工期条款效力如何

工期条款是建设工程施工合同签订与履行过程中,发承包双方均十分关注的核心条款。如果合同约定工期属于合理工期且是双方当事人真实意思表示的,因承包人原因导致工期延误,发包人有权按照合同约定要求承包人承担工期延误违约责任,自不待言。

但更为常见的是,发包方为了工程项目尽快完工,在约定工期时,通常会在定额工期的基础上压缩工期。如果合同约定的工期严重压缩合理工期,承包人逾期竣工的,发包人是否有权要求承包人按照合同约定承担工期延误违约责任? 此时,施工合同中的工期条款是否有效?

司法实践对该问题存在争议:“有效说”认为只要建设工程施工合同无其他无效情形,则即使发包方严重压缩合理工期,合同中的工期条款属于当事人意思自治,从严守合同约定、尊重意思自治的角度,应认定工期条款合法有效;“无效说”则认为建设工程质量是首要原则,压缩合理工期会导致严重质量缺陷,从维护社会公共利益的角度,判定工期条款的无效,应另行计算“合理工期”作为工程是否逾期的界限。

本节拟结合法律规定和实务规则对该问题进行分析,以期对实务有所助益。

(一)建设工程项目为何不能任意压缩合理工期

建设工程项目按使用功能可分为房屋建筑工程项目、公路工程项目、铁路工程项目等各类工程项目,建设工程项目通常都关乎社会公共利益。因此,国家对建设工程项目有严格的建设规范和质量要求。如果建设工程项目存在严重质量问题,将对社会公共利益造成巨大损失,严重威胁公众安全和社会稳定。

但是,在建设工程领域,开发商通过抢工等方式压缩合理工期,以达到缩短资本运营周期、降低资金运作成本、提升资本运作效益的目的,因此而导致工程质量缺陷的案例很多,个别案例中造成的质量缺陷很严重,直接危及公共利益和公共安全。

在正常施工条件下,承包人完成规定计量单位的合格建筑工程所消耗的工

期天数是特定的。工期的长短对承包人施工方案的制定、施工质量的把控均有重要的影响。因此,为了确保建设工程项目的质量安全,必须给予承包人合理的工期。否则,承包人为了在约定工期范围内完成施工,避免承担工期延误责任,可能会采取减少施工工序、降低工程质量的方式加快施工进度,从而导致建设工程项目质量存在严重问题,严重威胁公众安全,对社会公共利益造成不利影响。

因此,为了避免发包方任意压缩合理工期,降低建设工程质量,《建设工程质量管理条例》第 10 条明确规定:"建设工程发包单位,不得迫使承包方以低于成本的价格竞标,不得任意压缩合理工期。建设单位不得明示或者暗示设计单位或者施工单位违反工程建设强制性标准,降低建设工程质量。"《房屋建筑和市政基础设施项目工程总承包管理办法》第 24 条规定:"建设单位不得设置不合理工期,不得任意压缩合理工期。工程总承包单位应当依据合同对工期全面负责,对项目总进度和各阶段的进度进行控制管理,确保工程按期竣工。"

综上,为了确保建设工程质量,维护社会公共利益,建设工程施工合同应合理确定施工工期,不得任意压缩合理工期,降低建设工程质量标准。

(二)约定工期、合理工期和定额工期的概念

在论述建设工程施工合同任意压缩合理工期时工期条款效力问题时,需要先了解约定工期、合理工期、定额工期的概念。

1. 约定工期的概念

约定工期是指在合同协议书约定的承包人完成工程所需的期限,包括按照合同约定所作的期限变更。[①]

2. 合理工期的概念

合理工期是指在一定的施工条件下,具有相同或近似施工技术、施工经验和管理水平的施工单位在完成一定工作量时,正常情况下所需要花费的工程建设工期。[②]

---

① 参见《建设工程施工合同(示范文本)》(GF-2017-0201)。

② 参见常设中国建设工程法律论坛第八工作组:《中国建设工程施工合同法律全书词条释义与实务指引》,法律出版社 2019 年版,第 533 页。

合理工期的标准并不统一，合理工期需要综合考虑工程规模、施工难度、资源配置及外部环境来判定。

3. 定额工期的概念

定额工期是依据工期定额确定的工程从开工之日至完成全部内容并达到国家验收标准之日的日历天数（包括法定节假日），不包括三通一平、打试验桩、地下障碍物处理、基础施工前的降水和基坑支护、竣工文件编制等所需时间。①

（三）任意压缩合理工期的认定标准

在建设工程施工合同中，一般通过定额工期来确定合理工期。定额工期是根据工期定额确定的，参考施工规范、工程设计、施工单位的平均水平等方面的因素制定的，具备合理性，但是定额工期未考虑施工单位的施工技术、施工经验和管理水平，所以定额工期与合理工期存在差异。

《建设工程工程量清单计价规范》（已失效）第 9. 11. 1 条规定，招标人应依据相关工程的工期定额合理计算工期，压缩的工期天数不得超过定额工期的 20%，超过者，应在招标文件中明示增加赶工费用。

该计价规范的规定对如何认定压缩合理工期合理提供了一个比较明确的量化标准和计算依据。除此之外，其他建设主管部门也颁布了相关规定，对任意压缩合理工期进行了明确，见表 3-1。

表 3-1　各建设主管部门对"压缩合理工期"的规定

序号	区域	文件名称	规定内容
1	北京	北京市住房和城乡建设委员会关于执行 2018 年《北京市建设工程工期定额》和 2018 年《北京市房屋修缮工程工期定额》的通知	三、发包人压缩定额工期的，应提出保证工程质量、安全和工期的具体技术措施，并根据技术措施测算确定发包人要求工期。压缩定额工期的幅度超过 10%（不含）的，应组织专家对相关技术措施进行合规性和可行性论证，并承担相应的质量安全责任

① 参见《建筑安装工程工期定额》（TY01-89-2016）。

续表

序号	区域	文件名称	规定内容
2	江苏	《江苏省住房和城乡建设厅关于贯彻执行〈建筑安装工程工期定额〉的通知》	六、为有效保障工程质量和安全,维护建筑行业劳动者合法权益,建设单位不得任意压缩定额工期。如压缩工期,在招标文件和施工合同中应明确赶工措施费的计取方法和标准。建筑安装工程赶工措施费按《江苏省建设工程费用定额》(2014年)规定执行,费率为0.5%~2%。压缩工期超过定额工期30%的建筑安装工程,必须经过专家认证
3	浙江	浙江省住建厅于2017年5月22日发布了《关于做好贯彻执行〈建筑安装工程工期定额〉的通知》	二、招标人应在招标文件中明确工期要求。招标工期比定额工期提前的,应按照我省建设工程计价依据的相关规定在工程量清单中编列提前竣工增加费项目。招标人确定的工期低于定额工期70%的,招标人应当组织专家论证,并依照审定的技术措施方案编制相应的提前竣工增加费
4	深圳	深圳市住房和建设局关于印发《深圳市建设工程工期管理办法》的通知	第七条　招标人确定的招标工期不宜低于定额工期的80%,低于定额工期80%的,建设单位应当组织专家论证,并采取相应的技术经济措施
5	河北	河北省住房和城乡建设厅于2015年8月3日发布的《关于加强建设工程工期管理有关工作的通知》	(一)建设单位应当依据工期定额计算工期,在招标文件中注明招标工期和定额工期。拟定的招标工期可以小于定额工期,但不得小于定额工期的70%,否则视为任意压缩合理工期。招标工期小于定额工期时,应按有关规定计算压缩工期所增加的费用,小于定额工期的85%时,应组织专家论证

根据上述相关地区规定,压缩合理工期需要控制在合理范围内,否则构成任意压缩合理工期,压缩合理工期的主要要求如下:第一,以定额工期为依据,在定额工期的基础上可以进行一定幅度的压缩,各地标准不同,普遍压缩幅度在10%~30%之间;第二,建设单位需要组织专家论证,并且依照审定的技术措施方案增加相应的费用,采取相应的技术经济措施。如果未满足上述标准的,

构成任意压缩合理工期。

(四)任意压缩合理工期导致的合同条款效力问题

发包人任意压缩合理工期导致的问题是发包人与承包人签署的建设工程施工合同关于工期条款的效力问题,该问题在司法实践当中存在争议。

1. 有效说

根据上述法律规定来看,任意压缩合理工期导致合同条款无效具有法律依据,但是在司法实践中,大部分法院并未因压缩工期而判决合同条款无效,法院判决的主要类型如下:

"有效说"认为:首先,审判者应尊重合同双方当事人的意思自治,尊重双方当事人对自身权利义务的处分,严守合同约定,不能过分干预当事人意思自治。其次,当事人签署合同时对工期问题协商一致,发生纠纷后否认工期条款效力的,违反诚实信用原则。再次,承包人属于专业的建设工程承包企业,有能力根据企业自身资金实力、施工能力、管理能力确定合理工期,不能排除科技进步、改善管理等原因促使施工效率提升。定额工期,虽然具有合理性,但在实际技术水平、管理情况和施工经验存在差异的情况下,并不能准确反映不同承包人在不同工程项目的合理工期,仅具备参考价值,不具备强制约束力。法院不应直接认定短于定额工期的约定工期条款无效。最后,《建设工程质量管理条例》第10条属于管理性规定,并非效力性强制性规定。因此,定额工期仅作为参考依据,合同压缩合理工期的条款应属有效。

◎类案裁判要旨精编

最高人民法院(2017)最高法民申4901号再审民事裁定书:一方面,定额工期通常依据施工规范、典型工程设计、施工企业的平均水平等多方面因素制订,虽具有合理性,但在实际技术专长、管理水平和施工经验存在差异的情况下,并不能完全准确反映不同施工企业在不同工程项目的合理工期。另一方面,本案中,GA局作为大型专业施工企业,基于对自身施工能力及市场等因素的综合考量,经与HB公司平等协商,在《建设工程施工合同》中约定580日历天的工期条款,系对自身权利的处分,亦为其真实意思表示,在无其他相反证据证明的情况下,不能当然推定金胤公司迫使其压缩合理工期。GA局的该项再审主张亦缺乏事实依据,不能成立,法院不予支持。

2. 无效说

“无效说”认为：首先，《民法典》规定，损害社会公共利益的法律行为无效，根据工程质量首要原则，任意压缩合理工期会导致建设工程发生严重的质量缺陷。因而，从保障建设工程质量、维护社会公共利益的角度，应判定合同工期的约定无效，另行计算“合理工期”作为工程是否逾期的界限。其次，《建设工程质量管理条例》第 10 条规定：“建设工程发包单位，不得迫使承包方以低于成本的价格竞标，不得任意压缩合理工期。建设单位不得明示或者暗示设计单位或者施工单位违反工程建设强制性标准，降低建设工程质量。”《最高人民法院第八次全国法院民事商事审判工作会议（民事部分）纪要》第 30 条规定：“要依法维护通过招投标所签订的中标合同的法律效力。当事人违反工程建设强制性标准，任意压缩合理工期、降低工程质量标准的约定，应认定无效。对于约定无效后的工程价款结算，应依据建设工程施工合同司法解释的相关规定处理。”根据该行政法规和最高人民法院司法解释的规定，任意压缩合理工期的，应当认定无效。

另外，有观点认为“合理工期，应当界定在包括但不限于维持一个具体工程建设项目正常施工所必需的最短工期，相当于某一产品必须等于或者高于该产品对应的行业最低标准，即国家强制性标准。故，任意压缩合理工期的违规行为，可以比照违反国家强制性标准的行为适用法律；违背之，有关工期约定无效，应当相应顺延至合理工期范围内”。①

根据上述法律规定，合同条款被认定无效，具有法律依据，法院可以依据上述法律规定作出无效的认定。约定工期条款被认定无效后，一般通过鉴定的方式确认施工项目的合理工期。

◎类案裁判要旨精编

福建省三明市中级人民法院（2020）闽 04 民终 148 号二审民事判决书：鉴定机构确认案涉工程定额工期为 937 天，合同工期为 456 天，合同工期仅为定额工期的 456÷937＝48.66%，明显低于定额工期的 70%，应视为任意压缩合理工期。根据最高人民法院关于印发《第八次全国法院民事商事审判工作

---

① 冯小光：《试论施工合同法律效力的判断原则（下）》，载最高人民法院民事审判第一庭编：《民事审判指导与参考》总第 76 辑，人民法院出版社 2019 年版。

会议(民事部分)纪要》的通知(法〔2016〕399号)第30条“当事人违反工程建设强制性标准,任意压缩合理工期、降低工程质量标准的约定,应认定无效”的规定,本案中,案涉合同约定的工期条款,应当认定为无效。对此,法院对案涉工程合同工期予以适当调整,酌定最低合理工期即定额工期的70%:937×70%=656天,确认为案涉补充合同工期。

(五)任意压缩合理工期的法律后果

1. 费用增加

根据上述各地发布的工期定额相关通知,如果发包人任意压缩合理工期的,应当按照当地定额相关规定,计算赶工措施费;或者是组织专家论证,采取相应的技术经济措施。

◎**类案裁判要旨精编**

最高人民法院(2020)最高法民终115号二审民事判决书:法院认为合同约定的工期明显不合理。鉴定结论表明本案合理工期为671.9天,即便CR公司提前进场赶工,也难以在51天的工期内完成案涉工程。根据《建设工程工程量清单计价规范》规定,招标人应依据相关工程的工期定额合理计算工期,压缩工期天数不得超过定额工期的20%。超过者,应在招标文件中明示增加赶工费用。

2. 行政处罚

《建设工程质量管理条例》第56条规定,任意压缩合理工期的,责令建设单位改正,处20万元以上50万元以下的罚款。因此建设单位应当与施工单位将约定工期设置在合理工期范围内,避免不必要的行政处罚风险。

九、结语

建设工程工期管理本质是法律风险与商业利益的动态平衡。发包人应强化契约精神,完善资金与资源配置;承包人需提升履约能力,构建全流程证据体系。随着《民法典》配套司法解释的完善与建筑市场信用体系的构建,工期相关法律规定将逐步迈向规范化、法治化轨道,为行业高质量发展奠定坚实基础。

第四章　建设工程质量纠纷的处理

一、概述

工程质量缺陷是指建设工程的质量不符合合同约定或法律法规设定的强制性标准。具体可能由勘察、设计、施工等原因引起，包括但不限于使用不合格的建筑材料、未按图纸施工、施工管理和质量控制不到位等。

建设工程质量缺陷的处理是建工法律实务中的核心议题之一，其复杂性源于质量责任主体的多元性、法律规范的分散性，以及工程履约环节的动态关联性。在建设工程的全生命周期中，质量缺陷可能引发合同履行争议、价款结算纠纷乃至安全责任风险，而各方主体对责任划分、修复义务及赔偿范围的博弈，往往成为司法裁判与项目管理中的难点。例如，工程价款结算时，若认为工程质量存在缺陷，发包人能否直接要求减少工程价款，需要满足哪些条件？工程出现质量缺陷后，如何认定各方责任？工程竣工验收后发现质量问题的，承包人需要承担缺陷责任还是保修责任？如果发包人已经与承包人签署结算协议，能否再以质量缺陷为由要求减少工程价款？在具体个案中，上述问题往往考验着法律工作者的经验和智慧。

本章针对上述法律实务难点，以《民法典》《建筑法》《建设工程质量管理条例》《建工司法解释(一)》以及其他相关规范为框架，结合典型案例系统剖析其中的法律逻辑与裁判规则，旨在厘清权利义务边界，为纠纷预防与解决提供理论支撑与实践指引。

二、发包人能否以工程存在质量缺陷为由要求减少工程价款

建设工程专业度高、环节多、周期长，任何一个环节出现用料不足、施工不当或技术偏差等情况，均可能引发工程质量问题。工程价款的结算通常会因为

质量问题而陷入僵局——承包人要求发包人付款,而发包人则要求承包人修复质量缺陷或赔偿现金,双方难以达成一致,最终付诸诉讼或仲裁。因而,在司法实践中,建设工程质量纠纷往往与价款纠纷相伴而生,是建设工程施工合同纠纷案件中除价款纠纷外争议最多的案件类型。

在具体案件中,工程质量缺陷是否构成减少工程价款的理由,一般需审查质量缺陷是否真实存在、质量缺陷是否归责于承包人,以及承包人是否履行了修复义务。以下围绕工程质量缺陷减价的请求权基础、成立要件、减价范围、主张方式,以及实务中的风险防范措施等方面展开分析。

(一)工程质量缺陷减价的请求权基础

1. 一般规范

在建设工程施工合同中,承包人负有向发包人交付质量符合合同约定和法律规定的建设工程的义务。当发包人基于工程质量缺陷而请求减少工程价款时,其内在逻辑通常为:承包人施工不到位,导致工程质量不符合合同约定,故应承担相应责任。这种责任属于违约责任,其请求权基础的一般规范是《民法典》第 577 条和第 582 条。

理论上也存在工程质量低于强制性标准,但符合合同约定的情况,该种情况下发包人似乎无法要求承包人承担违约责任。但是,《建设工程质量管理条例》第 10 条第 2 款明确规定:建设单位不得明示或暗示设计单位、施工单位将工程质量标准降低至强制性标准以下。[①] 也就是说,建设工程施工合同所约定的最低质量标准不得低于强制性标准。

《民法典》第 577 条规定了违约责任的一般承担方式,包括继续履行、采取补救措施和赔偿损失。《合同法》第 111 条曾专门规定质量瑕疵责任[②],而《民

① 参见《建设工程质量管理条例》第 10 条第 2 款规定:"建设单位不得明示或者暗示设计单位或者施工单位违反工程建设强制性标准,降低建设工程质量。"

② 参见《合同法》第 111 条规定:"质量不符合约定的,应当按照当事人的约定承担违约责任。对违约责任没有约定或者约定不明确,依照本法第六十一条的规定仍不能确定的,受损害方根据标的的性质以及损失的大小,可以合理选择要求对方承担修理、更换、重作、退货、减少价款或者报酬等违约责任。"

法典》第 582 条则在前者基础上扩大了适用范围，成为瑕疵履行责任的一般规定。[①] 合同中的受损害方可以根据《民法典》第 582 条规定，请求违约方承担修理、重作、更换、退货、减少价款或者报酬等违约责任。

2. 特别规范

上述条款属于合同违约责任的一般规定，适用于各类合同违约情形。而《民法典》第 801 条则专门针对因施工人导致工程质量不符合约定的情形，规定了发包人有权请求施工人在合理期限内无偿修理或者返工、改建。在施工人或承包人拒绝修理、返工、改建的情况下，发包人则可以根据《建工司法解释(一)》第 12 条规定请求减少支付工程价款。[②] 需要注意的是，该条款的适用范围是未竣工验收交付使用的工程，否则应当适用工程缺陷责任以及质量保修的相关约定和规定。

对于"减价权"是形成权还是请求权，我国法学界素有争论。由于现行法律法规对于减价权的行使未规定除斥期间，而且合同一方的意思表示并不当然发生减价的效果，而需要经过诉讼或仲裁确认之后才能在当事人之间实现，目前主流观点倾向于认为减价权是一种变更合同内容的请求权。[③]

(二) 工程质量缺陷减价的成立要件

根据《建工司法解释(一)》第 12 条规定，发包人基于工程质量缺陷请求减少工程价款，需满足：质量缺陷客观存在、缺陷归责于承包人，以及承包人拒绝修理、返工或者改建这三个要件。

---

① 参见《民法典》第 582 条规定："履行不符合约定的，应当按照当事人的约定承担违约责任。对违约责任没有约定或者约定不明确，依据本法第五百一十条的规定仍不能确定的，受损害方根据标的的性质以及损失的大小，可以合理选择请求对方承担修理、重作、更换、退货、减少价款或者报酬等违约责任。"

② 参见《建工司法解释(一)》第 12 条规定："因承包人的原因造成建设工程质量不符合约定，承包人拒绝修理、返工或者改建，发包人请求减少支付工程价款的，人民法院应予支持。"

③ "根据《民法典》第 582 条之规定，合同当事人有权请求对方承担'减少价款'的违约责任，此时减价请求实际上是变更合同内容的请求权，如果不能与对方达成减价的合意，只能请求法院或仲裁机构予以调整，或者诉诸违约损害赔偿予以救济"，参见最高人民法院民法典贯彻实施工作领导小组主编：《民法典合同编理解与适用》，人民法院出版社 2020 年版，第 755 页。

1. 工程质量缺陷客观存在

按照“谁主张谁举证”的原则，发包人应当对其主张的建设工程质量缺陷承担举证责任。工程质量缺陷根据表现形态可分为显性缺陷和隐性缺陷。显性缺陷如变形、开裂、漏水等，不需要借助技术检测手段即可发现，因而该类缺陷的举证可以通过提交现场照片、影像资料或现场勘验等方式完成。隐性缺陷则是非直观的，需要通过技术检测手段才能发现，或者经过一段时间的使用才会逐步显现，例如，构件强度不足、材料指标不合格、甲醛含量超标、地基沉降等。

一旦发现建设工程存在质量缺陷，发包人应当立即保护现场、固定证据，而不能急于修复。如果现场受到外力破坏或者发包人自行修复缺陷，事后将难以举证证明质量缺陷的存在。

◎类案裁判要旨精编

最高人民法院(2020)最高法民终455号二审民事判决书：YH公司在一审中已提交了相关施工资料证明已施工工程质量合格，WT公司主张隧洞工程存在质量问题，应承担相应的举证责任。一审中，WT公司虽申请对隧洞工程进行质量鉴定，但经一审法院委托四川某检测中心查勘，现场因隧洞积水等原因不具备鉴定的客观条件，且WT公司未能提交其他证据证明案涉工程存在质量问题或现场具备鉴定条件，故WT公司应承担举证不能的不利后果，其要求YH公司承担修复费用缺少事实依据。

此外，发包人所主张的工程质量缺陷，可能属于细微瑕疵或者行业通病，并不必然会被认定为承包人应当修复的质量问题。此外，工程质量是否符合约定、是否必须修复，均可能涉及工程技术问题。在承包人不予确认的情况下，隐性缺陷通常需要第三方检测机构出具鉴定意见等方式才能予以认定。如果发包人申请对工程质量缺陷进行司法鉴定，就需要提供证明质量缺陷客观存在的初步证据，并论证鉴定事项与待证事实之间具有关联性以及对于证明待证事实具有实际意义，否则裁判机构可能会不予准许。

◎类案裁判要旨精编

最高人民法院(2016)最高法民终437号二审民事判决书：即使XY公司提交了工程质量鉴定申请，人民法院也应当根据《民事诉讼法解释》第121条之规定,就申请鉴定的事项与待证事实的关联性和对证明待证事实是否具有实际意义等进行审查后决定是否准许。然而,XY 公司提交的证据不足以初步证明案涉工程存在质量缺陷。此外,根据双方合同约定,发包人收到承包人竣工验收报告后 28 天内未组织验收,从第 29 天起承担工程保管及一切意外责任。此外,案涉工程 2011 年底即已停止施工,即使可以证明案涉工程存在质量问题,也难以准确界定该工程质量问题系 SW 冶公司施工造成,还是 XY 公司保管不善造成。一审法院未就工程质量启动鉴定程序,不存在法律适用上的错误,亦不会导致对本案基本事实的认定不清。

2. 工程质量缺陷由承包人原因导致

我国《民法典》关于违约责任的一般规定采取严格责任原则,即无过错的债务人仍应承担违约责任,除非存在法律规定免责的情形,如不可抗力造成的合同履行障碍。[①] 但是,由于《民法典》第 801 条和《建工司法解释(一)》第 12 条均设定了"因施工人的原因致使建设工程质量不符合约定"的前提条件,所以发包人要减少价款须先证明工程质量缺陷与施工人行为之间的因果关系。

建设工程出现质量缺陷的原因有很多,可能是设计人未按发包人的要求或规范进行设计,也可能是发包人自身使用不当致使工程遭受破坏,不一定就是承包人的责任。对于因承包人原因造成的工程质量缺陷,最高人民法院民事审判第一庭归纳了三种情形:(1)承包人未按照工程设计图纸和施工技术规范施工;(2)承包人未按照工程设计要求、施工技术标准或合同约定,对建筑材料、构配件和设备进行检验,使用不合格的建筑材料、构配件和设备等;(3)建筑物在合理使用寿命内,地基基础工程和主体结构出现质量缺陷,工程竣工时屋顶、墙面存在渗漏、开裂等问题。[②]

针对上述不同情形,发包人须初步举证承包人与工程质量缺陷之间的因果关系。如果发包人没有证据证明质量缺陷是承包人原因导致,或者承包人有证

---

① 参见最高人民法院民法典贯彻实施工作领导小组主编:《民法典合同编理解与适用》,人民法院出版社 2020 年版,第 718 页。

② 参见最高人民法院民事审判第一庭编著:《最高人民法院新建设工程施工合同司法解释(一)理解与适用》,人民法院出版社 2021 年版,第 130~131 页。

据证明质量缺陷是因不可归咎于自身的原因导致，发包人的减价请求将无法得到支持。对于工程质量缺陷的责任认定问题，本章第五节展开了详细分析。

3. 承包人未修复工程质量缺陷

发包人请求减少工程价款，还需要证明施工人未履行修复义务，而施工人往往需要发包人通知才可能知悉质量缺陷的存在。因此，通知修复是发包人行使减价权的前置程序。在前置救济已经用尽的情况下，发包人才可以行使减价权。如果发包人无法证明已通知承包人对质量缺陷进行修复，其减价请求可能无法得到支持。

◎类案裁判要旨精编

最高人民法院（2018）最高法民终494号二审民事判决书：J公司在承包案涉工程后将部分范围分包给H公司。J公司声称收到业主要求修复质量缺陷的通知后，多次以电子邮件形式通知H公司，但H公司对此不予理睬，J公司只能委托第三方修复缺陷工程。但是，J公司没有举证证明H公司收到了修复通知，以及收到通知后拒绝或不履行修复义务的事实存在，且J公司与第三方签订的缺陷处治施工合同没有明确指向H公司施工的范围，故其主张的应扣除委托第三方修复质量缺陷工程产生的费用无事实依据。

最高人民法院（2022）最高法民终63号二审民事判决书：Y公司在一审法院询问是否由施工方维修时，拒绝分包商进行维修，二审庭审中就本院询问是否曾在保修期内要求施工方维修表示庭后核实但未作回复，就合议庭询问是否会按照修复方案全部拆除时回避问题，拒绝表态。从上述情况来看，Y公司主张在工程价款中扣除幕墙修复费用理据不足。

在收到发包人的通知后，承包人可能会有以下几种回应：（1）基于质量缺陷不存在等理由，书面或口头表示拒绝修复；（2）收到通知后，长期不予回应，或采取拖延战术，一直不予修复；（3）收到通知后开始修复，但未在合理期限内修复完毕，或者多次修复仍不合格。在这三种情形下，承包人都未履行修复义务，发包人可以行使减价权。特殊情况下，发包人可无须通知，直接请求承包人支付维修费用，例如，承包人没有相关工程资质，双方争议较大、合作关系已经破裂，或者质量缺陷存在安全隐患急需修复等。

◎类案裁判要旨精编

最高人民法院(2023)最高法民申1896号再审民事裁定书:根据第三方检测机构的鉴定结论,案涉工程存在质量问题的原因是不满足国家现行标准,部分分项工程未严格按照施工组织计划进行施工。因此,应由施工方A公司承担质量不合格的违约责任。A公司主张应当由其先行修复,其拒绝修复后才可就工程质量问题承担赔偿责任。但是,本案中A公司已于2019年9月10日完成退场,且A公司与B公司对工程是否存在质量问题、存在哪些质量问题均存在较大争议,即在不能一致确定修复项目和范围的情况下,由A公司对案涉工程进行修理、返工成本较高且不具备现实可能性。因此,A公司此项再审申请理由不能成立。

(三)工程质量缺陷的减价范围

《建工司法解释(一)》第12条虽然规定发包人有权请求减少工程价款,但并未明确可以减价的范围。由于减价权的实质是要求对方承担质量缺陷的违约责任,减价的范围可以回归到《民法典》第584条关于违约损失赔偿的一般规定,即相当于因违约所造成的损失,包括可得利益,但不得超过违约一方订立合同时预见到或者应当预见的范围。减价就是发包人在接受工程现状的基础上,通过减少施工合同约定的价款,达到支付对价与实际所得相匹配的状态,实现按质论价的效果。在司法实践中,减价的范围可以通过以下几种方式确定:

1. 按照修复费用确定

原则上,发包人可以主张按照修复质量缺陷所实际支出的费用金额减少相应工程价款。在尚未开展修复施工的情况下,也可由原设计人或司法鉴定机构在确定修复方案后,通过造价鉴定的方式,参照工程所在地现行定额及市场价格确定修复费用。修复费用涵盖了修复工程的人工、材料、机械等各项直接成本及管理费、合理利润、税费等间接成本,既包括分部分项工程费,又包括为了修复缺陷所发生的技术、生活、安全、环境保护等方面的措施项目费,如安全文明施工费、脚手架工程费、大型机械设备进出场费等。[1] 在修复费用金额已经通

① 参见常设中国建设工程法律论坛第十六工作组:《建设工程质量纠纷裁判指引》,法律出版社2023年版,第71页。

过鉴定得出后,发包人或承包人认为费用过低或过高的,都需要提供相应证据予以证明。

◎**类案裁判要旨精编**

最高人民法院(2019)最高法民终1192号二审民事判决书:Y公司与S公司同意在工程款中扣除整改分项工程款,在双方对于应扣除的具体金额产生争议的情况下,法院可以委托第三方鉴定机构就涉案工程修复方案及修复费用出具鉴定意见书。考虑到鉴定机构的修复方案包含了根据已经出现的工程质量问题估算的费用,以及在具体修复过程中可能会产生其他问题需要同时进行修复,因此一审判决按照鉴定意见认定额外5%不可预见费用合理。双方对于该项费用有异议,但均未提供该项费用过高或过低的相关证据,因此双方关于该费用的上诉理由均不能成立。

此外,需要注意的是,在工程存在质量缺陷的情形下,赔付修复费用的请求与减少工程价款的请求具有同质性,只能择一主张。

◎**类案裁判要旨精编**

最高人民法院(2022)最高法民终192号二审民事判决书:针对不合格的建设工程,发包人可以选择承包人承担修复费用或者减少支付工程价款,但两种权利只能选择其一行使。H公司在一审中已就请求Z公司支付质量修复费用提出反诉,一审也已经判决支持了部分修复费用,其不能再以质量不合格为由请求减少支付工程价款,故对于H公司以工程质量存在缺陷为由主张减少支付工程价款,法院不予支持。

2.按照缺陷价值确定

按照该种方式确定减价范围,是将建设工程有缺陷状态下的市场价值与无缺陷状态下的市场价值进行比较后确定质量缺陷导致工程价值下降的部分。建设工程具体的市场价值又可以通过工程造价咨询或资产评估等方式来认定。该种方式根据计算方式的不同又可以分为比例法和差额法。[①]

---

① 参见常设中国建设工程法律论坛第十六工作组:《建设工程质量纠纷裁判指引》,法律出版社2023年版,第309~310页。

（1）比例法

该种计算方法适用于质量缺陷导致工程整体价值比例性下降的情形，以合同金额为基数，乘以缺陷工程的市场价值与无缺陷工程的市场价值之比得出最终应付的工程价款：

$$应支付工程价款=\frac{缺陷工程市场价值}{无缺陷工程市场价值}\times合同金额$$

例如，若工程合同价为5000万元，但质量不符合约定导致工程整体市场价值仅为无缺陷状态的80%，则减价后应支付4000万元。

（2）差额法

该种计算方法以无缺陷工程交付时的市场价值与缺陷工程交付时的市场价值之差额部分计算应予减价的金额：

$$应减少工程价款=无缺陷工程交付时的市场价值-缺陷工程交付时的市场价值$$

差额法是以《买卖合同司法解释》第17条规定的“以符合约定的标的物和实际交付的标的物按交付时的市场价值计算差价”作为参照，[①]不考虑合同约定的工程价款，而是侧重于计算工程质量缺陷给发包人造成的预期利益损失的折价。

上述两种方式当中，按照修复费用来确定减价金额往往更为简便高效，而质量缺陷造成的市场价值变动较难量化，因此裁判者在司法实践中更倾向于以修复费用为基础酌定工程减价金额。

（四）工程质量缺陷减价的主张方式

对于发包人应当以何种方式主张减少工程价款，实务中有三种观点：（1）在承包人请求发包人支付工程价款的情况下，发包人主张减少工程价款属于抗辩，而无须提起反诉或反请求。理由是双方订立合同时对工程质量均有约定，

---

① 参见《买卖合同司法解释》第17条规定：“标的物质量不符合约定，买受人依照民法典第五百八十二条的规定要求减少价款的，人民法院应予支持。当事人主张以符合约定的标的物和实际交付的标的物按交付时的市场价值计算差价的，人民法院应予支持。价款已经支付，买受人主张返还减价后多出部分价款的，人民法院应予支持。”

当质量不符合约定标准时，自然构成减少工程价款的理由，正好对抗了支付工程价款的请求，而不是一项新的诉讼请求；(2)减少工程价款不是抗辩事由，而是一个新的请求，必须提起反诉或反请求；(3)只要合同明确约定工程质量有瑕疵可以扣减工程价款数额，或者约定工程质量有瑕疵则其修复费用可从工程价款中予以扣除等，发包人的减价主张就属于抗辩事由，否则减价主张应通过反诉的方式提出。

在上述三种观点中，最高人民法院民事审判第一庭倾向于第一种，理由在于：发包人主张减价是为了应对承包人支付工程价款的请求，并没有抵消或者吞并承包人的请求，因此没有形成一个独立的诉或反诉。① 而且，《买卖合同司法解释》第 31 条已经明确了出卖人诉请支付价款，买受人基于出卖人违约拒绝付款或者主张减价的，属于抗辩，而买受人要求出卖人支付违约金、赔偿损失或者要求解除合同才需要提起反诉。按照《民法典》第 467 条"参照适用最类似合同规定"的原则，建设工程施工合同中的减价权也应当以抗辩的方式行使。

此外，需要注意的是，一旦发包人提出以下几类主张，就超出了抗辩的范畴，必须提起反诉或另诉了：(1)发包人请求承包人支付合同约定的违约金；(2)发包人请求承包人赔偿工程质量缺陷导致的人身或财产损失；(3)发包人请求承包人对工程质量缺陷予以修复。

(五)工程质量缺陷的风险防范

结合上述分析，为了防止因工程质量缺陷产生纠纷，在产生纠纷的情况下使自身处于有利地位，发包人可以采取以下风险防范措施：

1. 在合同条款中明确质量标准及缺陷责任

在合同中明确约定工程质量标准、验收程序及违约责任，尤其是对质量缺陷的认定标准、修复期限、费用承担等条款。

2. 避免因自身过错承担质量缺陷责任

涉及分包工程时，尽量由总包人与分包人直接签订合同，避免直接指定分

---

① 参见最高人民法院民事审判第一庭编著：《最高人民法院新建设工程施工合同司法解释(一)理解与适用》，人民法院出版社 2021 年版，第 133 页。

包人,否则可能因分包人的过错而承担连带责任。若需要由发包人提供设计文件及材料的,应严格审核设计文件及材料是否合格,若发包人提供的设计文件或材料存在问题,可能会被认定为质量缺陷的过错方,并需承担相应责任。

3. 发现质量缺陷后及时采取措施

工程竣工后,发包人应严格按规范,及时开展验收,未经验收不得擅自使用。若发现工程存在质量缺陷,应及时记录、保存证据,并第一时间书面通知承包人。通知中需要明确缺陷内容、修复要求及期限,要求对方签收并予以书面回复。若对方拒收,通过公证等方式留存送达记录。

三、如何认定承包人对工程质量缺陷的责任

建设工程建造环节多、技术复杂,从勘察、设计到施工、运营等各个环节都可能造成工程质量缺陷,涉及不同主体的责任。在建设工程的诸多环节中,承包人负责的是最主要的施工环节,涉及设计图纸的落地、材料的选择、器械设备以及工艺的应用等方方面面,对于工程质量的影响最为直接。因此,承包人是确保工程质量合格的最主要责任人。

(一)承包人承担工程质量缺陷责任的法定情形

对于承包人,国家制定了具体的行为规范,一旦违反这些规范,承包人对于工程质量缺陷的产生就具有过错,需要承担相应责任。其中,《建设工程质量管理条例》第 26 条至第 33 条明确规定了承包人的以下义务:(1)建设工程实行总承包的,总承包单位应当对全部建设工程质量负责,并对分包的工程质量承担连带责任;(2)按施工图和施工技术标准施工,不得擅自修改设计或者偷工减料,发现设计文件和图纸存在差错的,应及时向发包人提出;(3)除施工规范合格外,也应对建筑材料、建筑构配件、设备和商品混凝土进行检验,留存检验记录备查,未经检验或者检验不合格,即使发包人要求,亦不得使用进行施工;(4)无论是施工过程中还是竣工验收合格后,发现质量问题应负责返修,确保建设工程质量合格;(5)建立、健全施工质量检验制度,严格工序管理,做好隐蔽工程的质量检查和记录;(6)涉及结构安全的试块、试件以及有关材料,应当现场取样送检;(7)加强人员培训管理,考核合格方可上岗作业。

◎类案裁判要旨精编

最高人民法院(2018)最高法民再235号再审民事判决书:《司法鉴定意见书》显示……上述证据均表明案涉外墙保温工程质量缺陷系因C公司施工不符合规范标准或设计要求等造成。C公司认为质量缺陷是由于案涉工程设计方案采用了《关于吉林省建筑节能外墙保温工程技术(产品)限制使用的通知》中限制使用的外墙保温材料所致,因此发包人及设计单位也应对该工程质量缺陷承担责任。但是,该通知发布于施工完成之后,且仅依据上述通知载明的限制使用的外墙保温材料存在“抗拉强度低,吸水率高,易变形,耐久性差,不能满足严寒地区建筑工程外墙外保温薄抹灰系统标准要求”等缺陷,无法证明本案工程选材与工程质量缺陷间存在直接因果关系。因此,在案证据证明,造成案涉外墙保温工程质量缺陷的责任在C公司。

最高人民法院(2017)最高法民终730号二审民事判决书:《建筑法》第28条明确禁止承包人将其承包的全部建筑工程转包给他人,或将其承包的全部建筑工程支解以后以分包的名义分别转包给他人。因Z公司将其作为总承包人承建的案涉建设工程转包给低施工资质等级的施工企业或者工头等自然人施工,有违诚信和有损承揽合同的信赖基础,显然实际施工人的施工能力较合同约定的施工人Z公司相比有所减损,案涉工程质量缺陷与Z公司转包行为间存在一定的因果关系。

(二)承包人在不同阶段的质量责任认定

1. 竣工交付前工程质量责任的认定

承包人有义务将质量合格的工程交付给建设单位。因此,在工程竣工交付之前,承包人对工程具有妥善保管的义务。即使是因外力造成施工材料不合格等工程质量缺陷的,也属于承包人的过错,需要由承包人承担责任。

◎类案裁判要旨精编

最高人民法院(2020)最高法民再37号再审民事判决书:2015年3月10日出具的《四川KJ工程质量鉴定报告》载明案涉工程1#楼部分层面剪力墙12根主筋吹断,个别钢筋被人为破坏,不满足设计及验收规范要求。C公司主张案涉工程出现"钢筋断裂"是第三人违法犯罪行为所致，应当适用"先刑后民"原则移送公安机关侦查。但C公司作为案涉工程的承包方，在工程竣工交付发包方之前，对工程具有看管义务，应自行承担建设工程标的物毁损的风险。无论案涉工程"钢筋断裂"是否因第三人实施违法犯罪行为故意破坏所致，均不影响C公司向其合同相对方承担相应的合同义务和民事责任。

此外，如本章第四节所分析的，若发包人在竣工验收合格前擅自使用了建设工程，已使用部分的工程质量视为竣工验收合格。此时对于已使用部分的工程质量缺陷，承包人不负有举证责任。即使发包人能够举证证明存在质量缺陷，承包人也不需要承担除地基基础和主体结构以外的工程质量责任。

2. 竣工验收后工程质量责任的认定

建设工程交付使用前需要经过五方责任主体共同验收，并出具竣工验收报告和合格证明，竣工验收通过后即视为工程质量合格。但是，根据《建设工程质量管理条例》第40条和第41条，承包人还需要在质量保修期内对保修范围内的一切质量问题承担保修责任，①以及在设计文件规定的合理使用年限内对基础工程和主体结构工程承担保修责任。② 根据上述规定，保修范围并未限定为因承包人原因产生的质量问题。因此，工程质量保修实际上内含了过错推定原则，在质量保修期内，除非承包人能证明工程质量问题是因发包人使用不当、工程设计缺陷等不属于自身的原因导致，否则将推定承包人对建设工程的质量问题具有过错，从而由承包人承担保修责任。因承包人拖延履行保修义务，导致建筑损毁或者造成人身损害、财产损失，承包人还需承担赔偿责任。③

但是，保修责任不等于违约责任。工程交付使用后，承包人仅承担保修义务，在无充分证据证明的情形下，不能直接推翻工程质量合格的事实。如果发

① 参见《建设工程质量管理条例》第41条规定："建设工程在保修范围和保修期限内发生质量问题的，施工单位应当履行保修义务，并对造成的损失承担赔偿责任。"

② 参见《建设工程质量管理条例》第40条规定："在正常使用条件下，建设工程的最低保修期限为：（一）基础设施工程、房屋建筑的地基基础工程和主体结构工程，为设计文件规定的该工程的合理使用年限……"

③ 参见《建工司法解释（一）》第18条规定："因保修人未及时履行保修义务，导致建筑物毁损或者造成人身损害、财产损失的，保修人应当承担赔偿责任。保修人与建筑物所有人或者发包人对建筑物毁损均有过错的，各自承担相应的责任。"

包人在竣工验收通过后再以工程质量缺陷为由要求减少工程价款、要求扣除质保金或者要求承包人赔偿损失，则需要提交足以对抗竣工验收合格证明的证据，才能证明工程存在质量缺陷，从而由承包人承担违约责任。

◎类案裁判要旨精编

江苏省高级人民法院(2012)苏民终字第0238号二审民事判决书①：工程竣工验收后，案涉房屋存在屋面渗漏情况，鉴定机构认为，屋面渗漏是因为屋面构造做法不符合原设计要求，局部修复方案不能保证屋面渗漏问题彻底有效解决，须铲除并重做全部屋面防水层。法院认定屋面广泛性渗漏系客观事实，竣工验收合格证明及其他任何书面证明均不能对该客观事实形成有效对抗。案涉工程质量缺陷是因N公司偷工减料，未按设计要求施工导致，N公司理应承担无偿修理、返工、改建或赔偿损失等违约责任。

四、如何认定发包人对工程质量缺陷的责任

作为建设工程的主导方，发包人应确保勘察、规划、设计、施工等各个环节均符合规范。若发包人自身违反了合同约定或强制性规定，则需对由此引发的质量风险负责。根据《建工司法解释(一)》第13条的规定，发包人对工程质量缺陷承担过错责任的情形共有三种：提供的设计有缺陷，选取的建筑材料、构配件、设备不合格，以及直接指定分包人分包专业工程。② 该规定主要针对发包人在设计、材料供应及分包干预三个方面造成工程质量缺陷的情形，其内在逻辑是发包人在这三个方面的作为或不作为将会影响工程质量。除此之外，发包人指示承包人降低施工标准或者通过不合理压缩工程造价、工程工期等方式变相降低施工标准，导致工程质量缺陷的，也需要承担责任。

(一)发包人提供的设计有缺陷

由于工程设计具有高度专业性，需要有专门资质的单位完成，因而建设工

---

① 最高人民法院公报案例，2014年第9期。

② 参见《建工司法解释(一)》第13条规定："发包人具有下列情形之一，造成建设工程质量缺陷，应当承担过错责任：(一)提供的设计有缺陷；(二)提供或者指定购买的建筑材料、建筑构配件、设备不符合强制性标准；(三)直接指定分包人分包专业工程。承包人有过错的，也应当承担相应的过错责任。"

程一般以两种方式外聘设计单位：第一，是发包人与总承包人签订建设工程合同后，由总承包人聘请设计单位出具设计方案；第二，是发包人自行聘请设计单位出具设计方案，再将设计方案交由承包人进行施工。第一种情形下，发包人无须对设计缺陷承担责任。第二种情形下，若因设计缺陷导致工程质量缺陷，则发包人需要承担过错责任。

发包人最终承担责任的大小取决于设计缺陷的成因，以及承包人对于设计方案的执行情况。如果设计缺陷是由设计单位造成，则发包人可以根据《民法典》第800条①的规定，要求设计单位减免设计费或者赔偿损失。如果设计缺陷是由发包人擅自修改、调整设计方案所致，则发包人需要为此承担过错责任；若设计缺陷经承包人指出，发包人仍坚持按照该方案施工的，则发包人需负全责。

◎类案裁判要旨精编

最高人民法院(2019)最高法民终1163号二审民事判决书：本案工程施工期间，Y公司多次以通知形式变更设计、调整施工方案，并派人在现场指令Z公司施工。Z公司为履行合同、完成Y公司指令的施工任务，多次就协调爆破及确定施工图纸和方案等事宜请示Y公司。上述事实足以说明Z公司系严格按Y公司要求施工，对于施工质量不合格以及工程安全隐患不存在过错。同时，自Z公司2014年11月停止施工至2016年提起本案诉讼，Y公司无证据证明其对施工工艺、安全隐患等问题提出过异议或请求，该公司亦自认Z公司撤场后其他公司已进场施工。Y公司未提交任何证据证明Z公司存在过错，即请求按照公平原则酌情判令Z公司承担一半的过错责任，不具有事实和法律依据，法院不予支持。

(二)发包人选取的建筑材料、构配件或设备不合格

建设工程所使用的建筑材料、构配件或设备直接影响着工程质量，因此《建设工程质量条例》第14条规定了在发包人采购建筑材料、构配件和设备的情况

① 参见《民法典》第800条规定："勘察、设计的质量不符合要求或者未按照期限提交勘察、设计文件拖延工期，造成发包人损失的，勘察人、设计人应当继续完善勘察、设计，减收或者免收勘察、设计费并赔偿损失。"

下，发包人有义务保证所采购的建筑材料、构配件和设备符合设计文件和合同要求。[①] 若发包人自行提供或指定承包人购买的建筑材料、构配件或设备不符合强制性标准，导致工程质量缺陷的，发包人需要承担过错责任。

◎类案裁判要旨精编

最高人民法院（2023）最高法民终 359 号二审民事判决书：发包人 C 公司与承包人 Z 公司签订的《商务合同》第 2.1.2 条约定："50MW 组件及 50MW 逆变器由甲方指定，甲方确保指定产品的质量和工期符合采购合同约定及电站施工和验收要求。因指定产品造成所有的后果及损失全部由甲方及供应商承担，与乙方无关，造成乙方损失的，由甲方及供应商承担。"C 公司主张其并未指定案涉工程使用的光伏组件和逆变器，但是，案涉工程竣工验收时，各方均确认该工程质量合格，C 公司在验收过程中并未对案涉工程使用的光伏组件和逆变器品牌、质量等提出异议。故 C 公司主张案涉光伏组件和逆变器品牌是 Z 公司自行选定，并非 C 公司指定、同意，应由 C 公司举证证明。现 C 公司未能完成举证，应当自行承担光伏组件和逆变器品牌与约定不符所造成工程质量缺陷的不利后果。

（三）直接指定分包人分包专业工程

分包，是指承包人或者发包人将建设工程的一部分交由承包人以外的人施工。其中，既可以由承包人分包给第三人，也可以由发包人直接指定分包给第三人，甚至也可以在建设工程施工合同中直接约定由第三人负责分包工程。根据《民法典》第 791 条第 2 款的规定，承包人将建设工程分包给第三人的情况下，承包人需要对分包的工作成果与分包人承担连带责任。而在发包人指定分包人的情况下，分包的专业工程出现质量缺陷的，应当由发包人承担过错责任。发包人承担责任后，不影响其向分包人追责。

---

① 参见《建设工程质量条例》第 14 条规定："按照合同约定，由建设单位采购建筑材料、建筑构配件和设备的，建设单位应当保证建筑材料、建筑构配件和设备符合设计文件和合同要求。建设单位不得明示或者暗示施工单位使用不合格的建筑材料、建筑构配件和设备。"

(四)指示承包人降低施工标准或变相降低施工标准

法律规定的建设工程强制性标准不仅约束施工单位,同时也是对建设单位的要求。实践中,发包人也可能会为了节约成本而指示承包人按照低于强制性标准的施工方案进行施工,或者变相降低施工标准。前一种情况,发包人直接要求承包人违反强制性标准,降低施工标准。后一种情况,施工方案虽然符合强制性标准,但是发包人通过压缩合理工期或者压缩合理造价等方式,变相导致施工标准下降。对此,《建设工程质量管理条例》第 10 条明确规定发包人不得迫使承包方以低于成本的价格竞标,不得任意压缩合理工期,不得明示或者暗示设计单位或者施工单位违反工程建设强制性标准,降低建设工程质量。若由此对工程质量造成负面影响的,发包人应当依据自身过错承担责任。

五、发包人擅自使用建设工程后质量责任如何承担

根据《民法典》、《建筑法》和《建设工程质量管理条例》等法律法规的规定,建设工程必须经竣工验收合格后,方可交付使用。不过,实践中部分建设工程项目虽未通过竣工验收,但已交由发包人实际使用,该种情形被《建工司法解释(一)》第 14 条定性为发包人擅自使用建设工程。本节拟从法律实务角度对发包人擅自使用建设工程相关法律问题进行分析,以期对此类问题的处理提供解决思路。

(一)发包人擅自使用建设工程的法律认定

《建工司法解释(一)》第 14 条规定:“建设工程未经竣工验收,发包人擅自使用后,又以使用部分质量不符合约定为由主张权利的,人民法院不予支持;但是承包人应当在建设工程的合理使用寿命内对地基基础工程和主体结构质量承担民事责任。”根据上述规定,构成发包人擅自使用建设工程情形的前提是建设工程未经竣工验收即交付给发包人使用。

1. 发包人擅自使用建设工程制度的背景

建设工程质量关乎人民群众的生命财产安全,为了确保建设工程质量合格,国家规定建设工程竣工后必须经验收合格方可交付使用。

《民法典》第 799 条规定："建设工程竣工后，发包人应当根据施工图纸及说明书、国家颁发的施工验收规范和质量检验标准及时进行验收。验收合格的，发包人应当按照约定支付价款，并接收该建设工程。

"建设工程竣工经验收合格后，方可交付使用；未经验收或者验收不合格的，不得交付使用。"

《建筑法》第 61 条有类似的规定："交付竣工验收的建筑工程，必须符合规定的建筑工程质量标准，有完整的工程技术经济资料和经签署的工程保修书，并具备国家规定的其他竣工条件。

"建筑工程竣工经验收合格后，方可交付使用；未经验收或者验收不合格的，不得交付使用。"

由此可见，建设工程竣工验收合格后方可使用，是发承包双方均应履行的法定义务。但实践中，由于各种因素的影响，部分建设工程未经竣工验收或竣工验收不合格即交付发包人使用，存在严重的安全隐患。2023 年 11 月，佳木斯一体育馆坍塌，造成严重的伤亡事故，就是因为建设工程质量严重不合格。

根据《民法典》《建筑法》等规定，承包人对建设工程质量承担主要责任。但是，为了促使发包人严格把控建设工程质量，司法以"禁止擅自使用"制度来规范发包人的行为，以"擅自使用"为节点将工程质量责任的风险转嫁给发包人，倒逼发包人必须在经竣工验收合格后才能使用建设工程。如未经竣工验收合格发包人擅自使用的，不得再以使用部分质量不合格为由向承包人主张权利。因为在这种情形下，即视为发包人对建设工程质量是认可的，或虽对质量不认可但其自愿承担该后果。

2. 发包人擅自使用建设工程的认定前提

根据《建工司法解释（一）》第 14 条的规定，构成发包人擅自使用建设工程的前提是"建设工程未经竣工验收"，而根据《民法典》第 799 条第 2 款和《建筑法》第 61 条第 2 款之规定，未经竣工验收实际包含两种含义，一种为建设工程未经过竣工验收程序，另一种为建设工程虽经竣工验收但验收结果不合格。

3. 发包人擅自使用建设工程后其自行承担质量责任的范围认定

建设工程项目可能由多个单体建筑物构成，如一个工厂建设工程项目，可能由厂房、办公室、研究室等多个单体建筑物构成；建设工程项目也可能是一幢高层大楼,如高达100多层的中国尊。

在实践中,如发包人擅自使用了全部工程,则发包人应承担全部工程的质量责任。但是,如果发包人仅擅自使用了建设工程的部分,如发包人仅擅自使用了某工厂的厂房,但未使用办公楼和研究室,发包人是否应对全部工程(包括厂房、办公楼和研究室)承担质量责任呢?

根据最高人民法院民事审判第一庭的观点,应认定发包人仅对擅自使用部分承担质量责任。[①] 对应到上述案例,即发包人仅对擅自使用的厂房部分承担质量责任,而对未使用的办公楼和研究室,出现质量问题后仍应由承包人承担质量责任。理由如下:(1)依照相关法律规定,建设工程质量应由施工单位承担主要责任,对发包人应承担的质量责任应作严格限制,不应作扩大解释。(2)规定发包人对使用部分承担质量责任较为公平合理。

4. 原承包人中途退场后新承包人进场施工是否构成发包人擅自使用?

在建设工程实践中,存在承包人未施工完毕即退场的情形,即学界所称"承包人中途退场"。原承包人中途退场后,根据建筑领域的通行做法,发包人应对原承包人已施工部分进行质量验收,实务中称为"阶段性质量验收"。验收合格后,发包人将验收资料报送质量监管部门,并换领新的建筑工程施工许可证,由新承包人进场施工。

但是,实践中亦存在原承包人中途退场后,发包人并未对原承包人已完工程进行验收,而是由新承包人直接进场施工的情形。在这种情况下,发包人是否构成对原承包人已完工程的擅自使用?

笔者认为,这种情况下发包人对原承包人已完工程构成擅自使用,实务中亦有大量司法案例认可此观点。

◎类案裁判要旨精编

最高人民法院(2018)最高法民终1131号二审民事判决书:关于X公司支付的工程质量鉴定费53万元的问题。本案中,X公司上诉主张一审判决对E公司已完工程的质量是否合格未予查清,其对应的上诉请求是判令E公

① 参见最高人民法院民事审判第一庭编著:《最高人民法院新建设工程施工合同司法解释(一)理解与适用》,人民法院出版社2021年版,第151页。

司承担工程质量鉴定费53万元。对此,法院认为,2014年E公司撤出施工现场时,X公司对E公司已完工工程未组织进行质量验收,即另行组织人员对涉案工程进行施工……E公司承建案涉X公司北区工程之前,该工程已由第三方进行了部分施工。E公司接手工程时,该公司与X公司、监理单位共同对原施工单位已完工部分进行了质量检查,签署《北区施工质量缺陷》,确认前期第三方施工部分存在的具体质量问题。因E公司续建的工程与原施工单位的施工部分存在重叠,鉴定报告中载明的工程质量问题究竟是由原施工单位还是E公司的施工造成,鉴定报告中未作出区分认定,不能判断工程质量问题是否因E公司施工所致。因此,X公司举示的鉴定报告无论在证据形式上,还是在证据内容上,均不能证明E公司的施工工程存在质量问题,X公司应承担举证不能的不利后果。由此,X公司为承担举证证明责任而支出的鉴定费用应由该公司自行承担。

最高人民法院(2018)最高法民申780号再审民事裁定书:本案574号鉴定报告于2010年12月4日作出。但在一审中,H公司已经举证证明B公司对11号楼施工的最早收方时间为2010年10月26日。结合2010年7月15日,重庆市巴南区城乡建设委员会已批复将11号楼施工单位由Y公司变更为B公司,复工时间为2010年7月的事实。二审法院认定"在委托作出574号鉴定报告证明Y公司完成的11号楼工作内容存在质量问题前,H公司已通过委托第三方进场施工的方式擅自使用11号楼"并无不当。

最高人民法院(2019)最高法民终272号二审民事判决书:关于工程质量的有关问题。关于工程质量违约金及损失……再次,H公司施工人员退场后,Q公司又请其他施工单位在H公司已完工程的基础上继续进行了施工,工程状况已经发生了改变。根据最高人民法院《关于审理建设工程施工合同纠纷案件适用法律问题的解释》第13条"建设工程未经竣工验收,发包人擅自使用后,又以使用部分质量不符合约定为由主张权利的,不予支持;但是承包人应当在建设工程的合理使用寿命内对地基基础工程和主体结构质量承担民事责任"的规定,对Q公司提出的工程质量鉴定申请不予准许,对其质量违约金和损失的支付请求不予支持。

最高人民法院(2020)最高法民申4310号再审民事裁定书:原审对工程质量、修复或拆除费用、未完工程造价和H公司造成的经济损失不予鉴定并不违反法律规定。2016年8月8日的《会议纪要》明确"甲方同意乙方退场""双方认可已完成的工程形象进度起3日内,新的施工队伍就可以进场施工",Q公司在一审庭审中也承认有他人进场施工。在同意H公司退场的前提下,Q公司应当采取措施减少损失,且办理施工许可证本为发包方Q公司义务,因无法取得施工许可证致工程停滞的责任应由其自行承担。在此情形下,Q公司接受工程,并安排让人进场,视为对工程质量无异议,故对工程质量、修复或拆除费、未完工程造价进行鉴定已无必要。另外,如前所述,原审已对两次停工的违约责任作出认定,并判令H公司承担违约金200万元,故Q公司再要求H公司赔偿其造成的经济损失缺乏依据。

最高人民法院(2020)最高法民申5591号再审民事裁定书:案涉工程施工中途J公司撤场,H学校已将后续工程交由案外人施工,应视为H学校对J公司已施工部分的工程质量无异议,据此对已完工部分的工程,一、二审判决认为应据实结算。

最高人民法院(2020)最高法民申6461号再审民事裁定书:关于C公司应否承担给付工程款的责任及其责任范围……本案中,蒋某退场后,C公司即更换施工人继续施工,应当认为C公司对案涉工程构成擅自使用,且蒋某施工部分已竣工验收合格,故本案工程款支付条件已经成就,蒋某有权参照《承包合同书》主张案涉工程的工程价款。一、二审法院已经查明,在《呼和浩特市YT小区项目工程施工总承包合同》的实际履行过程中,C公司始终知晓蒋某为案涉工程的实际施工人,并直接向其支付工程进度款。一、二审法院据此认为蒋某与C公司之间形成事实结算关系,二审判决由C公司向蒋某支付欠付的工程价款,符合本案法律关系实际和合同履行情况,并无不当。

(二)发包人擅自使用建设工程后承包人是否应承担质量保修责任

1. 争议观点

(1)最高人民法院民事审判第一庭观点

对于发包人擅自使用建设工程后,承包人是否继续承担质量保修责任的问题，最高人民法院民事审判第一庭在《最高人民法院新建设工程施工合同司法解释(一)理解与适用》一书中表达了两种相反的观点：

①在对《建工司法解释(一)》第14条的分析中，认为“承包人对发包人擅自使用部分，不应再承担质量保修责任，因为本条规定的发包人承担的质量责任范围为除地基基础工程和主体结构质量以外的所有质量问题，与前述法律规定的质量保修责任的范围是重叠的，如果承包人对发包人擅自使用的建设工程部分仍应承担保修责任，则本条规定就失去了其意义”。[①]

②然而，在对《建工司法解释(一)》第18条的分析中，却又认为“建设工程未经验收，发包人擅自使用的，承包方应在法定或者设计文件规定的期限内对工程地基基础、主体结构承担责任。对于该工程的其他部位的质量问题，自发包人提前使用之日未超过法定保修期限的，承包人仍应承担责任”。[②]

对于发包人擅自使用未经验收的建设工程，承包人是否承担保修责任，最高人民法院内部对此尚且存有争议，表达了两种完全不同的观点，可知该问题在法律上尚未有定论。以下将结合各地方法院的观点作进一步比较分析。

(2)地方法院的实务观点

北京市高级人民法院《关于审理建设工程施工合同纠纷案件若干疑难问题的解答》规定：“28.(1)建设工程已经竣工验收合格，或虽未经竣工验收，但发包人已实际使用，工程存在的质量问题一般应属于工程质量保修的范围，发包人以此为由要求拒付或减付工程款的，对其质量抗辩不予支持，但确因承包人原因导致工程的地基基础工程或主体结构质量不合格的除外；发包人反诉或另行起诉要求承包人承担保修责任或者赔偿修复费用等实际损失的，按建设工程保修的相关规定处理。”

四川省高级人民法院《关于审理建设工程施工合同纠纷案件若干疑难问题的解答》规定：“31.如何处理发包人提出的工程质量问题？……建设工程已经竣工验收合格，或虽未竣工验收，但发包人已实际使用，如工程质量问题属于承

---

① 最高人民法院民事审判第一庭编著：《最高人民法院新建设工程施工合同司法解释(一)理解与适用》，人民法院出版社2021年版，第153页。

② 最高人民法院民事审判第一庭编著：《最高人民法院新建设工程施工合同司法解释(一)理解与适用》，人民法院出版社2021年版，第188页。

包人施工原因导致的地基基础工程或工程主体结构质量问题,发包人要求拒付或延期支付工程价款的,应予支持;如发包人提出的工程质量问题属于保修范围,发包人要求拒付或减付工程款的,不予支持。”

《河北省高级人民法院建设工程施工合同案件审理指南》规定:“44. 发包人擅自使用未经验收或验收不合格工程,视为该工程已经竣工验收,但不能排除工程保修期内承包人的保修责任。”

山东省高级人民法院《关于审理建设工程施工合同纠纷案件若干问题的解答》规定:“8. ……建设工程未经竣工验收,发包人擅自使用的,发包人以工程质量不合格主张付款条件不成就或者拒付工程款的,不予支持,确因承包人原因导致工程的地基基础、主体结构质量不合格的除外。上述情形不能免除承包人在工程保修期内的保修责任和合理使用期内的损害赔偿责任。”

(3)司法裁判规则

笔者在中国裁判文书网中检索到的最高人民法院及地方高级人民法院的裁判观点大都认为,发包人擅自使用未经验收的建设工程,不能免除承包人的保修责任。最高人民法院认为承包人对建设工程应承担的质量责任,主要包括三部分:第一,工程施工中出现的质量问题;第二,经验收不合格工程的质量返修责任;第三,经验收合格的工程在使用过程中出现的质量问题。同时依据《建设工程质量管理条例》第32、41条规定,《建工司法解释(一)》第14条所称的“建设工程未经竣工验收,发包人擅自使用后,又以使用部分质量不符合约定为由主张权利的,人民法院不予支持”应指的是工程施工过程中的质量问题以及建设工程经验收不合格的质量问题,发包人无权再向法院主张,但是经验收合格或推定为合格的工程,承包人仍应当承担保修责任。

◎类案裁判要旨精编

最高人民法院(2019)最高法民再166号再审民事判决书:施工方对建设工程应承担的质量责任,包括对工程施工中出现的质量问题及经验收不合格工程应承担的质量返修责任,以及对经验收合格的工程在使用过程中出现的质量问题应承担的保修责任。L公司未经竣工验收擅自使用,只是推定工程质量合格,并不能免除承包人对案涉工程质量保修义务。

最高人民法院(2016)最高法民再23号再审民事判决书:本案双方签订的《工程装修合同书》第6条约定,未经验收擅自使用案涉工程,视为J公司对该工程已经验收合格。J公司在案涉工程竣工后未经验收即开业使用,根据上述约定,自其实际使用之日起即应认定工程已经验收合格,F公司不再负有施工中或经验收不合格的质量返修责任,仅对案涉工程质量在保修期内及保修范围内负有保修义务,承担保修责任。J公司于2013年9月24日就工程质量问题提起反诉,未超过《工程装修合同书》第8条约定的一年质保期。据此,二审判决认定作为发包方的J公司未经验收擅自使用案涉工程,应承担工程经合法验收合格之后的法律后果,F公司对工程质量负有保修义务符合双方合同约定及法律规定。

2. 本书观点

从文义解释来看,《建工司法解释(一)》第14条主要内容有以下两点:第一,发包人承担对擅自使用部分的建设工程的质量问题责任;第二,承包人在建设工程的合理使用寿命内对地基基础工程和主体结构质量承担民事责任。

至于"……又以使用部分质量不符合约定为由主张权利的,人民法院不予支持"中的主张权利,是指主张什么权利?如果是以此为由要求解除合同,或者要求拒付工程款、减付工程款等,笔者认为法院应不予支持。

但部分观点认为,承包人对地基基础工程和主体结构质量以外的质量问题也无需承担保修责任。笔者对此持不同观点,笔者认为从文义解释中,该条并未明确保修期内的保修责任问题。

根据法学方法论,当法律规定存在争议时,首先应当通过法律解释的方式寻求立法的本意。而在法律解释中,应首先使用文义解释进行论证,如文义解释的结果仍无法解决争议时,应使用体系解释进行论证。

《建工司法解释(一)》第9条第3款规定:"建设工程未经竣工验收,发包人擅自使用的,以转移占有建设工程之日为竣工日期",故可推定发包人转移占有建设工程之日为以建设工程质量合格为前提的竣工之日。因此,《建工司法解释(一)》第14条的规定可进一步解释为:建设工程竣工验收合格后,发包人又以使用部分质量不符合约定为由主张权利的,人民法院不予支持。

另《建设工程质量管理条例》第 32 条规定:“施工单位对施工中出现质量问题的建设工程或者竣工验收不合格的建设工程,应当负责返修”;第 40 条第 3 款规定:“建设工程的保修期,自竣工验收合格之日起计算”;第 41 条规定:“建设工程在保修范围和保修期限内发生质量问题的,施工单位应当履行保修义务,并对造成的损失承担赔偿责任。”根据该等规定,施工单位在建设工程项目中承担的质量责任包括竣工验收合格前施工过程中的质量责任及竣工验收合格后的保修责任。

按照体系解释,依据上述法律规定,笔者认为《建工司法解释(一)》第 14 条仅是推定发包人转移占有建设工程之日为以建设工程质量合格为前提的竣工之日。建设工程验收合格之后,发包人不得以竣工之日前存在质量问题为由来主张权利,但仍在质保期范围内的保修责任还应由承包人承担。

结合法条之间的逻辑关系,《建工司法解释(一)》是依据《民法典》《建筑法》等法律制定的。《建筑法》第 81 条规定:“本法关于施工许可、建筑施工企业资质审查和建筑工程发包、承包、禁止转包,以及建筑工程监理、建筑工程安全和质量管理的规定,适用于其他专业建筑工程的建筑活动,具体办法由国务院规定。”国务院根据《建筑法》授权及规定制定《建设工程质量管理条例》,因此涉及建设工程质量的规定应优先参照《建设工程质量管理条例》之规定。

综上,笔者认为《建工司法解释(一)》第 14 条限定的是发包人以建设工程质量为由而主张承包人返修、解除合同、拒付工程款及扣减工程款等权利,而并没有免除承包人的正常保修责任。因此,对于发包人擅自使用的建设工程,承包人仍应承担质量保修责任,根据《建工司法解释(一)》第 9 条之规定,此种情形下承包人质量保修期的起算点应当为发包人转移占有建设工程之日。

六、如何认定工程质量缺陷的混合责任

建设工程施工过程中,不论是施工单位、建设单位还是设计单位,均有可能因其作为或不作为而导致工程出现质量缺陷。司法实践中,工程质量缺陷往往是由多个主体的行为综合作用所致,由此就产生了混合责任。混合责任的形成机制可能是“多主体单因素”,也可能是“多主体多因素”。前者指的是多个责任主体实施了单一风险行为导致工程质量缺陷,后者指的是多个责任主体分别

实施不同的风险行为导致工程质量缺陷。

对于混合责任案件，需要查明质量缺陷原因、责任主体及其过错行为对质量缺陷发生的原因力大小，并在此基础上确定责任分担比例，司法实践中往往以百分比的形式呈现责任分担结果。[①]

（一）多主体单因素混合责任

虽然施工环节主要由承包人负责，但一个施工环节往往经由多个主体相互作用完成。比如，承包人采购的建筑材料不合格导致工程出现质量缺陷，而该建筑材料的选择又是经过发包人的审批；承包人完成施工后发现基础工程存在质量缺陷，导致工程整体需要重新加固，但基础工程部分已经过发包人和监理人验收合格并同意继续建造。上述情形下，虽然发包人等其他主体并未直接参与施工，但因其对施工行为的默示或者不作为，间接导致了工程质量缺陷，因此也需要承担相应责任。

◎类案裁判要旨精编

最高人民法院（2018）最高法民终38号二审民事判决书：根据鉴定结论，案涉工程质量不仅存在管线不通问题，还存在指定位置上未设置消火栓，未按设计或规范要求进行施工等问题，对此，施工人G公司存在过错。具体来说，管线工程系隐蔽工程，《合同法》第278条规定："隐蔽工程在隐蔽以前，承包人应当通知发包人检查。发包人没有及时检查的，承包人可以顺延工程日期，并有权要求赔偿停工、窝工等损失"。G公司在二审中虽主张其已经通知发包人J公司及监理公司检查，但是并未提供证据证实，应当承担举证不能的不利后果。G公司作为施工人，对管线不通等质量问题，应当承担主要责任；J公司作为发包人，没有及时检查管线工程质量，也应承担相应的责任。一审法院以无法查明管线不通的原因为由，酌定双方当事人各承担一半责任，是非判断不准，缺乏充分的事实和法律依据。法院酌定，对管线不通部分修复费用，由G公司承担90%的赔偿责任，剩余10%由J公司自行承担。

---

① 参见常设中国建设工程法律论坛第十六工作组：《建设工程质量纠纷裁判指引》，法律出版社2023年版，第258页。

对于工程质量缺陷,发包人以及监理人有义务及时检查并要求承包人予以修复。根据《民法典》第591条规定的减损规则,当施工人导致工程质量缺陷发生后,发包人或监理人等其他主体未及时发现并要求施工人进行修复的,应当承担质量缺陷损失扩大的责任。①

◎类案裁判要旨精编

最高人民法院(2016)最高法民再367号再审民事判决书②:依据鉴定结论,应认定工程质量不合格。但是,J公司在进行施工的过程中,每一道工序,都已由建设单位、设计单位、勘察单位、监理单位、质检单位参与验收,且都是在上述单位认可其上一工序质量合格之后才进入下一工序施工的。现鉴定报告提出的基础工程存在桩底软弱夹层和夹泥裂隙影响主体结构的安全性、桩端扩底和嵌岩深度达不到设计要求等问题,与工程分步验收中的结论明显不符。应当认定,案涉厂房基础工程质量不合格,责任不完全在J公司。根据《合同法》第281条关于"因施工人的原因致使建设工程质量不符合约定的,发包人有权要求施工人在合理期限内无偿修理或者返工、改建"的规定,法院认为,对案涉厂房基础加固措施费用,综合考虑本案具体事实,酌定由J公司承担60%,原审判决判令施工人承担全部维修整改费用不当,法院予以纠正。

(二)多主体多因素混合责任

根据《民法典》第592条所规定的过失相抵规则,如果发包人和承包人均违反施工合同的约定,对于质量缺陷具有过错的,应当按照各自过错分担损失。③

在多个主体的不同行为综合导致工程质量缺陷的情况下,尤其考验法律工作者如何把握其中的因果关系,确定各个主体责任的轻重。侵权责任纠纷是最

---

① 参见《民法典》第591条规定:"当事人一方违约后,对方应当采取适当措施防止损失的扩大;没有采取适当措施致使损失扩大的,不得就扩大的损失请求赔偿。当事人因防止损失扩大而支出的合理费用,由违约方负担。"

② 人民法院案例库案例,入库编号:2023-16-2-115-010。

③ 参见《民法典》第592条规定:"当事人都违反合同的,应当各自承担相应的责任。当事人一方违约造成对方损失,对方对损失的发生有过错的,可以减少相应的损失赔偿额。"

需要进行因果关系认定的案件类型，目前司法实务中倾向于运用相当因果关系规则来认定侵权行为与损害结果之间的因果关系。该规则采取较为客观的判断模式，仅要求查明违法行为与损害事实之间在通常情况下存在因果关系，而不要求绝对因果关系。建设工程施工合同纠纷案件需要认定质量缺陷的责任时，也可以适用相当因果关系规则，即依行为发生时的一般社会经验和知识水平来认定风险行为与质量缺陷之间是否存在因果关系。

◎类案裁判要旨精编

最高人民法院(2012)民提字第20号再审民事判决书①：涉案工程质量出现重大问题，建设单位与施工单位均有过错。H公司在签订合同之前未提交岩土工程详细勘查报告，未提交经过审核的施工图纸；在施工过程中，使用载重汽车参与土方开挖及运输导致道路碾压，一味强调工程造价为不变价，并以Z公司应当采取何种施工方案与建设单位无关为由，对Z公司调整设计方案的建议未予重视与答复，故应承担主要责任。Z公司在没有看到岩土详细勘查报告及经过审核的施工图的情况下，即投标案涉工程，本身就不够慎重，发现特殊地质情况后虽提出建议，但在H公司不予认可之后仍不计后果冒险施工，对桩基出现的质量问题采取了一种放任态度，这种主观状态和做法应得到否定性评价，对工程质量问题承担次要责任。

七、缺陷责任期与质量保修期的内涵与区别

建设工程项目按使用功能可分为房屋建筑工程项目、公路工程项目、铁路工程项目等各类工程项目，建设工程项目通常都关乎社会公共利益。因此，国家对建设工程项目有严格的建设规范和质量要求。

实践中，建设工程项目存在质量问题和缺陷的情形较多，目前我国《民法典》《建筑法》《建设工程质量管理条例》《建设工程质量保证金管理办法》等法律法规通过设立工程质量保修期和缺陷责任期，为建设工程质量安全提供法律保障。

---

① 最高人民法院公报案例，2015年第6期。

然而笔者在处理建设工程合同纠纷案件时发现,建设工程合同、建设工程施工过程中以及法院审理建设工程案件时,存在混淆使用工程质量保修期与缺陷责任期的情形。本节以相关法律规定为基础,结合相关司法裁判案例,旨在厘清工程质量保修期与缺陷责任期的关系界限,为处理此类案件提供实务思路。

(一)概念辨析

1. 缺陷责任期

法律、行政法规并未对缺陷责任期进行规定,因而无法从立法层面对缺陷责任期的含义进行界定。2005 年 1 月 12 日,由原建设部和财政部联合发布的《工程质量保证金管理暂行办法》首次使用了缺陷责任期的概念,主要目的是规范质量保证金的返还。

2016 年 12 月 27 日实施的《建设工程质量保证金管理办法》保留了《工程质量保证金管理暂行办法》对缺陷责任期的规定,并进行了修订。《建设工程质量保证金管理办法》第 2 条规定:“本办法所称建设工程质量保证金是指发包人与承包人在建设工程承包合同中约定,从应付的工程款中预留,用以保证承包人在缺陷责任期内对建设工程出现的缺陷进行维修的资金。

“缺陷是指建设工程质量不符合工程建设强制性标准、设计文件,以及承包合同的约定。缺陷责任期一般为 1 年,最长不超过 2 年,由发、承包双方在合同中约定。”

此外,我国在《建设工程施工合同(示范文本)》(2013 版和 2017 版)中均确立了缺陷责任期制度。《建设工程施工合同(示范文本)》(2017 版)第 1. 1. 4. 4 条对缺陷责任期进行了定义,即缺陷责任期是指承包人按照合同约定承担缺陷修复义务,且发包人预留质量保证金(已缴纳履约保证金的除外)的期限,自工程实际竣工日期起计算。

因此,根据上述规定,缺陷责任期主要是与质量保证金返还相对应的概念,属于发包人预留质量保证金的期限,该期限由双方在施工合同中进行约定,法律并无强制要求。在缺陷责任期内,承包人需要对建设工程出现的缺陷进行维修。如承包人拒绝维修,发包人可以自行或委托第三方维修并有权在质量保证金中扣除维修所需的费用。

2. 质量保修期

建设工程是以高额投资取得长期使用的特殊产品,如在短期使用期限内出现质量问题而无人负责,势必损害发包人的利益,同时对公共安全存在威胁。因此,我国《建筑法》及《建设工程质量管理条例》等规定了质量保修期制度。

根据《建设工程施工合同(示范文本)》(2017 版)第 1. 1. 4. 5 条的规定,质量保修期是指承包人按照合同约定对工程承担保修责任的期限,从工程竣工验收合格之日起计算。

《建筑法》第 62 条对质量保修制度进行了规定,该条规定:"建筑工程实行质量保修制度。

"建筑工程的保修范围应当包括地基基础工程、主体结构工程、屋面防水工程和其他土建工程,以及电气管线、上下水管线的安装工程,供热、供冷系统工程等项目;保修的期限应当按照保证建筑物合理寿命年限内正常使用,维护使用者合法权益的原则确定。具体的保修范围和最低保修期限由国务院规定。"

《建设工程质量管理条例》对质量保修制度进行了进一步细化,对质量保修期的最低期限和起算点进行了规定。《建设工程质量管理条例》第 39 条规定:"建设工程实行质量保修制度。

"建设工程承包单位在向建设单位提交工程竣工验收报告时,应当向建设单位出具质量保修书。质量保修书中应当明确建设工程的保修范围、保修期限和保修责任等。"

《建设工程质量管理条例》第 40 条规定:"在正常使用条件下,建设工程的最低保修期限为:

"(一)基础设施工程、房屋建筑的地基基础工程和主体结构工程,为设计文件规定的该工程的合理使用年限;

"(二)屋面防水工程、有防水要求的卫生间、房间和外墙面的防渗漏,为 5 年;

"(三)供热与供冷系统,为 2 个采暖期、供冷期;

"(四)电气管线、给排水管道、设备安装和装修工程,为 2 年。

"其他项目的保修期限由发包方与承包方约定。

"建设工程的保修期,自竣工验收合格之日起计算。"

(二)缺陷责任期与质量保修期的相同之处

缺陷责任期和质量保修期既有区别又有联系。从时间节点上看,缺陷责任期的时间段与质量保修期相重叠,且往往时间更长。在缺陷责任期内,承包方的保修责任和缺陷责任几乎是完全相同的。

1. 缺陷责任期和质量保修期内的质量维修责任存在重叠

《建设工程质量保证金管理办法》第 9 条规定:"缺陷责任期内,由承包人原因造成的缺陷,承包人应负责维修,并承担鉴定及维修费用。如承包人不维修也不承担费用,发包人可按合同约定从保证金或银行保函中扣除,费用超出保证金额的,发包人可按合同约定向承包人进行索赔。承包人维修并承担相应费用后,不免除对工程的损失赔偿责任。

"由他人原因造成的缺陷,发包人负责组织维修,承包人不承担费用,且发包人不得从保证金中扣除费用。"

《建设工程质量管理条例》第 41 条规定:"建设工程在保修范围和保修期限内发生质量问题的,施工单位应当履行保修义务,并对造成的损失承担赔偿责任。"

根据上述规定,承包人在缺陷责任期内,对于承包人过错造成的缺陷应当履行维修义务;而在质量保修期内,承包人应对发生质量问题的工程承担保修义务,并承担赔偿责任。

2. 修复费用的承担存在相同之处

根据前述规定,在质量保修期和缺陷责任期内,工程修复费用通常由责任方承担。如果工程质量问题是由承包人造成的,那么承包人承担修复费用,并应承担相应的赔偿责任;若是由发包方造成的工程质量问题,承包人只负责修复,相应的修复费用由发包方承担。

(三)缺陷责任期与质量保修期的不同之处

1. 责任期限不同

根据《建设工程质量保证金管理办法》第 2 条第 3 款之规定,缺陷责任期一般为 1 年,最长不超过 2 年,具体期限由双方在施工合同中约定。

《建设工程质量管理条例》第 40 条对质量保修期的最短期限进行了规定,其中基础设施工程、房屋建筑的地基基础工程和主体结构工程,为设计文件规定的该工程的合理使用年限;屋面防水工程、有防水要求的卫生间、房间和外墙面的防渗漏,为 5 年;供热与供冷系统,为 2 个采暖期、供冷期;电气管线、给排水管道、设备安装和装修工程,为 2 年。其他项目的保修期限由发包方与承包方约定。

根据上述规定,缺陷责任期和质量保修期均可以由双方在合同中约定,但是前者最长不得超过 2 年,而后者则可能超过 2 年,如屋面工程的质量保修期最低为 5 年,而主体结构工程和地基基础工程的质量保修期需要满足工程的合理使用年限。

2. 起算时间不同

《建设工程质量保证金管理办法》第 8 条规定了缺陷责任期的起算点,即"缺陷责任期从工程通过竣工验收之日起计。由于承包人原因使工程无法按规定期限进行竣工验收的,缺陷责任期从实际通过竣工验收之日起计。由于发包人原因使工程无法按规定期限进行竣工验收的,在承包人提交竣工验收报告 90 天后,工程自动进入缺陷责任期"。

根据《建设工程质量管理条例》第 40 条第 3 款的规定,质量保修期从建设工程竣工验收合格之日起计算。

根据上述规定可知,缺陷责任期和质量保修期的起算时间不同。缺陷责任期原则上以竣工验收合格之日起计算,但在特殊情况下,缺陷责任期的起算不以工程竣工验收合格为必要条件。但是对于质量保修期而言,竣工验收合格是质量保修期起算的前提条件,法律并未规定例外情形。

3. 与质量保证金的关系不同

缺陷责任期是质量保证金的返还期限,对应质量保证金返还制度。根据《建设工程质量保证金管理办法》第 10 条的规定,缺陷责任期到期后,承包人向发包人申请返还保证金。因此,质量保证金的返还期限最长不得超过 2 年,这与《建工司法解释(一)》关于质量保证金返还期限的规范意旨一致。

《建工司法解释(一)》第 17 条规定:"有下列情形之一,承包人请求发包人

返还工程质量保证金的,人民法院应予支持:

“(一)当事人约定的工程质量保证金返还期限届满;

“(二)当事人未约定工程质量保证金返还期限的,自建设工程通过竣工验收之日起满二年;

“(三)因发包人原因建设工程未按约定期限进行竣工验收的,自承包人提交工程竣工验收报告九十日后当事人约定的工程质量保证金返还期限届满;当事人未约定工程质量保证金返还期限的,自承包人提交工程竣工验收报告九十日后起满二年。

“发包人返还工程质量保证金后,不影响承包人根据合同约定或者法律规定履行工程保修义务。”

而质量保修期与质量保证金的返还无本质的联系,虽然实践中施工合同中通常会约定质量保修期届满后返还质量保证金,部分法院在裁判时也认为合同相应条款有效。但是,没有任何法律将质量保证金返还与质量保修期届满相关联。因此,该等合同约定和司法裁判属于对法律规定的错误解读,并非主流观点。

需要讨论的问题是:施工合同中如果约定工程质量保证金返还期限超过2年,该条款是否有效?对此,实践中主要存在以下两种观点。

第一种观点认为,超过2年的部分无效。

最高人民法院民事审判第一庭倾向于认为:施工合同若约定工程质量保证金返还期限超过2年,则该约定违反了《建设工程质量保证金管理办法》中关于缺陷责任期不得超过2年的规定,超过2年的期限不能认定为缺陷责任期。因此,如果约定工程质量保证金返还期限超过2年,超过2年的部分无效。①

◎类案裁判要旨精编

最高人民法院(2019)最高法民终710号二审民事判决书:保修期制度与质量保证金的缺陷责任期制度不是同一种法律制度,L公司以保修期的相关约定来确定质量保证金的缺陷责任期,缺少法律依据。本案中,因为质量保证

① 参见最高人民法院民事审判第一庭编著:《最高人民法院新建设工程施工合同司法解释(一)理解与适用》,人民法院出版社2021年版,第175页。

金的缺陷责任期自 2014 年 3 月 10 日起算,所以至 2016 年 3 月 9 日止,L 公司应当向 Z 公司返还质量保证金。质量保证金返还后,并不影响案涉工程在保修期内出现质量问题时 L 公司向 Z 公司主张保修的权利。

第二种观点认为,超过 2 年的约定有效,应当尊重当事人约定。

◎类案裁判要旨精编

最高人民法院(2020)最高法民申 5165 号再审民事裁定书:《建设工程质量保证金管理办法》属于部门规章,《建设工程施工合同》关于质量保证金的约定与之不符,并未违反法律、行政法规的强制性规定,不会因此导致质量保证金条款无效。

最高人民法院(2019)最高法民终 557 号二审民事判决书:双方当事人对于质保金的返还期限在《建设工程施工合同》中进行了明确约定,即"质保金在分部工程两年质保期满后退还,防水质保金在五年防水工程质保期满后退还",因本案工程尚有部分地下安装工程需待消防工程完毕后方可施工完成,且五年防水工程质保金的返还期限尚未届满。一审法院结合本案实际情况未予支持 Y 公司质保金返还的请求并无不当。Y 公司主张《建设工程质量保证金管理办法》第 2 条关于"缺陷责任期一般为六个月、十二个月或二十四个月,具体可由发、承包双方在合同中约定"的规定系法律关于质保金返还期限不得超过两年的强制性规定没有依据,法院不予采信,其上诉请求返还工程质保金及利息,法院不予支持。

笔者赞同第一种观点,理由如下:

首先,缺陷责任期制度设计之初的目的之一便是规范质量保证金的返还期限,因此,质量保证金的返还期限应当严格按照缺陷责任期限,最长不得超过 2 年。

其次,实践中对缺陷责任期制度和质量保修期制度的错误解读和适用,导致司法实践中关于质量保证金返还期限的认定存在巨大争议,没有形成统一的法律适用观点,进而增加了当事人对于该项规定的不可预见性,违背质量保证金设立的初衷,不利于实现质量保证金制度的目的,反而成为发包人变相扣除承包人工程款的手段。

再次,在实践中,存在施工合同中约定质量保证金的返还期限应当与主体结构工程和地基基础工程的质量保修期一致的情形，即质量保证金的返还期限可能为50年或70年，此类约定严重违反公平原则，也不合理。

最后，根据《建工司法解释（一）》第17条第2款之规定，发包人返还质量保修金后，不影响承包人根据合同约定或者法律规定履行工程保修义务。该条规定表明质量保证金的返还期限不受质量保修期限的限制，承包人的保修义务不会因质量保证金的返还而结束，发包人仍有权要求承包人按照合同约定或法律规定履行保修义务，发包人的权利仍然可以得到保障。

4. 责任承担范围不同

根据《建设工程质量保证金管理办法》第9条的规定，缺陷责任期内，承包人对于因承包人造成的缺陷均应承担维修责任，并承担维修费用，未对维修范围进行限制。

但是，根据《建设工程质量管理条例》第41条的规定，建设工程在保修范围和保修期限内发生质量问题的，施工单位应当履行保修义务，并对造成的损失承担赔偿责任。因此，施工单位在质量保修期内承担保修责任，需在双方约定的保修范围内，对于虽属于承包人施工范围，但不属于双方约定的保修范围的质量问题，承包人无须履行保修义务。

综合上述分析，缺陷责任期和质量保修期存在诸多交叉重叠之处，司法实践中对二者的适用存在混淆的情形，乱象诸多。立法和司法均应对此问题予以关注，统一法律适用和司法裁判规则。笔者认为，为了统一司法裁判规则，避免法律适用的混乱，司法实践应当采纳质量保证金的返还期限应以缺陷责任期的最长期限为限不得超过2年的观点，将质量保证金的返还期限与质量保修期限加以区分。

八、结算协议签订后发包人是否有权提出工程质量问题索赔？

（一）结算协议的性质

实务中，工程结算可以分为大结算和小结算。① 其中，大结算是对工程款项

① 参见薛枫、韩浩：《建设工程领域结算协议的司法适用——基于结算协议的独立性和终局性视阈》，载《人民司法》2024年第29期。

的全面结算,包含工程所涉的合同价款、调整后的合同价款、索赔事项及金额等内容,具有概括性;而小结算是仅针对工程造价进行结算,并未包含索赔等事项。本节所讨论的结算协议指的是前者。

工程结算时,承包人一般会向发包人递交完整的结算文件,由发包人予以接收并审核,对于工程价款、发票、应扣款等款项逐一确认,最终双方签订结算协议书,明确发包人最终应付金额以及承包人后续履行要求。因此,结算协议是工程结算活动的成果,也是双方意思自治的体现,属于双方对施工合同项下债权债务关系的结算和清理,具有独立于施工合同的效力。在不违背法律、行政法规强制性规定的情况下,双方当事人必须遵守结算协议书,否则需要承担相应的违约责任。

(二)签订结算协议对于工程质量索赔的影响

1. 结算协议具有确认事实的效力,阻却工程造价鉴定申请

基于尊重意思自治和诚实信用原则,以及节约司法资源的考量,《建工司法解释(一)》第 29 条明确规定,发包人与承包人已经在诉讼前签署工程结算协议的情况下,对于一方在诉讼中的工程造价鉴定申请不予准许。根据该规定,在双方已经签署结算协议确定了工程造价的情况下,结算协议所约定的价款即双方确认的事实,任何一方均无法再针对工程造价申请司法鉴定。但是,《建工司法解释(一)》并未明确结算协议签署后能否申请工程质量鉴定以及提出质量索赔。

对于当事人就工程质量、停工窝工损失、工期损失等事项达成结算协议,其中一方事后不服,人民法院是否应当允许鉴定的问题,最高人民法院民事审判第一庭的倾向性意见是:“这些情形都与应支付工程价款数额直接相关,已经作为达成工程价款结算协议的考量因素,在工程价款结算中一并考虑。既然本条规定已经明确在当事人就工程价款结算达成协议情形下,当事人不得事后申请鉴定,作为构成工程价款结算考量因素的工程质量等其他专门性问题,自然一般没有必要再允许当事人申请鉴定”,除非结算协议的签署涉及欺诈、重大误解

或恶意串通。[①]

2. 结算协议是否阻却工程质量索赔

对于结算协议签署后,发包人还能否提出工程质量索赔的问题,实践中存在两种观点。一种观点认为,结算协议签署后,不论工程是否竣工验收,都视为发包人已经接受工程现状,承包人有权请求按照结算协议支付工程价款,不可在结算中扣除相应价款;另一种观点认为,签署结算协议不能证明工程质量已合格,如有相反证据证明工程确实存在由承包人造成的质量问题,则承包人应当承担责任。

结合司法案例,最高人民法院倾向于认为:除非在结算时因存有争议而声明保留,否则结算协议一旦达成,就成为各方进行工程价款清理的最终依据,发包人不应再基于工期不符、工程质量缺陷等理由要求减少工程价款。

◎类案裁判要旨精编

最高人民法院(2017)最高法民再97号再审民事判决书:建设工程施工合同当事人在进行工程竣工结算时,应当依照合同约定就对方当事人履行合同是否符合约定进行审核并提出相应索赔。索赔事项及金额,应在结算时一并核定处理。因此,除在结算时因存有争议而声明保留的项目外,竣工结算报告经各方审核确认后的结算意见,属于合同各方进行工程价款清结的最终依据。一方当事人在进行结算时没有提出相关索赔主张或声明保留,完成工程价款结算后又以对方之前存在违约行为提出索赔主张,依法不予支持。

最高人民法院(2019)最高法民终1980号二审民事判决书:《工作联系函》能够体现Z公司因H公司未按合同约定支付工程进度款而进行停工索赔函告H公司,并附有停工损失金额,该联系函有Z公司的盖章及H公司单位人员的签字,能够证明在案涉工程施工过程中存在停工并导致相关损失的事实。虽然双方于解除协议中约定互不追责,但2015年2月15日结算中,有关于损失的内容,说明Z公司对于损失部分并未放弃主张权利。结合2015年2月15日双方签订的《结算汇总表二》《结算纪要》及附后的《结算争议问

① 参见最高人民法院民事审判第一庭编著:《最高人民法院新建设工程施工合同司法解释(一)理解与适用》,人民法院出版社2021年版,第293页。

题》,双方对于已完工程实体进行结算的工程价款已确认完毕,但还存在其他争议问题,其中包含停工损失、逾期付款利息、提前撤场损失,该附表能够体现损失未计入工程实体结算中,对于该部分双方未进行审定仍存在争议,也能够体现Z公司对于损失部分并未放弃主张权利。

(三)结算协议签订后的工程质量索赔策略

无论是竣工验收报告还是结算协议,其对于工程质量的证明力都不是绝对的,如有相反证据证明工程确实存在由承包人造成的质量问题,则承包人仍需要承担责任。尽管签署结算协议后,发包人难以在工程价款纠纷中以工程质量缺陷为由主张减少工程价款,但仍可以主张由承包人承担保修责任。

只要工程尚在保修期内,承包人就仍需要履行保修义务。若承包人以结算协议确认了工程质量合格为由拒绝履行保修义务,则需要承担违约责任。此时,发包人可以另行起诉,向承包人主张赔偿因修复工程质量缺陷产生的费用。

第五章　建设工程造价结算纠纷处理

一、概述

建设工程造价结算是工程领域利益分配的核心法律机制,其本质是契约自由、技术理性与公共秩序的多重价值博弈。建设工程造价结算也是建设工程领域最为高发的争议焦点。在“十四五”基础设施投资深化与工程总承包模式迭代的背景下,造价争议已从单纯计量分歧演化为法律解释冲突的集中映射:一方面,工程管理的技术性语言(如工程量清单、计价规范)需转化为法律事实的规范性表达;另一方面,行政监管的强制性要求(如建设工程领域中常见的财政评审、审计结论)又与商事主体的意思自治形成结构性张力。

这种技术逻辑与法律逻辑的错位,在固定总价合同价款调整、黑白合同效力认定、结算审计条款解释等争议中尤为凸显。此类问题的司法裁判分歧,暴露出当前规则体系在风险分配、证据评价、条款解释维度上的制度性疏漏。唯有在工程领域的“技术之维”注入法律理性的程序正义与实质公平,方能实现工程建设效率与司法公信力的共洽,最终推动工程造价结算从“争议对抗”向“规则治理”的范式转型。

本章结合相关法律规定、国家规范和司法裁判规则,对建设工程造价与结算实践中发生的主要问题进行分析与论证,以期厘清相关争议,为司法裁判规则的统一作出贡献。

二、建设工程常见的计价方式

(一)工程量清单计价

工程量清单是指建设工程文件中载明项目编码、项目名称、项目特征、计量单位、工程数量等的明细清单。工程量清单计价是国际和国内使用最为广泛的计价方式。工程量清单计价简称“清单计价”，指的是按照《建设工程工程量清单计价标准》（GB/T 50500-2024）（以下简称《工程量清单计价标准》）的规定，在各相应专业工程计量规范规定的工程量清单项目设置和工程量计算规则基础上，针对具体工程的施工图和施工组织设计计算出各个清单项目的工程量，依据规定的方法计算出综合单价，并汇总各清单合价得出工程总价。①

根据《工程量清单计价标准》第3.1.1条的规定，使用财政资金或国有资金投资的建设工程，应按国家及行业工程量计算标准编制工程量清单，采用工程量清单计价；非使用财政资金或国有投资的建设工程，宜按国家及行业工程量计算标准编制工程量清单，采用工程量清单计价。

根据《工程量清单计价标准》第3.1.2条的规定，工程量清单应按分部分项工程项目清单、措施项目清单、其他项目清单、增值税分别编制及计价（如表5-1所示）。因此，实行工程量清单计价的工程，工程造价=分部分项工程费+措施项目费+其他项目费+规费+税金。

表5-1　工程量清单计价费用构成表

工程名称：

序号	汇总内容	金额/元	其中：暂估价/元
0	分部分项工程	33 135 605.2	0
1	其中：人工费	4 426 680.2	
2	其中：材料（设备）暂估价	0	
3	措施项目	9 442 356.52	0
4	其中：人工费	3 270 424.17	
5	其中：安全文明施工费	1 816 242.79	
6	其中：施工垃圾场外运输和消纳费	130 021.85	
7	其他项目	0	
8	其中：暂列金额	0	

① 参见周利明：《解构与重塑：建设工程合同纠纷审判思维与方法》（第2版），法律出版社2021年版，第245页。

续表

序号	汇总内容	金额/元	其中:暂估价/元
9	其中:专业工程暂估价	0	
10	其中:计日工	0	
11	其中:计日工人工费	0	
12	其中:总承包服务费	0	
13	规费	1 558 663.64	
14	社会保险费	1 136 092.61	
15	住房公积金费	422 571.03	
16	其中:农民工工伤保险费	24 476.79	
17	税金	4 413 662.54	
18	工程造价	48 550 287.9	
合计		48 550 287.9	0

工程量清单的清单项目价款确定可采用单价计价、总价计价方式。根据《工程量清单计价标准》第3.2.1条的规定,工程量清单中的分部分项工程项目清单、措施项目清单中,按单价计价方式计价的,应按其工程量数量乘以相应的综合单价计算该工程量清单项目的价格(如表5-2所示)。而工程量清单的清单项目综合单价及合价应为不含增值税的税前全费用价格,由人工费、材料费施工机具使用费、管理费、利润等组成,包括相应清单项目约定或合理范围的风险费,以及不可或缺的辅助工作所需的费用。

表5-2 工程量清单计价中分部分项工程和措施项目计价表

工程名称:1#厂房等8项工程_1#厂房_1#土建

序号	子目编码	子目名称	子目特征描述	计量单位	工程量	综合单价/元	合价/元	其中
								暂估价/元
1	1	土石方工程						
2	010101001001	平整场地	1. 土壤类别:一、二类土 2. 弃土运距:投标人自行考虑 3. 取土运距:投标人自行考虑	m^2	3199	1.53	4894.47	0

续表

序号	子目编码	子目名称	子目特征描述	计量单位	工程量	综合单价/元	合价/元	其中
								暂估价/元
3	010101002001	挖一般土方	1. 土壤类别:一、二类土 2. 挖土深度:13m 以内 3. 弃土运距:自行考虑 4. 施工工艺:大开挖土方(地下室处为喷锚护壁),机械挖土、人工挖土综合考虑报价 5. 工程量为清单工程量,不含放坡量	m^3	12 321.63	59.04	727 469.04	0

一般而言,工程量清单计价方式有如下优点:①

(1)工程量清单均采用综合单价形式,其中包括了工程直接费、间接费、管理费、风险费、利润、规费等,一目了然,更适合工程的招投标。

(2)工程量清单报价要求投标单位根据市场行情和自身实力报价,注重工程单价的分析,在报价中展现出本投标单位的实际能力,从而能在招投标工作中体现公平竞争的原则,选择最优秀的承包商。

(3)工程量清单报价有利于招投标工作,避免招投标过程中有盲目压价、弄虚作假、暗箱操作等不规范行为。

(4)工程量清单报价有利于项目的实施和控制,报价的项目构成、单价组成必须符合项目实施要求,工程量清单报价增加了报价的可靠性,有利于工程款的拨付和工程造价的最终确定。

(5)工程量清单报价有利于加强工程合同的管理,明确发承包双方的责任,实现风险的合理分担,即工程量由发包方或招标方确定,工程量的误差由发包方承担,工程报价的风险由投标方承担。

(二)定额计价

定额计价是指在一定生产条件下,根据生产出一定计量单位的质量合格的

① 参见周利明:《解构与重塑:建设工程合同纠纷审判思维与方法》(第2版),法律出版社2021年版,第246页。

产品所需要消耗的人工、材料、机械台班的数量标准计算出工程总价款的计价方法，主要依据是各地建设行政主管部门定期发布的工程建设定额。工程定额计价方式下，工程造价=直接工程费①+间接工程费②+税金③+利润④。需要注意的是，新的定额并不会替代旧的定额，旧的定额在新的定额颁布后仍有效。

定额是特定时期内社会平均生产力的体现。工程定额是指在正常施工生产条件下，完成一定计量单位产品的人工、材料、机械和资金消费的规定额度，也称工程预算定额、基本建设预算定额或建筑安装工程预算定额。按照编制程序和用途分为施工定额、预算定额、概算定额、概算指标和投资估算指标五种。

(三)定额计价与工程量清单计价的区别

1. 产生背景不同

定额计价是计划经济时代的产物，由政府定价，缺乏市场灵活性。

清单计价是在市场经济竞争背景下形成，其基础来源于企业自主报价，体现了企业之间的良性竞争。

2. 主要计价依据及其性质不同

定额计价的主要计价依据是当地建设行政主管部门发布的《计价定额》《费用定额》，反映的是建筑行业的社会信息平均价。

清单计价的主要计价依据是《工程量清单计价标准》，依据的是投标人内部管理的定额，也称企业定额。

---

① 直接费由直接工程费和措施费组成，直接工程费是指施工过程中耗费的构成工程实体的各项费用，包括了材料费(消耗的材料费总和)、人工费、机械费，即俗称的“人、材、机”三大要素。措施费是指为完成工程项目，发生于该工程施工前和施工过程中非工程实体项目的费用，包括生产工具使用费、测量放线费、临时设施费缩短工期措施费、垂直及超高增加费、大型机械安拆及场外运输费、脚手架搭拆费、安全文明施工费、材料二次搬运费、冬雨季施工增加费等。

② 间接费包括施工管理费和规费。施工管理费一般包括管理人员工资、办公费、固定资产使用费、工具用具使用费、差旅交通费、保险费及其他。规费一般包括工程定额测定费、劳动保险统筹基金、职工医疗保险费、职工待业保险费等。

③ 税金是指国家税法规定的应计入建筑工程造价内的各项税负，包括建筑安装工程造价内的营业税、城市维护建设税、教育费附加、水利建设专项资金及建筑税、增值税等。

④ 利润在定额中为企业投资期望回报。

3. 分部分项工程单价的构成不同

定额计价的项目单价只包括人工、材料、机械费用,反映定额编制时期的社会平均成本。

清单计价是施工企业自定的综合单价,除了人工费、材料费、机械费,还包括企业管理费、利润和必要的风险费,是施工企业报价时的市场价,反映的是企业个别成本。

4. 单位工程造价构成的形式不同

定额计价先计算直接费,再以直接费为基数参照当地工程造价管理机构发布的市场信息费率,计算出企业管理费、利润、规费及税金,进而将各项费用汇总为单位工程造价。

清单计价则是由工程量清单费用、措施项目清单费用、其他项目清单费用、规费、税金等部分组成,前三项分别计算汇总后再按规定计取相应的规费和税金(详见表 5-1 所示)。

(四)其他计价类型的合同

其他计价类型的建设工程施工合同主要分为三类:一是固定总价合同,二是固定单价合同,三是成本加酬金合同。

固定总价合同是指发承包双方约定以合同图纸、已标价工程量清单等进行合同价款计算、调整和确认的建设工程施工合同。固定总价合同在约定的范围内合同总价不做调整,超出风险范围的合同价格可以调整。

固定单价合同是指发承包双方约定以工程量清单、项目特征及其综合单价进行合同价款计算、调整和确认的建设工程施工合同。固定单价合同在约定的范围内合同单价不做调整。

成本加酬金合同是指发承包双方约定以规定的计量、计价依据所确定的工程成本并加按约定方式计算的酬金进行合同价款计算、调整和确认的建设工程施工合同。

三、建设工程造价的举证责任承担

在建设工程领域,承包人起诉发包人支付欠付工程款、发包人起诉承包人返还超付工程款时，法院需认定建设工程的造价，此时法院需对建设工程造价的举证责任在当事人之间进行分配。

《民事诉讼法》第 67 条第 1 款规定："当事人对自己提出的主张，有责任提供证据。"《民事诉讼法解释》第 91 条规定："人民法院应当依照下列原则确定举证证明责任的承担，但法律另有规定的除外：（一）主张法律关系存在的当事人，应当对产生该法律关系的基本事实承担举证证明责任；（二）主张法律关系变更、消灭或者权利受到妨害的当事人，应当对该法律关系变更、消灭或者权利受到妨害的基本事实承担举证证明责任。"因此，民事诉讼领域遵循"谁主张、谁举证"的证明责任分配原则。

建设工程施工合同纠纷最常见的纠纷类型是承包人起诉发包人支付欠付工程款。根据"谁主张、谁举证"的原则，承包人应举证证明发包人欠付工程款的金额，而欠付工程款金额又以建设工程的造价为基础。因此，在此类纠纷类型中，承包人应当对建设工程造价承担举证责任。

在发包人起诉承包人返还超付工程款的案件中，根据"谁主张、谁举证"的原则，发包人应举证证明发包人超付工程款的金额，而超付工程款金额亦以建设工程的造价为基础。因此，在此种纠纷类型中，发包人应当对建设工程造价承担举证责任。

四、建设工程造价司法鉴定程序重要问题

《建设工程造价鉴定规范》（GB/T 51262-2017）第 2.0.1 条规定：工程量造价鉴定指鉴定机构接受人民法院或仲裁机构委托，在诉讼或仲裁案件中，鉴定人运用工程造价方面的科学技术和专业知识，对工程造价争议中涉及的专门性问题进行鉴别、判断并提供鉴定意见的活动。如前所述，建设工程施工合同价款纠纷中，当事人需证明建设工程的造价。而建设工程造价的认定属于专门性问题，司法实践中通常需要法院委托司法鉴定机构通过造价鉴定程序对建设工程的造价进行认定。

（一）造价鉴定程序的启动方式

1. 当事人依申请可以启动造价鉴定程序

《民事诉讼法》第 79 条第 1 款规定："当事人可以就查明事实的专门性问题

向人民法院申请鉴定。当事人申请鉴定的,由双方当事人协商确定具备资格的鉴定人;协商不成的,由人民法院指定。"

通常而言,建设工程造价鉴定由对待证事实负有举证责任的当事人向法院申请,人民法院经审查后认为应启动造价鉴定的,则会同意当事人申请。同时,法律并未限制对待证事实不负举证责任的当事人申请鉴定,在负有举证责任的当事人未提出鉴定申请时,为了查明案件事实,有时案件相对方也会向法院申请造价鉴定。

当事人依申请启动造价鉴定程序的情形下,法院负有向当事人释明鉴定事项的义务。根据《建工司法解释(一)》第 32 条第 1 款的规定,人民法院应当向负有举证责任的当事人释明鉴定事项,如经释明当事人未申请鉴定或虽申请鉴定但未支付鉴定费用或未提供鉴定材料,应当承担举证不能的法律后果。在司法实践中,如一审法院在审理时未向负有举证责任的当事人释明鉴定事项,当事人亦未申请鉴定,导致案涉工程造价争议未查清的,二审法院通常会将案件发回重审。

◎类案裁判要旨精编

最高人民法院(2019)最高法民终 398 号二审民事裁定书:根据《建工司法解释(二)》第 14 条的规定,"当事人对工程造价、质量、修复费用等专门性问题有争议,人民法院认为需要鉴定的,应当向负有举证责任的当事人释明"。JSJG 公司在一审审理中提供了一份《昆明市五华区某村"城中村"改造回迁安置房工程结算审核说明》,以证明 YNAT 公司通过电子邮件向其发送该结算审核说明并在该结算审核说明中确认了停工损失金额,原审法院对该证据未予采信,也未向负有举证责任的一方当事人释明是否通过司法鉴定来确定损失大小,致本案停工损失金额问题未能查清。经法院在二审中向 JSJG 公司释明后,其已向法院申请对案涉工程停工损失进行鉴定……为查清案件事实,维护当事人的实体权利和诉讼权利,本案应予发回重审。

2. 人民法院依职权可以启动造价鉴定程序

《民事诉讼法》第 79 条第 2 款规定:"当事人未申请鉴定,人民法院对专门性问题认为需要鉴定的,应当委托具备资格的鉴定人进行鉴定。"《民诉证据规定》第30条第2款规定:“符合《最高人民法院关于适用〈中华人民共和国民事诉讼法〉的解释》第九十六条第一款规定情形的,人民法院应当依职权委托鉴定。”故法律赋予法院依职权启动造价鉴定程序的权利。

但是,法院并不能任意依职权启动鉴定,法院依职权启动造价鉴定需满足法律规定的条件。根据《民事诉讼法解释》第96条第1款的规定,法院可依职权启动造价鉴定的情形主要包含以下几种:(1)涉及可能损害国家利益、社会公共利益的;(2)涉及《民事诉讼法》第58条规定环境污染等公益诉讼的;(3)当事人有恶意串通损害他人合法权益可能的。

对于当事人未申请造价鉴定且不属于法院依职权启动造价鉴定范围的案件,法院应按照法律规定的举证责任规则判决当事人承担举证不利的法律后果。

◎类案裁判要旨精编

陈某与某建筑公司、某局建设工程施工合同纠纷案[①]:实际施工人无结算依据经释明后仍拒绝司法鉴定的,应当承担举证不能的法律后果。法院在开庭前、庭审中、庭审后四次向陈某释明是否申请对案涉工程造价进行鉴定,但陈某仍坚持不申请,故其应承担举证不能的法律后果,对其主张的诉讼请求,依法不予支持。

(二)建设工程造价鉴定申请的期限

现行法律并未对建设工程造价鉴定申请期间严格限制,当事人申请建设工程造价鉴定的期限较为混乱。《民诉证据规定》第31条第1款规定:“当事人申请鉴定,应当在人民法院指定期间内提出,并预交鉴定费用。逾期不提出申请或者不预交鉴定费用的,视为放弃申请。”由于司法实践的复杂性和多样性,不同案件人民法院指定的期间各不相同,使造价鉴定的申请期间较为混乱,始终未形成确定的期间。

《民事诉讼法解释》第121条第1款规定:“当事人申请鉴定,可以在举证期

① 2023年5月,贵州省高级人民法院发布8起建设工程合同纠纷典型案例之八。

限届满前提出。申请鉴定的事项与待证事实无关联,或者对证明待证事实无意义的,人民法院不予准许。”该条将当事人申请造价鉴定的期间限制在举证期限届满前,但也仅仅规定“可以”而非“应当”。因此,《民诉证据规定》第 31 条规定的“人民法院指定期间”,应当限定在举证期限届满前。

但是,《建工司法解释(一)》更加放宽了当事人申请造价鉴定的期限,该法第 32 条第 2 款规定:“一审诉讼中负有举证责任的当事人未申请鉴定,虽申请鉴定但未支付鉴定费用或者拒不提供相关材料,二审诉讼中申请鉴定,人民法院认为确有必要的,应当依照民事诉讼法第一百七十七条第一款第三项的规定处理。”因此,当事人在一审未申请鉴定的,人民法院认为确有必要的,得以原判决认定基本事实不清为由,将案件发回重审,由发回重审后的一审法院组织当事人启动造价鉴定程序。

上述司法解释关于造价鉴定申请期限不确定的规定,给司法实践造成了很大困扰。首先,可能导致当事人证据突袭、滥用司法权力、阻碍司法活动进程;其次,由于司法实践中案件一审未鉴定的后果多数是使案件发回重审,这无形中会形成负向激励,建设工程施工合同纠纷案件的鉴定启动比例将越来越高,审限将更长,上诉率将更高。①

笔者认为,法律不应保护在权利上睡觉的当事人,更不应保护滥用司法权力的当事人。因此,法律应当对造价鉴定申请期限进行明确的规定,并规定法院负有向当事人释明造价鉴定事项及相关法律后果的义务。如对待证事实负有举证责任的当事人经法院释明后仍不申请造价鉴定的,法院应依法判决其承担举证不利的法律后果。二审诉讼程序中,如负有举证责任的当事人再次申请造价鉴定的,人民法院应驳回其造价鉴定申请,判决其承担举证不利的法律后果。

最后,根据《民事诉讼法解释》第 397 条之规定,人民法院审查再审申请期间,再审申请人申请造价鉴定的,人民法院不予准许。

---

① 参见周利明:《解构与重塑:建设工程合同纠纷审判思维与方法》(第 2 版),法律出版社 2021 年版,第 547 页。

（三）当事人不能启动造价鉴定程序的情形

1. 当事人提出的造价鉴定事项与待证事实无关的，人民法院不予准许

《民事诉讼法解释》第121条第1款规定："当事人申请鉴定，可以在举证期限届满前提出。申请鉴定的事项与待证事实无关联，或者对证明待证事实无意义的，人民法院不予准许。"故当事人申请造价鉴定后，法院需审查鉴定事项的关联性，如与待证事实无关，法院对造价鉴定申请不予准许。

◎**类案裁判要旨精编**

最高人民法院（2021）最高法民申7070号再审民事裁定书：对鉴定申请是否准许，应当由人民法院根据申请鉴定的事项与待证事实关联性决定。本案中，双方在《拆迁安置补偿协议》中约定交付的房屋应达到5A级写字楼标准，但RX公司在二审中自认目前GYRX广场尚未完全达到5A级写字楼的标准，表明"提升房屋品质而增加的成本"并没有实际发生，因此对"开发方提高房屋品质而增加成本"无须通过鉴定证明。二审法院据此不予准许鉴定，并无不当。

2. 当事人对建设工程造价已达成结算协议的，一方当事人又提出造价鉴定申请的，人民法院不予准许

《建工司法解释（一）》第29条规定："当事人在诉讼前已经对建设工程价款结算达成协议，诉讼中一方当事人申请对工程造价进行鉴定的，人民法院不予准许。"故如双方当事人已对工程造价达成一致意见签署结算协议，实践中法院对一方当事人提出的造价鉴定申请通常不予准许。

◎**类案裁判要旨精编**

最高人民法院（2023）最高法民再439号再审民事裁定书：鉴于104号-1鉴定意见系根据FT公司的申请，对案涉工程价款按中标合同约定进行的鉴定，既不符合原《建工司法解释（二）》（已失效）第11条关于数份建设工程施工合同均无效参照实际履行的合同结算工程价款的规定，也不符合该司法解释第12条关于"当事人在诉讼前已经对建设工程价款结算达成协议，诉讼中一方当事人申请对工程造价进行鉴定的，人民法院不予准许"的规定，一、二审

判决对104号-1鉴定意见不予采纳，并无不当。

最高人民法院(2022)最高法民申601号再审民事裁定书：因RW房产公司、ZT建筑公司均应受《某某小区验收、结算及支付协议》的约束，故根据《建工司法解释(二)》(已失效)第12条"当事人在诉讼前已经对建设工程价款结算达成协议，诉讼中一方当事人申请对工程造价进行鉴定的，人民法院不予准许"的规定，二审法院在纠正一审法院错误适用最高人民法院《关于审理建设工程施工合同纠纷案件适用法律问题的解释》第22条"当事人约定按照固定价结算工程价款，一方当事人请求对建设工程造价进行鉴定的，不予支持"的规定后，未支持RW房产公司提出对涉案工程进行造价鉴定的申请并无不当。

3. 当事人对建设工程造价共同委托有关机构、人员出具咨询意见且双方明确表示受该咨询意见约束，一方当事人又提出造价鉴定申请的，人民法院不予准许

《建工司法解释(一)》第30条规定："当事人在诉讼前共同委托有关机构、人员对建设工程造价出具咨询意见，诉讼中一方当事人不认可该咨询意见申请鉴定的，人民法院应予准许，但双方当事人明确表示受该咨询意见约束的除外。"

◎类案裁判要旨精编

最高人民法院(2019)最高法民终557号二审民事判决书：本案中，因TD公司资金短缺，致使其所开发的某项目一直处于停工状态，未能如期交房，引发购房户多次大规模上访。为维护地方稳定，推动后期工程建设，尽快复工达到竣工验收条件，在当地政府住建部门的组织协调下，YJ公司与TD公司达成了《昭阳区住房和城乡建设管理局关于盛某某房地产开发项目建设协调会议纪要》，其中明确约定，工程结算方式为双方共同委托第三方具备甲级资质的工程造价咨询公司对YJ公司报送的7某地块工程结算文件审核，审核确定的工程结算书经三方签字盖章生效。纪要与协议书同等效力，签字就是同意并保证履行义务，并明确如果违约就要按照相关法律规定承担责任。上述约定应当视为双方当事人明确表示受该咨询意见的约束。TD公司现单方申请重新鉴定，不符合会议纪要的精神和结算方式的约定，法院不予准许。

4. 当事人约定按照固定价(包括固定总价与固定单价)结算工程价款,且未超出承包人约定承担的风险范围,一方当事人申请造价鉴定的,人民法院不予准许

《建工司法解释(一)》第28条规定:"当事人约定按照固定价结算工程价款,一方当事人请求对建设工程造价进行鉴定的,人民法院不予支持。"

◎**类案裁判要旨精编**

最高人民法院(2021)最高法民申4372号民事裁定书:在双方签订的《施工合同》《协议》《会议纪要》中,均有关于"固定总价"的约定,表明双方对建设施工的风险有充分预期,已经考虑到合同履行中引起价格变动的诸种因素,在《协议》和《会议纪要》中对部分工程量和价款所做的相应调整,亦并未突破《施工合同》中关于"固定总价"的约定……原审法院在根据北京某建设公司完成的工程量及固定总价的计算方式可以得出工程价款数额的情况下,未同意北京某建设公司关于对工程造价进行鉴定的申请,认定事实和适用法律并无不当。

5. 当事人在建设工程施工合同专用条款中约定发包人无正当理由未在约定期限内对竣工结算文件作出答复视为认可竣工结算文件的,发包人向法院申请造价鉴定的不予准许

《建工司法解释(一)》第21条规定:"当事人约定,发包人收到竣工结算文件后,在约定期限内不予答复,视为认可竣工结算文件的,按照约定处理。承包人请求按照竣工结算文件结算工程价款的,人民法院应予支持。"主流司法裁判规则认为,只有当事人在建设工程施工合同专用条款中进行此项约定,才对双方有约束力。

6. 当事人没有证据或者理由不足以反驳另一方当事人就工程造价事项自行委托有关机构出具的意见的,法院对其提出的造价鉴定申请不予准许

《民诉证据规定》第41条规定:"对于一方当事人就专门性问题自行委托有关机构或者人员出具的意见,另一方当事人有证据或者理由足以反驳并申请鉴定的,人民法院应予准许。"因此,除非当事人对一方当事人自行委托的造价机构出具的造价鉴定意见有证据或者理由足以反驳,否则法院对其提出的造价鉴

定申请不予准许。

◎类案裁判要旨精编

最高人民法院(2019)最高法民终695号二审民事判决书：本案工程造价鉴定由JC公司于诉前单方委托。ZD公司作为具有相关鉴定资质的专业鉴定机构，依据《施工合同》，经现场勘查，剔除未施工内容后，作出《工程造价编制报告》。凉州区交通局不认可该报告，但经一审法院释明，该局不对工程造价申请鉴定，亦未能提交证据证明该报告存在程序违法或结论缺乏依据等不应被采信的情形，应承担举证不能的法律后果。一审法院采信《工程造价编制报告》并据此确定本案工程造价，具有法律依据。

(四)建设工程造价鉴定启动后的主要流程

1. 确定造价鉴定机构

根据《民诉证据规定》第32条的规定，人民法院准许造价鉴定申请的，应当组织双方当事人协商确定具备相应资格的造价鉴定机构，当事人协商不成的，由人民法院指定。人民法院依职权委托造价鉴定的，可以在询问当事人的意见后，指定具备相应资格的造价鉴定机构。

在司法实践中，双方当事人通常无法协商确定造价鉴定机构，法院指定造价鉴定机构的常规做法是在法院的司法鉴定机构库中通过摇号方式选择造价鉴定机构。根据《建设工程造价鉴定规范》第3.2.1条的规定，人民法院委托鉴定机构从事工程造价鉴定业务，不受地域范围的限制。

2. 向造价鉴定机构出具委托书

人民法院确定造价鉴定机构后，应当向鉴定机构出具委托书，委托书应载明鉴定机构名称、鉴定事项、鉴定范围、鉴定目的和鉴定期限。

3. 向造价鉴定机构移交鉴定材料

人民法院向造价鉴定机构出具委托书后，应当向鉴定机构移交鉴定材料，鉴定材料主要是双方当事人提交的案件证据、质证意见、鉴定申请、法院开庭笔录等资料。

根据《民诉证据规定》第34条的规定，移交给鉴定机构的鉴定材料，应当经过当事人质证,未经质证的材料,不得作为鉴定的根据。

4. 造价鉴定机构初步勘验现场

造价鉴定机构接受委托查看法院移交的鉴定材料后,通常会前往现场进行初步勘验,勘验时需要由双方当事人在场并制作勘验笔录。

5. 造价鉴定机构应在正式启动造价鉴定前出具鉴定方案、收费标准

根据最高人民法院《关于人民法院民事诉讼中委托鉴定审查工作若干问题的规定》第 3 条第 8 项的规定,鉴定机构接受委托后,应当提交鉴定方案、收费标准、鉴定人情况和鉴定人承诺书。

6. 造价鉴定机构正式勘验现场,双方当事人补充鉴定证据资料

在司法实践中,造价鉴定机构在最终确定完毕委托内容、鉴定方案、收费事宜后,通常会在法院组织下,与各方当事人一起正式勘验现场,勘验现场后制作勘验笔录,作为鉴定意见的依据。同时,双方当事人在此过程中可能会再次补充鉴定证据资料。

7. 造价鉴定机构出具鉴定意见的征求意见稿

鉴定意见书的征求意见稿并非正式的鉴定意见,属于鉴定机构出具的供双方当事人提异议的过程性意见。征求意见稿不需要鉴定机构盖章、鉴定人员签字。在司法实践中,征求意见稿通常与正式的鉴定意见存在差异,但是调整幅度、内容和范围通常不会太大。

8. 当事人对征求意见稿提出异议

根据《民诉证据规定》第 37 条的规定,人民法院收到造价鉴定书后,应当及时送达当事人。当事人对造价鉴定意见征求意见稿的内容有异议的,应当在人民法院指定期间内以书面方式提出。因此,造价鉴定意见的征求意见稿由鉴定机构提交至法院,法院收到后立即送达给当事人,并要求当事人前期进行审查并提出异议,逾期则视为无异议或者放弃提异议的权利。

在司法实践中,由于造价鉴定征求意见稿内容较为复杂,如当事人认为在法院指定期间无法审查完毕的,可以向法院申请延期。当事人审查完毕后,如对征求意见稿有异议的,应当以书面方式将异议发送给法院。法院收到当事人的异议后,应及时送达鉴定机构,并要求鉴定机构限期进行答复。

9. 鉴定机构对当事人提出的异议进行书面答复

根据《民诉证据规定》第37条的规定，对于当事人的异议，人民法院应当要求鉴定人作出解释、说明或者补充。人民法院认为有必要的，可以要求鉴定人对当事人未提出异议的内容进行解释、说明或者补充。在司法实践中，为了保证尽快推进鉴定程序，法院通常仅允许当事人对鉴定意见的征求意见稿提一次异议。

10. 造价鉴定机构出具正式的鉴定意见书

鉴定机构对当事人提出的异议回复后，结合回复意见，通常会出具正式的鉴定意见书。根据《民诉证据规定》第36条第2款的规定，正式的鉴定意见书应当由鉴定机构盖章，并由从事鉴定的人员签名，并附鉴定机构和鉴定人员的相应资格证明。

《建设工程造价鉴定规范》对造价鉴定期限进行了规定，如表5-3所示。但是，造价鉴定机构因特殊情况需要延长鉴定期限的，也可向人民法院申请延长鉴定期限，是否延长由法院根据具体情况进行决定。在司法实践中，造价鉴定时间通常都比较久，以笔者办理的一起建设工程施工合同纠纷为例，从当事人申请造价鉴定到造价鉴定机构出具正式的鉴定意见书长达18个月。

表5-3 鉴定期限

争议标的涉及工程造价金额	期限/工作日
1000万元以下（含1000万元）	40
1000万元以上3000万元以下（含3000万元）	60
3000万元以上10 000万元以下（含10 000万元）	80
10 000万元以上（不含10 000万元）	100

正式的造价鉴定意见书出具后，法院应及时送达当事人，并要求当事人限期提出质证意见和异议。当事人对正式的鉴定意见有异议的，可以继续提出书面异议。

11. 鉴定人员出庭接受询问

根据《民事诉讼法》第81条的规定，当事人对造价鉴定意见有异议或者人民法院认为鉴定人有必要出庭的，鉴定人应当出庭作证。经人民法院通知，鉴定人拒不出庭作证的,鉴定意见不得作为认定事实的根据;支付鉴定费用的当事人可以要求返还鉴定费用。

在司法实践中,当事人通常都会申请鉴定机构人员出庭,在庭审中对正式鉴定意见进行质证,并就相关问题向鉴定人员询问。同时,当事人通常会申请专家辅助人出庭,就鉴定意见中的专业问题向鉴定人员询问。

12. 鉴定机构庭后出具补充鉴定意见

如当事人对正式的鉴定意见提出的异议有证据证明或合理的,法官也会要求鉴定机构对正式鉴定意见如实进行调整,出具补充鉴定意见,补充鉴定意见也是正式鉴定意见的一部分,对当事人有约束力。

五、固定总价合同工程价款的调整

固定总价也称作"总价包干""一次包死",是指合同当事人约定以施工图、已标价工程量清单或预算书及有关条件进行合同价格计算、调整和确认的价格,在约定的范围内总价不作调整。①

(一)固定总价合同工程价款结算的一般原则

固定总价合同在合同约定的风险范围和风险费用内合同价格不做调整。《建工司法解释(一)》第28条规定:"当事人约定按照固定价结算工程价款,一方当事人请求对建设工程造价进行鉴定的,人民法院不予支持。"

一般认为,双方当事人约定工程价款的形式为固定总价,表明双方对建设工程施工的风险和引起价格变动的各种因素在签署合同时是有预知的,应尊重当事人的意思自治。所以,对于一方当事人提出的对固定总价合同进行造价鉴定的申请,法院不予支持。即使双方均同意对固定总价合同进行鉴定,在没有证据推翻合同约定的情况下,法院仍应坚守合同约定,对当事人提出的造价鉴定申请不予支持。②

① 参见周利明:《解构与重塑:建设工程合同纠纷审判思维与方法》(第2版),法律出版社2021年版,第249页。

② 参见最高人民法院民事审判第一庭编著:《最高人民法院新建设工程施工合同司法解释(一)理解与适用》,人民法院出版社2021年版,第284页。

山东省高级人民法院《关于审理建设工程施工合同纠纷案件若干问题的解答》、四川省高级人民法院《关于审理建设工程施工合同纠纷案件若干疑难问题的解答》和重庆市高级人民法院、四川省高级人民法院《关于审理建设工程施工合同纠纷案件若干问题的解答》等地方高院出具的答复,遵循了最高人民法院的意见,认为当事人约定按照固定价结算工程价款,在合同约定的风险范围和风险费用内,按照合同约定执行,一方当事人请求对工程造价进行鉴定并依据鉴定结论结算的,人民法院不予支持。

◎类案裁判要旨精编

北京某建设公司诉青岛某船舶公司船坞建造合同纠纷案[①]建设工程合同中约定了"固定总价",合同当事人应当按照约定结算工程价款。人民法院在根据已完成工程量及固定总价的计算方式可以得出工程价款数额的情况下,不应再予同意当事人在诉讼中提出的对工程造价进行鉴定的申请。

(二)固定总价合同工程价款可以调整的情形

建设工程施工合同约定固定总价并非意味着工程价款一律不得调整,如前所述,根据最高人民法院司法解释的规定,固定总价只是在合同约定的风险范围和风险费用内对工程价款不做调整,超出风险范围和风险费用的工程价款一般可以调整。

1. 固定总价合同发生设计变更时工程价款调整的原则和方式

对于固定总价合同工程价款因设计变更原因进行调整应适用情势变更原则还是公平原则,实践中有不同的观点,通说认为,适用情势变更原则是有严格的条件限制的,一般不宜适用情势变更原则来调整承包人与发包人双方当事人的利益和风险分配。考虑到当承包人与发包人在履行合同过程中发生了工程设计变更的情况时,确实需要确定一个原则来调整双方当事人的利益,从目前的实际情况出发,还是考虑适用公平原则来调整双方当事人的利益为宜。[②]

---

① 人民法院案例库案例,入库编号:2023-10-2-236-001。

② 参见最高人民法院民事审判第一庭编著:《最高人民法院新建设工程施工合同司法解释(一)理解与适用》,人民法院出版社 2021 年版,第 287~288 页。

固定总价合同发生设计变更时，对于合同风险范围内的变更部分，工程价款不予调整，但是对于合同风险范围外的变更部分，工程价款应予以调整。通常而言，如果合同对于合同风险范围外的设计变更导致的工程价款变更有约定的，依照合同约定进行调整，没有约定或约定不明的，应当由当事人协商解决，不能协商一致的，可以就变更部分参照签订建设工程施工合同时当地建设行政主管部门发布的计价方法或者计价标准结算工程价款。

在举证责任分配方面，主张工程价款调整的当事人应当对合同约定施工的具体范围、实际工程量增减的原因、数量等事实承担举证责任。①

◎类案裁判要旨精编

最高人民法院(2019)最高法民终134号二审民事判决书：一审法院认定BHDS公司对YDSW公司变更设计图纸并进行施工是明知且授意的，并无不

① 参见河北省高级人民法院发布的《建设工程施工合同案件审理指南》第8条规定："合同约定固定价款的，因发包人原因导致工程变更的，承包人能够证明工程变更增加的工程量不属于合同约定固定价范围之内的，有约定的，按约定结算工程价款，没有约定的，可以参照合同约定标准对工程量增减部分予以单独结算，无法参照约定标准结算可以参照施工地建设行政主管部门发布的计价方法或者计价标准结算。主张调整的当事人对合同约定的施工具体范围、实际工程量增减的原因、数量等事实负有举证责任。"

山东省高级人民法院《关于审理建设工程施工合同纠纷案件若干问题的解答》第4条规定："合同约定按照固定总价结算工程价款，实际施工未超出约定施工范围的，应当适用固定价结算。当事人主张施工范围增减的，按照以下情形分别处理：(1)合同有约定的，按照合同约定对增减的工程量进行结算；(2)合同没有约定的，可以参照合同约定标准对工程量增减部分予以单独结算，无法参照约定标准结算的，可以参照施工地建设行政主管部门发布的计价方法或者计价标准结算……主张工程量增减的当事人，对工程量增减是否存在、实际数量及价款承担举证责任。"

北京市高级人民法院《关于审理建设工程施工合同纠纷案件若干疑难问题的解答》第11条规定："建设工程施工合同约定工程价款实行固定总价结算，在实际履行过程中，因工程发生设计变更等原因导致实际工程量增减，当事人要求对工程价款予以调整的，应当严格掌握，合同对工程价款调整有约定的，依照其约定；没有约定或约定不明的，可以参照合同约定标准对工程量增减部分予以单独结算，无法参照约定标准结算的，可以参照施工地建设行政主管部门发布的计价方法或者计价标准结算。主张工程价款调整的当事人应当对合同约定施工的具体范围、实际工程量增减的原因、数量等事实承担举证责任。"

重庆市高级人民法院、四川省高级人民法院《关于审理建设工程施工合同纠纷案件若干问题的解答》第13条规定："因设计变更导致建设工程的工程量或者质量标准发生变化，当事人请求对工程价款予以调整的，如果合同对工程价款调整的计算方法有约定的，依照其约定；没有约定或者约定不明的，由当事人协商解决，不能协商一致的，可以参照合同约定标准对变更部分予以结算，无法参照合同约定结算可以参照工程所在地建设行政主管部门发布的计价方法或者计价标准结算；涉及新材料、新工艺等在建设行政主管部门发布的计价方法或者计价标准中没有规定的项目，可根据市场行情据实结算。"

当。由于鉴定机构分别依据 BHDS 公司和 YDSW 公司的主张作出两个工程造价鉴定结论,在上述事实基础上,一审法院采信鉴定机构依据 YDSW 公司的主张计算得出的工程造价鉴定结论,认定案涉已完工程造价,符合本案实际,并无不当。

最高人民法院(2021)最高法民终 1112 号二审民事判决书:固定总价合同中,工程量变化超过约定或规定范围,导致承包人需要承担工程量变更的风险超出其合理的承受范围,应综合调整计价标准结算工程价款。

2. 固定总价合同人工费、材料费等大幅上涨时工程价款的调整

固定总价合同履行过程中发生人工、材料等费用上涨时,如果合同对人工、材料等费用上涨后调整合同价格有约定的,依照合同约定处理。但是,在实践中,部分固定总价合同约定无论人工、材料等费用如何变化,都不予调整合同价格。该约定的效力往往存在争议,例如,重庆市高级人民法院、四川省高级人民法院《关于审理建设工程施工合同纠纷案件若干问题的解答》第 14 条认为该约定对双方没有约束力。

笔者认为,固定总价合同人工、材料等费用大幅上涨时,承包人可以向发包人主张调整工程价款。理由如下:

第一,《建设工程工程量清单计价规范》(GB 50500-2013)(已失效)第 3. 2. 1 条规定:“采用工程量清单计价的工程,应在招标文件或合同中明确计价中的风险内容及其范围(幅度),不得采用无限风险、所有风险或类似语句规定计价中的风险内容及其范围(度)。”《建设工程工程量清单计价标准》(GB/T 50500-2024)第 3. 3. 1 条也有相同的规定:“建设工程的施工发承包,应在招标文件、合同中明确计量与计价的风险内容及其范围,不得采用无限风险、所有风险或类似语句约定工程计量与计价中的风险内容及范围。”因此,根据国家规范(标准)的规定,固定总价合同不得采用无限风险的表述。虽然上述标准并非效力性强制性规定,固定总价合同违反上述标准并不会导致合同无效。但是,上述标准也为承包人在人工、材料等费用大幅上涨时主张调整合同价款提供了制度支持。

第二,最高人民法院《关于依法妥善审理涉新冠疫情民事案件若干问题的指导意见(二)》第 7 条第 2 款规定:“疫情或者疫情防控措施导致人工、建材等成本大幅上涨,或者使承包方遭受人工费、设备租赁费等损失,继续履行合同对承包方明显不公平,承包方请求调整价款的,人民法院应当结合案件的实际情

况,根据公平原则进行调整。”如果固定总价合同履行期间在新冠肺炎疫情期间的,发生人工、材料费用上涨时,承包人可据此要求发包人调整合同价款。

第三,《建设工程工程量清单计价标准》(GB/T 50500-2024)第8.7.3条规定:“若不属于合同约定调整的人费,材料费、施工机具使用费中的燃料动力费的其他材料费市场价格出现异常变动,且是发承包双方在订立合同时无法预见的重大变化,继续履行合同对于受不利影响的合同一方明显不公平的,发承包双方可按风险合理分担原则,协商合同风险幅度或费用分担比例,承担相关部分的增(减)价差或据实调整合同价格。”

第四,最高人民法院法官谢勇认为:固定总价合同履行过程中,主材价格或者人工费发生变化,当事人要求对工程价款予以调整的,一般不应准许。主材价格和人工费变化是建筑市场正常的市场风险,是当事人在签订建设工程施工合同时应当考虑的因素。但如果主材价格和人工费出现的重大变化属于情势变更,则依照民法典关于情势变更的规定处理。①

第五,部分地方高级人民法院关于建设工程施工合同纠纷的司法意见认为,对于材料等价格发生重大变化,超出了正常市场风险范围的,如果合同对材料价格变动没有约定或约定不明的,当事人请求调整工程价款的,可在市场风险范围和幅度外酌情予以支持。②

① 参见谢勇:《建设工程施工合同工程款及利息的司法保护》,载《理论周刊》第691期。

② 参见北京市高级人民法院《关于审理建设工程施工合同纠纷案件若干疑难问题的解答》第12条规定:“固定价合同履行过程中,主要建筑材料价格发生重大变化,当事人要求对工程价款予以调整的,如何处理?建设工程施工合同约定工程价款实行固定价结算,在实际履行过程中,钢材、木材、水泥、混凝土等对工程造价影响较大的主要建筑材料价格发生重大变化,超出了正常市场风险的范围,合同对建材价格变动风险负担有约定的,原则上依照其约定处理;没有约定或约定不明,该当事人要求调整工程价款的,可在市场风险范围和幅度之外酌情予以支持;具体数额可以委托鉴定机构参照施工地建设行政主管部门关于处理建材差价问题的意见予以确定。因一方当事人原因导致工期延误或建筑材料供应时间延误的,在此期间的建材差价部分工程款,由过错方予以承担。”

重庆市高级人民法院、四川省高级人民法院《关于审理建设工程施工合同纠纷案件若干问题的解答》第14条规定:“建设工程施工合同约定工程价款实行固定价结算,在履行过程中主要建筑材料价格发生重大变化,当事人请求对工程价款进行调整如何处理?答:固定价施工合同履行过程中,钢材、水泥等对工程造价影响较大的主要建筑材料价格发生重大变化,超出了正常市场风险范围,合同对建材价格变动风险调整计算方法有约定的,依照其约定调整;没有约定或约定不明,当事人请求调整工程价款的,参照《民法典》第五百三十三条的规定处理。因承包人原因致使工期或建筑材料供应时间延误导致的建材价格变化风险由承包人承担,承包人要求调整工程价款的,人民法院不予支持。固定价合同中约定承包人承担无限风险、所有风险或者类似未明确风险内容和风险范围的条款,对双方没有约束力。”

因此,笔者认为,固定总价合同即使约定了人工费、材料费等费用无论如何变化都不予调整。但是,当人工费、材料费出现了大幅涨价的情形,不予调整对承包人严重不公平时,为了确保建设工程的质量,承包人仍然可以向发包人主张调整合同价款,人民法院应当按照公平原则或者情势变更规则对合同价款予以调整。对于人工、材料价格大幅上涨标准的认定,不论是《建设工程工程量清单计价规范》(GB 50500-2013)(已失效)还是最新颁布的《建设工程工程量清单计价标准》(GB/T 50500-2024),都规定人工、材料费涨幅超过5%,机械费涨幅超过10%,属于价格大幅上涨。

3. 固定总价合同工程量清单发生缺项时工程价款的调整

根据《建设工程工程量清单计价规范》(GB 50500-2013)(已失效)的规定,招标人应当对工程量清单的完整性负责,如工程量清单发生缺项时,发承包双方应对合同价款进行调整。因此,固定总价合同工程量清单发生缺项时,承包人可以向发包人主张调整工程价款。

《建设工程工程量清单计价规范》(GB 50500-2013)(已失效)第4.1.2条规定:“招标工程量清单必须作为招标文件的组成部分,其准确性和完整性由招标人负责。”第9.5.1条规定:“合同履行期间,出现招标工程量清单项目缺项的,发承包双方应调整合同价款。”

但是,2024年12月30日颁布的《建设工程工程量清单计价标准》(GB/T 50500-2024),对固定总价合同工程量清单缺项的责任承担主体进行了调整。其第3.1.8条规定:“……采用总价合同的工程,已标价分部分项工程项目清单的准确性、完整性应由承包人负责。建设工程无论是采用单价合同或总价合同,措施项目清单的完整性及准确性均应由承包人负责。”第4.1.6条规定:“采用总价合同的工程量清单,如工程量清单存在缺陷的,清单缺陷引起的价款变化应视为已包含在合同总价内,合同履行中不予调整。”

笔者认为,对于《建设工程工程量清单计价标准》(GB/T 50500-2024)颁布后新建、改建或扩建的工程,固定总价合同工程量清单的缺项引起的价款变化应视为已包含在合同总价中,不予调整合同价款,该风险应由承包人承担。对于《建设工程工程量清单计价标准》(GB/T 50500-2024)颁布前的工程,根据法不溯及既往的原则,仍应适用《建设工程工程量清单计价规范》(GB 50500-

2013)(已失效)的规定,由招标人对工程量清单缺项承担责任,固定总价合同出现工程量清单缺项时,总价应予以调整,该风险由发包人承担。

◎类案裁判要旨精编

最高人民法院(2019)最高法民终379号二审民事判决书:案涉合同系固定总价合同,但案涉合同价款并非完全不可调整。综合考虑,案涉工程已验收合格并实际交付YT公司使用,JYX就工程量清单与图纸差额部分已实际付出成本与劳动,YT公司作为案涉工程的实际使用者与受益方,依公平原则,应就大部分款项承担支付义务。故法院对一审法院酌定已完工部分差额中的80%,属YT公司应当支付工程款的处理意见,予以认可。

(三)固定总价合同下未完工程造价的认定

固定总价合同承包人未完工中途退场的,如已施工工程质量合格,承包人有权向发包人主张工程款,此时,如双方无法协商一致,对工程价款的确定只能通过鉴定进行。

在实务中,对于未完工的工程造价如何确定,比较常见的有以下几种方式:

第一种方式是根据实际完成的工程量,按照建设工程当地建设行政主管部门颁发的定额取费标准计算工程价款。

第二种方式是由鉴定机构在相应同一取费标准下分别计算出已完工程部分的价款和整个合同约定工程的总价款,两者对比计算出相应系数,再用合同约定的固定价乘以该系数确定发包人应付的工程款。①

第三种方式是由鉴定机构根据工程所在地的建设工程定额及相关配套文件确定已完工程占整个工程的比例,再用合同约定的固定总价乘以该比例确定

① 参见北京市高级人民法院《关于审理建设工程施工合同纠纷案件若干疑难问题的解答》第13条规定:“固定总价合同履行中,承包人未完成工程施工的,工程价款如何确定?建设工程施工合同约定工程价款实行固定总价结算,承包人未完成工程施工,其要求发包人支付工程款,经审查承包人已施工的工程质量合格的,可以采用‘按比例折算’的方式,即由鉴定机构在相应同一取费标准下分别计算出已完工程部分的价款和整个合同约定工程的总价款,两者对比计算出相应系数,再用合同约定的固定价乘以该系数确定发包人应付的工程款。当事人就已完工程的工程量存在争议的,应当根据双方在撤场交接时签订的会议纪要、交接记录以及监理材料、后续施工资料等文件予以确定;不能确定的,应根据工程撤场时未能办理交接及工程未能完工的原因等因素合理分配举证责任。”

发包人应付的工程价款。①

第四种方式是通过鉴定确定已完工程的工程量,计算出已完工程的工程量占全部工程量的比例,再乘以合同约定的固定总价款得出已完工程的工程价款。

目前司法实践主流观点认为应当采纳第四种方式。首先,这种方式在实践中比较有可操作性;其次,以同一标准确定已完工程占全部工程的比例,比较科学;最后,这种计算方式既能反映当事人通过合同表达出的真实意思,也能反映施工的客观情况。②

例如,《河北省高级人民法院建设工程施工合同案件审理指南》第 9 条规定:"建设工程施工合同约定工程款实行固定价,如建设工程尚未完工,当事人对已完工程造价产生争议的,可将争议部分的工程造价委托鉴定,但应以合同约定的固定价为基础,根据已完工工程占合同约定施工范围的比例计算工程款。即由鉴定机构在同一取费标准下分别计算出已完工程部分的价款和整个合同约定工程的总价款,两者对比计算出相应系数,再用合同约定的固定价乘以该系数,确定工程价款。当事人一方主张以定额标准作为造价鉴定依据的,人民法院不予支持。"

◎类案裁判要旨精编

江西省高级人民法院(2022)赣民再 74 号再审民事判决书③:发包人与承包人约定按照固定价结算工程价款的,因工程设计变更导致承包人未完成合同约定的工程量时,已完工部分经验收质量合格的,可以采用"按比例折算"的方式,即计算已完工部分的工程量和整个合同约定的总工程量的比例系数,再用合同约定的固定价乘以该系数确定发包人应付的工程价款。

---

① 参见重庆市高级人民法院、四川省高级人民法院《关于审理建设工程施工合同纠纷案件若干问题的解答》第 15 条规定:"约定工程价款实行固定总价结算的施工合同,在未完成施工即终止履行,如何结算? 答:建设工程施工合同约定工程价款实行固定总价结算,在未全部完成施工即终止履行,已施工部分工程质量合格,承包人要求发包人支付工程价款的,可以采用'价款比例法'的方式,由鉴定机构根据工程所在地的建设工程定额及相关配套文件确定已完工程占整个工程的比例,再用合同约定的固定总价乘以该比例确定发包人应付的工程价款。"

② 参见最高人民法院民事审判第一庭编著:《最高人民法院新建设工程施工合同司法解释(一)理解与适用》,人民法院出版社 2021 年版,第 289 页。

③ 人民法院案例库案例,入库编号:2023-16-2-115-003。

六、"黑白合同"结算依据的确定

在工程结算环节，对于存在"黑白合同"情形时如何确定结算依据，应当根据所涉工程是否属于强制性招标项目分情况讨论：

（一）强制性招标项目中存在"黑白合同"时的结算依据

1.“白合同”有效时，以“白合同”（备案的中标合同）作为结算依据，排除“黑合同”的效力

在当事人双方签订的中标合同（“白合同”）系合法有效的前提下，双方又另行签订的与中标合同（“白合同”）实质性内容不一致的“黑合同”，对于此种情形，根据《民法典》第153条的规定，因违反《招标投标法》第46条中标后不得订立背离合同实质性质内容的协议的强制性规定而无效。根据《建工司法解释（一）》第2条第1款、第22条的规定，应当适用中标合同（“白合同”）作为结算依据。

法律如此规定的原因在于，强制招标项目涉及社会公共利益，招投标程序的法定性旨在确保公平竞争、防止腐败和价格操控。若允许“黑合同”替代备案的“白合同”，将破坏招投标制度的公信力，损害其他投标人的合法权益，扰乱建筑市场秩序。

◎类案裁判要旨精编

最高人民法院（2012）民申字第1539号再审民事裁定书：最高人民法院《关于审理建设工程施工合同纠纷案件适用法律问题的解释》第21条规定是为了维护建筑市场公平竞争秩序，防止当事人通过签订“黑白合同”作为不正当竞争的手段，损害国家、社会公共利益和个人利益。本案当事人另行订立的合同，虽然是当事人真实意思表示，也签订在中标合同之前，在中标合同之后还进行了重新确认和补充，但其合同形式不合法，不论其是否被实际履行，均不产生变更经过备案的《建设工程施工合同文本》的法律效力。当事人签订中标合同后，经双方协商一致，可以变更合同内容，但应当及时到有关部门备案，如果未到有关部门备案，就不能成为结算的依据，因此二审判决认定案涉工程以中标合同作为结算工程价款的依据，并无不当。

最高人民法院(2019)最高法民终1356号二审民事判决书:总承包合同关于工程价款的约定因与投标文件不一致而无效,案涉工程价款应当以中标合同作为结算依据。

最高人民法院(2021)最高法民终450号二审民事判决书:《商务合同》签订在《中标通知书》之后,约定的工程价款和《中标通知书》载明的工程价款不一致,根据上述司法解释的规定,应当以《中标通知书》载明的金额认定合同内工程价款。A公司主张是由于设备采购部分减少致使工程价款减少,但对此未提交充分证据证明。A公司主张工程价款的降低是双方合意达成,不会扰乱招投标秩序,但招投标过程中,工程价款是确定投标方的一个重要考虑因素,在中标之后双方任意改变工程价款的行为违反《招标投标法》规定的公开、公平、公正和诚实信用的原则,故A公司以此为由主张以变更后的金额作为结算依据的理由不能成立。

2. "黑白合同"均无效时,以实际履行或市场价作为结算依据

在"未招先定"、虚假意思表示等原因导致"白合同"无效时,[①]"黑合同"亦因项目系必须招投标项目而未经过招投标,违反法律强制性规定而无效。此时,《建工司法解释(一)》第24条规定,当事人就同一建设工程订立的数份建设工程施工合同均无效,但建设工程质量合格,一方当事人请求参照实际履行的合同关于工程价款的约定折价补偿承包人的,人民法院应予支持。实际履行的合同难以确定,当事人请求参照最后签订的合同关于工程价款的约定折价补偿承包人的,人民法院应予支持。

该规定背后有着丰富的法理依据:第一,合同无效后的返还与补偿。根据《民法典》第157条之规定,民事法律行为无效后,行为人因该行为取得的财产应当予以返还,不能返还或者没必要返还的,应当折价补偿。有过错的一方应当赔偿对方由此所受到的损失;各方都有过错的,应当各自承担相应的责任。法律另有规定的,依照其规定。建设工程施工领域承包人的投入都已被物化为

① 具体无效情形参见本书第二章关于"黑白合同"的效力认定。

建设工程组成部分，客观上已经不能返还，只能折价补偿。[①] 第二，尊重当事人真实意思表示。当事人在履行合同中，通过履约行为对合同的具体内容进行了确认和选择，实际履行的合同往往最能体现双方的交易意图。即使合同因各种原因无效，但当事人在实际履行中所表现出的对工程范围、价款、质量、工期等关键事项的认可，是双方真实意愿的体现，参照实际履行的合同结算，是对当事人意思自治的尊重，符合民法的基本精神。第三，减少争议和维护交易稳定。实际履行的合同结算方式往往与市场行情和双方在交易中的实际约定更为接近，使双方的交易结果符合市场的正常价值判断，有利于维护建筑市场的正常交易秩序和交易稳定。此外，在合同无效的情况下，如果不参照实际履行的合同结算，就需要寻找其他复杂的结算标准或方式，这会增加当事人之间的争议和纠纷解决的难度，也不利于司法资源的节约和效率的提高。总之，法律规定参照实际履行的合同结算，并不是对签订无效合同行为的鼓励，而是在合同无效的特殊情况下，为了实现公平、维护交易稳定、提高效率等目标，在各种利益和价值之间进行的一种平衡和选择。法律通过这种规定，引导当事人在合同履行过程中遵循诚实信用原则，尽量减少无效合同的产生，并在出现无效合同的情况下，合理解决纠纷，保障各方的合法权益。

◎类案裁判要旨精编

黑龙江省高级人民法院（2021）黑民终459号二审民事判决书[②]：在建设工程施工合同纠纷案件中，当事人就同一建设工程订立数份建设工程施工合同的情形较多。一旦产生争议，在数份合同均无效的情况下，人民法院依据哪份合同作出裁决，对当事人的实体权益影响较大。对于工程价款约定不同的多份合同，可结合当事人的身份、签订合同目的、履行各合同权利义务等情况综合分析认定实际履行的合同。

吉林省高级人民法院（2014）吉民再字第14号再审民事判决书[③]：双方当事人就同一建设工程签订的数份施工合同均被认定无效时，应通过双方订立

---

① 参见最高人民法院民事审判第一庭编著：《最高人民法院新建设工程施工合同司法解释（一）理解与适用》，人民法院出版社2021年版，第244页。

② 人民法院案例库案例，入库编号：2024-07-2-115-001。

③ 人民法院案例库案例，入库编号：2023-16-2-115-008。

合同的磋商过程、合同文字的表述、合同履行情况、诉讼过程中的权利主张，以及各方面综合因素考虑，探究双方当事人的真实意思表示，并以此作为工程款结算的依据。无资质的实际施工人不能按照定额标准结算工程款，除非发包人与承包人协商一致，将依据定额结算工程款作为合同内容的一部分。固定价款合同履行中客观情况发生重大变化并不当然适用情势变更原则，而要考虑这种重大变化是否可以预见，以及能否导致订立合同的基础动摇或丧失。

最高人民法院(2011)民一终字第62号二审民事判决书：本案所涉合同约定承包范围内固定造价。案涉建设工程已经竣工验收并交付使用，ST公司主张参照合同约定支付工程价款，于法有据，应予支持。《建设工程施工合同》约定的工程价款并非双方当事人的真实合意，亦与工程实际造价差距巨大，无法作为结算双方工程价款的参照标准。双方实际履行的《工程总承包补充协议》约定的工程价款数额，体现了双方当事人对工程价款一致的意思表示，作为结算工程价款的参照标准，更符合本案的实际情况及诚实信用原则。

最高人民法院(2017)最高法民终175号二审民事判决书①：最高人民法院《关于审理建设工程施工合同纠纷案件适用法律若干问题的解释》第21条规定，当事人就同一建设工程另行订立的建设工程施工合同与经过备案的中标合同实质性内容不一致的，应当以备案的中标合同作为结算工程价款的依据，其适用前提应为备案的中标合同合法有效，无效的备案合同并非当然具有比其他无效合同更优先参照适用的效力。在当事人存在多份施工合同且均无效的情况下，一般应参照符合当事人真实意思表示并实际履行的合同作为工程价款结算依据；在无法确定实际履行合同时，可以根据两份争议合同之间的差价，结合工程质量、当事人过错、诚实信用原则等予以合理分配。

最高人民法院(2016)最高法民申1285号再审民事裁定书：最高人民法院《关于审理建设工程施工合同纠纷案件适用法律问题的解释》第21条适用的前提是中标合同有效。在就同一建设工程分别签订的多份施工合同均被认

① 最高人民法院公报案例，2018年第6期。

定无效后，按照该司法解释第2条的规定，仍应参照合同约定结算工程价款。具体参照哪一份合同，则应从平衡双方当事人的利益关系、便于审理的因素考虑，根据当事人的真实意思和实际履行情况决定。

（二）非强制招标项目中存在“黑白合同”时的结算依据

1. 非强制招标项目但实际履行招投标程序时的结算依据

主流观点（最高人民法院第五巡回法庭2019年第44次法官会议纪要等）认为，即使是不属于强制招标的项目，一旦进行了招投标，也必须遵守《招标投标法》的相关规定。因此，非强制性招标项目在履行招投标程序后，出现内容不一致的合同时，根据《建工司法解释（一）》第23条的规定，应当以中标合同（“白合同”）作为结算依据。不能以背离其实质性内容的其他协议（“黑合同”）作为结算工程价款的依据但发包人与承包人因客观情况发生了在招标投标时难以预见的变化而另行订立建设工程施工合同的除外。

《招标投标法》第2条明确规定，在境内进行招标投标活动，适用本法。这说明无论是必须招标项目还是非必须招标项目，只要采用招投标方式，就应纳入《招标投标法》的调整范围。该条并未区分必须招标和非必须招标工程项目的招投标活动，而是从管辖的地域范围上进行限定，规定清楚明确，不存在其他解释。[①] 一种观点认为，对于非强制招标的项目适用《招标投标法》相关规定，其法理在于：首先，保障公平竞争环境。招投标制度的关键意义在于其公开、公平和公正的特性。即便是那些并非必须进行招标的项目，一旦决定采用招投标形式，便会吸引众多潜在投标人参与。严格遵循《招标投标法》，能够保证所有投标人在同等条件下开展竞争，避免招标人借助“黑合同”等不正当途径，与特定投标人私下达成交易，进而损害其他投标人公平竞争的权益。其次，维护当事人合法权益。其他投标人出于对《招标投标法》所构建的公平、公正规则的信任，投身于招投标活动，并投入了时间、精力与成本。倘若招标人能够随意凭借“黑合同”变更招标结果或者实质性内容，那么其他投标人的权益将难以得到维

① 参见最高人民法院民事审判第一庭编著：《最高人民法院新建设工程施工合同司法解释（一）理解与适用》，人民法院出版社2021年版，第235~236页。

护,其合理期待落空,这无疑会严重损害投标人参与招投标活动的积极性。最后,彰显契约精神与诚信准则。当事人选择以招投标方式订立合同时,就表明其自愿接受《招标投标法》所规定的程序和规则的制约,而不能将招投标程序视为可有可无的存在,合同自由存在法律的边界,不能以合同自由作为签订背离中标合同实质性内容的借口。①

此观点一是体现了私益与公益平衡的理念。建设工程项目招投标不仅关乎施工合同双方的利益,还涉及竞争秩序的维护以及公平价值的弘扬。以备案合同作为结算工程款项的依据,有利于维护竞争秩序,促进公平与正义。二是有利于规范建筑市场。最低价中标这一问题长期以来在建筑市场饱受诟病。其根本原因在于建筑市场的主要参与者不重视招投标合同。依据中标合同进行结算能够维护招投标的权威性,引导各方理性投标,并遏制盲目行为。②

◎类案裁判要旨精编

最高人民法院(2019)最高法民终1356号二审民事判决书:《招标投标法》第46条第1款规定是贯彻合同法关于合同订立一般规定的特别规定,无论必须招标项目或非必须招标项目,均应一体适用,以维护招投标订约程序的严肃性、有效性及招投标市场的信用和秩序。当事人一经选择适用招投标程序订立合同,即使非必招项目,除符合前引司法解释第9条但书条款外,"不得再行订立背离合同实质性内容的其他协议"。该司法解释第1条、第9条和第10条均体现了这一立法意旨,进一步强化了中标合同的严肃性和权威性。

另一种观点认为,虽然发包人是通过招投标程序确定的承包人,但工程为非必须招投标项目,双方另行签订的施工合同是双方真实意思表示,并为双方实际履行,故不存在"黑白合同"问题。

◎类案裁判要旨精编

最高人民法院(2015)民申字第280号再审民事裁定书:该案工程既非大型基础设施、公用事业等关系社会公共利益、公众安全的项目,亦非全部或者部

① 参见最高人民法院民事审判第一庭编著:《最高人民法院新建设工程施工合同司法解释(一)理解与适用》,人民法院出版社2021年版,第236~237页。

② 参见潘军锋:《建设工程价款结算审判疑难问题研究》,载《法律适用》2019年第5期。

分使用国有资金投资或者国家融资的项目，更非使用国际组织或者外国政府贷款、援助资金的项目，即不属《招标投标法》第3条规定必须进行招标的建设项目。据此，上述《建设工程施工合同》在《中标通知书》前签订，虽然违反《招标投标法》第43条规定，但不必然无效，二审判决认定有效，适用法律并无不当。因此，最高人民法院《关于审理建设工程施工合同纠纷案件适用法律问题的解释》第16条规定，当事人对建设工程的计价标准或者计价方法有约定的，按照约定结算工程价款；因设计变更导致建设工程的工程量或者质量标准发生变化，当事人对该部分工程价款不能协商一致的，可以参照签订建设工程施工合同时当地建设行政主管部门发布的计价方法或者计价标准结算工程价款。

2. 非强制招标项目且未履行招标程序时的结算依据

对于非强制招标项目，且事实上也未进行招投标活动的，不存在“黑白合同”问题。若项目存在签订了多份施工合同的情形，且该多份合同均无违反法律、行政法规强制性规定的，不存在《民法典》规定的其他合同无效的情形，则都属于有效合同，结算时应结合双方对项目工程的实际履行情况，并尊重当事人的约定，且合同不因备案而具有优先效力。

北京市高级人民法院《关于审理建设工程施工合同纠纷案件若干疑难问题的解答》第15条规定，法律、行政法规规定不是必须进行招标的建设工程，实际也未依法进行招投标，当事人将签订的建设工程施工合同在当地建设行政管理部门进行了备案，备案的合同与实际履行的合同实质性内容不一致的，应当以当事人实际履行的合同作为结算工程价款的依据。

七、建设工程施工合同工程量增加部分的造价认定

(一)有约定按约定

新增工程的价格应当先由发包方和承包方协商确定。若双方在合同中已经明确新增工程的计价标准或方法，则优先按照合同约定计算。

《建工司法解释(一)》第19条第1款规定：“当事人对建设工程的计价标准或者计价方法有约定的，按照约定结算工程价款。”

《民法典》第 510 条规定："合同生效后，当事人就质量、价款或者报酬、履行地点等内容没有约定或者约定不明确的，可以协议补充；不能达成补充协议的，按照合同相关条款或者交易习惯确定。"

（二）合同没有约定，且协商不成时，可以参照签订建设工程施工合同时当地建设行政主管部门发布的计价方法或者计价标准结算工程价款，也可以参照合同对原工程与新增工程类似部分的约定

若双方对工程量存在争议，根据《建工司法解释（一）》第 20 条的规定，当事人对工程量有争议的，按照施工过程中形成的签证等书面文件确认。承包人能够证明发包人同意其施工，但未能提供签证文件证明工程量发生的，可以按照当事人提供的其他证据确认实际发生的工程量。

对于如何确认新增工程的价格，《建工司法解释（一）》第 19 条第 2 款规定："因设计变更导致建设工程的工程量或者质量标准发生变化，当事人对该部分工程价款不能协商一致的，可以参照签订建设工程施工合同时当地建设行政主管部门发布的计价方法或者计价标准结算工程价款。"该条规定的是"可以"参照而非"应当"参照，实务中也存在其他认定新增工程价款的方式。最高人民法院在《最高人民法院新建设工程施工合同司法解释（一）理解与适用》一书中对该问题表示：对于合同外工程量的增加，可以依据财政部、原建设部发布的《建设工程价款结算暂行办法》的规定，首先应参照其他相似工程部分价款结算的合同约定处理，如果合同中无约定或者约定不明的，可以参照当地建设行政主管部门发布的价款结算计价方法和标准处理。① 此做法的理由在于，新增工程项目并非包含在施工合同范围内，因此并不包含在原合同价格计算的合意内，双方对新建项目的工程价款或计价标准并没达成合意。因此，按市场价或定额标准计价符合公平原则，至于参照合同中类似工程项目进行计价的观点，尽管司法实践中多地法院支持该观点，但也有反对观点认为此种推定有违当事人意思自治，承包人的投标文件认可的价格包含多种因素，如为确保中标而适当压

---

① 参见最高人民法院民事审判第一庭编著：《最高人民法院新建设工程施工合同司法解释（一）理解与适用》，人民法院出版社 2021 年版，第 194 页。

低价格、适当让利等,类推适用合同中类似项目计价不能体现出承包人的真实意思。①

笔者认为,参照合同中类似项目计价具有合理性。首先,《建工司法解释(一)》第19条第2款规定的是“可以参照”而非“应当参照”,相较于当地行政主管部门发布的计价方法或计价标准,类似项目的计价约定更能体现当事人的真实意思表示。其次,从效率和解决纠纷的角度来讲,参照合同约定确定价格,可节省司法资源,提高司法效率,明确的合同依据也更有利于解决纠纷。最后,参照合同约定确定价格相对公平,政府定价具有滞后性,往往并不能提供最符合当下市场的价格标准,参照合同约定一定程度上赋予了法官自由裁量权,能够根据市场实际情况去合理定价,公平公正处理纠纷。

《建设工程价款结算暂行办法》第11条规定:“工程价款结算应按合同约定办理,合同未作约定或约定不明的,发、承包双方应依照下列规定与文件协商处理:(一)国家有关法律、法规和规章制度;(二)国务院建设行政主管部门、省、自治区、直辖市或有关部门发布的工程造价计价标准、计价办法等有关规定;(三)建设项目的合同、补充协议、变更签证和现场签证,以及经发、承包人认可的其他有效文件;(四)其他可依据的材料。”

此外,建设工程施工合同示范文本内容也可能被作为《民法典》第510条规定的交易习惯予以参考。《建设工程施工合同(示范文本)》(GF-2017-0201)通用条款第10.4.1条规定的变更估价原则:除专用合同条款另有约定外,变更估价按照本款约定处理:(1)已标价工程量清单或预算书有相同项目的,按照相同项目单价认定;(2)已标价工程量清单或预算书中无相同项目,但有类似项目的,参照类似项目的单价认定;(3)变更导致实际完成的变更工程量与已标价工程量清单或预算书中列明的该项目工程量的变化幅度超过15%的,或已标价工程量清单或预算书中无相同项目及类似项目单价的,按照合理的成本与利润构成的原则,由合同当事人按照第4.4款“商定或确定”确定变更工作的单价。

关于具体价格的确定方式,应承担举证责任的一方向法院申请司法鉴定,通过鉴定的方式确认;经法院释明仍拒绝鉴定且根据在案证据不能确定工程造

① 参见周峰:《建设工程施工合同纠纷裁判精要》,法律出版社2020年版,第209页。

价的,应承担举证不能的责任。《建工司法解释(一)》第32条第1款规定,当事人对工程造价、质量、修复费用等专门性问题有争议,人民法院认为需要鉴定的,应当向负有举证责任的当事人释明。当事人经释明未申请鉴定,虽申请鉴定但未支付鉴定费用或者拒不提供相关材料的,应当承担举证不能的法律后果。

综上,实践中关于新增工程价款认定的方式为:第一,按照当事人对新增工程部分的约定计价。第二,无约定的,参照签订建设工程施工合同时当地建设行政主管部门发布的计价方法或者计价标准结算工程价款,或者参照合同对原工程与新增工程类似部分的约定等方式计价。第三,在举证方面,应由负有举证责任的一方举证证明新增工程量并申请鉴定。

◎类案裁判要旨精编

最高人民法院(2021)最高法民终983号二审民事判决书:公厕项目属于施工中增加的项目,应当参照《BT合同》约定进行计价,但LL、JJW和HJ没有举示关于公厕项目实际工程量的证据,亦未申请通过司法鉴定的方式进行确定,从而导致该部分工程款无法计算,应承担举证不能的法律后果。

最高人民法院(2023)最高法民申3261号再审民事裁定书:涉及新增工程的合同无效后,因案涉工程已经验收合格并投入使用,DL消防器材公司依法有权参照合同约定主张工程价款。根据YT造价公司的书面回复意见,新增工程"属于原有工程基础上的延伸",因此,双方在《建设工程施工合同》中对于工程价款的约定,同样应参照适用于新增工程。

最高人民法院(2021)最高法民再318号再审民事判决书:本案合同外变更工程量价格的确定应当参照适用《建设工程施工合同》第一部分协议书的相关约定,而不应当参照适用《建设工程施工合同》第三部分专用条款的相关约定……虽然本案双方约定的合同无效,但工程价款仍可参照约定的价格予以确定。双方争议合同外增加的机械破碎石方工程属于变更工程量,其价格的确定应当参照合同第一部分协议书的相关约定。

最高人民法院(2021)最高法民申7127号民事判决书:发包方和承包方在施工合同中并未事先约定关于新增工程的计价方式,施工完成后双方也未就该事项协商达成一致情形下,应由承包方举证证明增量工程范围,并提供相应材料由法院委托鉴定机构鉴定,以此来确定增量工程价款。

八、政府审计结论作为工程造价依据的认定规则

(一)政府审计概述

1. 政府审计概念

政府审计,也称行政审计,《审计法》第 2 条规定:“……国务院和县级以上地方人民政府设立审计机关。国务院各部门和地方各级人民政府及其各部门的财政收支,国有的金融机构和企业事业组织的财务收支,以及其他依照本法规定应当接受审计的财政收支、财务收支,依照本法规定接受审计监督。审计机关对前款所列财政收支或者财务收支的真实、合法和效益,依法进行审计监督。”《审计法实施条例》第 2 条规定:“审计法所称审计,是指审计机关依法独立检查被审计单位的会计凭证、会计账簿、财务会计报告以及其他与财政收支、财务收支有关的资料和资产,监督财政收支、财务收支真实、合法和效益的行为。”根据上述规定,政府审计实质上是一种行政监督行为,其目的在于监督项目建设过程中有无资金、质量等违法违规行为,监督财政资金的利用效率,保证财政资金合理、合规使用。

2. 政府审计的工程范围

《审计法》第 23 条规定,审计机关对政府投资和以政府投资为主的建设项目的预算执行情况和决算,对其他关系国家利益和公共利益的重大公共工程项目的资金管理使用和建设运营情况,进行审计监督。就建设工程领域而言,需要进行行政审计的建设工程项目主要包括两类,政府投资和以政府投资为主的建设工程项目,根据《审计法实施条例》第 20 条的规定,具体包括:(1)全部使用预算内投资资金、专项建设基金、政府举借债务筹措的资金等财政资金的建设项目;(2)未全部使用财政资金,财政资金占项目总投资的比例超过 50%,或者占项目总投资的比例在 50%以下,但政府拥有项目建设、运营实际控制权的建设项目,以及其他关系国家利益和公共利益的重大公共工程项目。

3. 政府投资项目的审计内容

《政府投资项目审计规定》第 6 条规定:“审计机关对政府投资项目重点审计以下内容:(一)履行基本建设程序情况;(二)投资控制和资金管理使用情

况;(三)项目建设管理情况;(四)有关政策措施执行和规划实施情况;(五)工程质量情况;(六)设备、物资和材料采购情况;(七)土地利用和征地拆迁情况;(八)环境保护情况;(九)工程造价情况;(十)投资绩效情况;(十一)其他需要重点审计的内容。除重点审计上述内容外,还应当关注项目决策程序是否合规,有无因决策失误和重复建设造成重大损失浪费等问题;应当注重揭示和查处工程建设领域中的重大违法违规问题和经济犯罪线索,促进反腐倡廉建设;应当注重揭示投资管理体制、机制和制度方面的问题。”

(二)政府审计结论作为结算依据的规则

1. 禁止强制要求以政府审计结论作为工程结算依据

行政审计的属于行政监督行为,强制将其作为民事合同的结算依据可能违反平等自愿原则。《保障中小企业款项支付条例》第 11 条规定:“机关、事业单位和国有大型企业不得强制要求以审计机关的审计结果作为结算依据,但合同另有约定或者法律、行政法规另有规定的除外。”住房和城乡建设部办公厅《关于加强新冠肺炎疫情防控有序推动企业开复工工作的通知》规定,“规范工程价款结算,政府和国有投资工程不得以审计机关的审计结论作为工程结算依据,建设单位不得以未完成决算审计为由,拒绝或拖延办理工程结算和工程款支付”。全国人大法工委 2017 年在全国人民代表大会常务委员会法制工作委员会法规备案审查室《关于对地方性法规中以审计结果作为政府投资建设项目竣工结算依据有关规定提出的审查建议的复函》中表示:“地方性法规中直接以审计结果作为竣工结算依据和应当在招标文件中载明或者在合同中约定以审计结果作为竣工结算依据的规定,限制了民事权利,超越了地方立法权限,应当予以纠正。”根据上述规定,禁止强制以政府审计结论作为工程结算的依据。

◎类案裁判要旨精编

最高人民法院(2012)民提字第 205 号再审民事判决书:关于 CQ 建工集团主张案涉工程属于法定审计范围,因此必须按照国家审计机关的审计结果进行结算的问题。法院认为,根据审计法的规定及其立法宗旨,法律规定审计机关对政府投资和以政府投资为主的建设项目的预算执行情况和决算进行审计监督,目的在于维护国家财政经济秩序,提高财政资金使用效益,防止建设项目中出现违规行为。CQ 建工集团与 ZTSJYJ 之间关于案涉工程款的结算,属于平等民事主体之间的民事法律关系。因此,本案诉争工程款的结算,与法律规定的国家审计的主体、范围、效力等,属于不同性质的法律关系问题,即无论案涉工程是否依法须经国家审计机关审计,均不能认为,国家审计机关的审计结论,可以成为确定本案双方当事人之间结算的当然依据,故对 CQ 建工集团的上述主张,法院不予采信,对案涉工程的结算依据问题,应当按照双方当事人的约定与履行等情况确定。

2. 当事人有明确合同约定时,政府审计结论可以作为工程结算的依据

2001 年,最高人民法院在《关于建设工程承包合同案件中双方当事人已确认的工程决算价款与审计部门审计的工程决算价款不一致时如何适用法律问题的电话答复意见》中表示:“经研究认为,审计是国家对建设单位的一种行政监督,不影响建设单位与承建单位的合同效力。建设工程承包合同案件应以当事人的约定作为法院判决的依据。只有在合同明确约定以审计结论作为结算依据或者合同约定不明确、合同约定无效的情况下,才能将审计结论作为判决的依据。”

《2015 年全国民事审判工作会议纪要》第 49 条规定:“依法有效的建设工程施工合同,双方当事人均应依约履行。除合同另有约定,当事人请求以审计机关作出的审计报告、财政评审机构作出的评审结论作为工程价款结算依据的,一般不予支持。合同约定以审计机关出具的审计意见作为工程价款结算依据的,应当遵循当事人缔约本意,将合同约定的工程价款结算依据确定为真实有效的审计结论……”

◎类案裁判要旨精编

最高人民法院(2012)民提字第 205 号再审民事判决书①:根据《审计法》的规定,国家审计机关对工程建设单位进行审计是一种行政监督行为,审计人与被审计人之间因国家审计发生的法律关系与本案当事人之间的民事法律关系性质不同。因此,在民事合同中,当事人对接受行政审计作为确定民事

① 最高人民法院公报案例,2014 年第 4 期。

法律关系依据的约定,应当具体明确,而不能通过解释推定的方式,认为合同签订时,当事人已经同意接受国家机关的审计行为对民事法律关系的介入。

最高人民法院(2021)最高法民再82号再审民事裁定书:双方同意工程总结算价根据业主、业主委托的第三方审计或政府审计部门的最终审计结果计算……虽然财政部门或审计部门对工程款的审计,是监控财政拨款与使用的行政措施,对民事合同当事人不具有法律约束力,但如果当事人明确约定以政府审计结果作为结算依据的,应尊重当事人意思自治。如果政府审计长期没有结果,致使工程总结算价无法计算,或审计结果与工程实际情况不符或与合同约定不符的,不应当直接以政府审计结果作为民事案件的判决依据……对《报告书》中的计算错误和漏审项目,应通过补充审计、当事人协商或司法鉴定等合法的方式予以确定,进而确定案涉工程的总结算价。

最高人民法院(2015)民一终字第94号二审民事判决书:审计机关与被审计单位之间的行政审计属于行政法律关系调整的范畴,无论被审计单位是否同意,其一旦被纳入审计对象,必须无条件接受审计机关的审计。而发包人与承包人之间的建设工程施工合同法律关系,属于平等主体之间的民事法律关系,审计和接受审计必须有委托方和受托方的合意。建设工程施工合同中,当事人之所以要引入第三方机构进行结算审计,其目的是利用第三方的专业知识来弥补发包方在工程造价专业知识上的不足,将工程成本控制在合理范围。审计机关介入当事人之间的民事法律关系,尤其是将行政审计结论作为工程款结算的依据,必须有当事人明确的合意。

3. 当事人约定不明确,可能被认定为未达成一致约定

将政府审计结论作为结算依据会实质性影响发包人和承包人的民事权益。根据司法实践裁判观点,将审计结论作为工程结算依据的前提是当事人的约定明确、具体,对条款的理解和解释具有排他性和唯一性,如明确约定“以政府审计部门的审计结论作为结算价款支付依据”,如果审计部门确定,还应当写明审计部门的全称,避免争议。若仅约定“以审计为准”,可能理解为当事人委托第三方机构进行审计。

◎类案裁判要旨精编

最高人民法院(2018)最高法民终651号二审民事判决书：审计结果作为工程款结算依据，必须明确具体约定，即在合同中约定"以审计部门的审计结论作为竣工结算价款支付依据"。如审计部门是确定的，还应写明审计部门的全称。本案中，双方在合同仅约定"最终结算价按审计为准"，对该约定的解释，应解释为工程最终结算价需通过专业的审计途径或方式确定结算工程的真实合理性，而不应理解为须在业主接受国家审计机关审计后，依据审计结果进行结算。

最高人民法院(2018)最高法民再185号再审民事判决书：根据《审计法》的规定，审计机关的审计行为是对政府预算执行情况、决算和其他财政收支情况的审计监督。相关审计部门对发包人资金使用情况的审计与承包人和发包人之间对工程款的结算属不同法律关系，不能当然地以项目支出需要审计为由，否认承包人主张工程价款的合法权益。只有在合同明确约定以审计结论作为结算依据的情况下，才能将是否经过审计作为当事人工程款结算条件。

(三)政府审计延迟或审计结论不真实不客观的处理

1. 政府审计延迟时，承包人可以申请启动工程造价鉴定程序

对于审计机关未在合理期限内启动审计程序或者出具审计结论，在司法实践中形成了较为统一的观点，即承包人可以向法院申请启动工程造价鉴定，根据鉴定意见确定工程价款。

关于延迟审计的判断，参考山东省高级人民法院《关于审理建设工程施工合同纠纷案件若干问题的解答》第3条的规定："……发包人故意迟延提交审计或妨碍审计条件成就，以及行政审计、财政评审部门明确表示无法进行审计或无正当理由超出合同约定的审计期限三个月，仍未作出审计结论、评审意见的，当事人申请对工程造价进行司法鉴定，应当准许。"

◎类案裁判要旨精编

宁夏回族自治区银川市中级人民法院(2021)宁01民初18号重审一审民事判决书①:施工合同中约定以政府审计结论作为工程价款结算依据的,人民法院不应当以政府未出具审计结论为由驳回承包人的起诉。案件实体审理中,如果审计部门未在合理期限内启动审计程序或者出具审计结论的,人民法院应当依法准许当事人的鉴定申请。

最高人民法院(2019)最高法民终483号二审民事判决书:案涉工程于2014年5月23日全部验收合格后,ZCT公司催促无为县政府尽快进行审计,但无为县政府未进行审计。一审法院考虑到案涉工程造价审计需双方相互协调配合,而且审计造价具有复杂性,酌定合理鉴定期限为一年,以2015年5月23日为审计确定日,具有合理性。

最高人民法院(2018)最高法民终258号二审民事判决书:从2014年7月18日起至本案提起诉讼时,审计机构历时两年多仍未出具结算审核结果,LDW管委会在本案一审期间提交的相关报告,仍未经上级审计部门审核确认,这导致BF建设公司的工程款数额迟迟不能得到确认。由于审计部门的审计不是确定工程价款的唯一方式,工程价款可以通过司法鉴定的方式予以确定,为解决工程款久拖不决的问题,一审法院根据BF建设公司的申请,委托鉴定机构对案涉工程造价进行司法鉴定,符合本案实际,亦不违反法律规定,并无不当。

最高人民法院(2020)最高法民终630号二审民事判决书:一般而言,当事人约定以审计部门的审计结果作为工程款结算依据的,应当按照约定处理。但审计部门无正当理由长期未出具审计结论,经当事人申请,且符合具备进行司法鉴定条件的,人民法院可以通过司法鉴定方式确定工程价款。

2. 承包人有证据证明审计结论不真实、不客观的,可以申请补充鉴定,补充鉴定无法纠正审计意见缺陷的,当事人可以申请重新鉴定

《2015全国民事审判工作会议纪要》第49条规定:"……承包人提供证据

① 人民法院案例库案例,入库编号:2024-07-2-115-002。

证明审计机关的审计意见具有不真实、不客观情形，人民法院可以准许当事人补充鉴定、重新质证或者补充质证等方法纠正审计意见存在的缺陷。上述方法不能解决的，应当准许当事人申请对工程造价进行鉴定。”

最高人民法院民事审判第一庭在《最高人民法院新建设工程施工合同司法解释（一）理解与适用》一书中表示，在审核审计结果与工程实际情况或者合同约定不符的情形下，如审计结果存在漏项的，或者采用了与合同约定不符的计价依据的，应当允许当事人就不符部分另行通过司法鉴定确定造价，但申请鉴定的一方当事人应当举证证明不符情形的存在。①

◎类案裁判要旨精编

最高人民法院（2020）最高法民终630号二审民事判决书：审计结论未完全依据合同约定的计价方式进行审计，一审法院未将审计报告作为案涉工程结算依据，而是准予当事人的鉴定申请，委托鉴定机构进行工程造价鉴定，并最终以鉴定意见为工程款结算依据。根据原审查明的事实，案涉工程已由合同约定的BT项目转为了普通建设工程项目，审计报告对BT项目的相关规定计取最低人工工资标准，与合同约定不符。原审认定审计报告并未完全依据合同约定的计价方式进行审计，且审计结果已不予调整，如依据审计报告结算将违反合同约定，并无不当。

九、建设工程施工合同中“默示结算条款”的适用规则

《建工司法解释（一）》第21条规定：“当事人约定，发包人收到竣工结算文件后，在约定期限内不予答复，视为认可竣工结算文件的，按照约定处理。承包人请求按照竣工结算文件结算工程价款的，人民法院应予支持。”该条为默示结算提供了法律依据，通过对该条的分析，结合实践案例，在认定默示结算时，要注意以下问题：

① 参见最高人民法院民事审判第一庭编著：《最高人民法院新建设工程施工合同司法解释（一）理解与适用》，人民法院出版社2021年版，第344页。

(一)适用默示结算条款的前提是双方有明确约定

1. 专用条款对默示结算有约定,通用条款约定可能存在不被认定风险

《建设工程施工合同(示范文本)》(GF-2017-0201)第 14.2(1)条规定"发包人在收到承包人提交竣工结算申请书后 28 天内未完成审批且未提出异议的,视为发包人认可承包人提交的竣工结算申请单,并自发包人收到承包人提交的竣工结算申请单后第 29 天起视为已签发竣工付款证书"。仅有该通用条款约定不能认为可以适用默示结算条款,因为通用条款的目的是提供示范文本供当事人选择适用,从而提高施工合同签订的规范性和效率,本身对当事人并无约束力,而专用条款的约定才能体现当事人的真实意思,并对当事人具有约束力。①

对此,最高人民法院民事审判庭在《关于发包人收到承包人竣工结算文件后,在约定期限内不予答复,是否视为认可竣工结算文件的复函》中明确,"建设部制定的建设工程施工合同格式文本中的通用条款第 33 条第 3 款(即 2017 版示范文本第 14.2 条)的规定,不能简单地推论出,双方当事人具有发包人收到竣工结算文件一定期限内不予答复,则视为认可承包人提交的竣工结算文件的一致意思表示,承包人提交的竣工结算文件不能作为工程款结算的依据"。

但是,并非说存在通用条款部分就完全不被认定。最高人民法院民事审判第一庭在《最高人民法院新建设工程施工合同司法解释(一)理解与适用》一书中表示:"当与本条内容类似的条款出现在建设工程合同通用条款部分时,我们也不能完全否认其对当事人的约束力。因为双方当事人可能在专用条款部分约定结算事项以通用条款约定为准,即通用条款中的约定符合双方意思表示。"②

◎类案裁判要旨精编

最高人民法院(2021)最高法民终 706 号二审民事判决书:根据《最高人民法院民事审判庭关于如何理解和适用〈最高人民法院关于审理建设工程施工合同个纠纷案件适用法律问题的解释〉第二十条的复函》的规定,人民法院不能简单地以该格式文本的约定推定双方已就如发包人对竣工结算文件逾期

① 参见潘军锋:《建设工程价款结算审判疑难问题研究》,载《法律适用》2019 年第 5 期。

② 最高人民法院民事审判第一庭编著:《最高人民法院新建设工程施工合同司法解释(一)理解与适用》,人民法院出版社 2021 年版,第 216 页。

不答复即视为认可的结算方式达成了合意。据此,FK公司对NTEJ提交的竣工结算文件未作出答复,不能视为其认可该结算文件。一审判决认定NTEJ提交的竣工结算文件不能作为案涉工程款的结算依据,事实和法律依据充分,并无不当。

最高人民法院(2006)民一终字第52号二审民事判决书:本案当事人只是选择适用了原建设部制定的建设工程施工合同格式文本,并没有对发生上述情况下是否以承包人报送的竣工结算文件作为工程款结算依据一事作出特别约定。因此,不能以该格式合同文本中的通用条款第33条第3款之规定为据,简单地推定出发包人认可以承包人报送的竣工结算文件为确定工程款数额的依据……本案不适用最高人民法院《关于审理建设工程施工合同纠纷案件适用法律问题的解释》第20条之规定,以承包人单方提交的竣工结算文件作为确认工程款数额的依据,并不意味着《建设工程施工合同》中通用条款第33条第3款的内容,对双方当事人没有约束力,违反这一规定,仍应承担违约责任。之所以维持一审判决以GL公司向BY公司报送的竣工结算文件作为确认工程款数额基础的结论,是因为在一审诉讼中,GL公司将该竣工结算文件作为确定工程款数额的证据提交后,BY公司没有在一审法院指定的举证期限内提出相反的证据,亦未在这一期限内申请鉴定。在一审法院同意就与工程款有关的问题进行鉴定后,BY公司以不同意一审法院确定的鉴定范围为由,未在一审法院负责对外委托鉴定工作的部门指定的期限内交纳鉴定费,致使鉴定工作未能进行,应承担举证不能的后果。在此情况下,人民法院只能以一方当事人提供的证据作为确认工程款的依据。

最高人民法院(2021)最高法民申2174号再审民事裁定书:本案中,涉案施工合同约定ZJ公司应在接到TZ公司结算报告书后六个月内审核完毕,否则视同ZJ公司认可结算报告。TZ公司提交了基础分项工程质量评估报告及主体结构分项工程质量验收记录,能够证明涉案工程已经验收合格,ZJ公司未提交证据予以否定,其主张涉案工程未经竣工验收合格,缺乏事实依据,不予采信。ZJ公司现场负责人已于2018年12月25日签收了TZ公司提交的工程结算书,但ZJ公司始终未予审核,根据合同约定及法律规定,应视为其认可该工程结算书。原审判决以TZ公司制作的结算报告作为认定工程价款的依据并无不当,ZJ公司主张应由法院委托鉴定机构对涉案工程造价进行司法鉴定的理由不能成立。

最高人民法院(2013)民提字第128号再审民事判决书:2007年1月15日BJZS公司向ZKXX公司报送了竣工决算书,在合同约定的28天异议期内ZKXX公司未提出任何异议。根据《施工合同》第二部分"通用条款"第33.3条约定,ZKXX公司收到竣工结算报告及结算资料后28天内无正当理由不支付工程竣工结算价款,其应从第29天起按同期银行贷款利率向北京装饰公司支付拖欠工程价款的利息,并承担违约责任。同时,依据该合同第三部分"专用条款"第35.1条的约定,该合同"通用条款"第33.3条约定ZKXX公司违约应承担的违约责任:未按约定时间办理竣工结算,逾期视为BJZS公司的结算价款已得到ZKXX公司的认可。最高人民法院《关于审理建设工程施工合同纠纷案件适用法律问题的解释》第20条亦明确规定:"当事人约定,发包人收到竣工结算文件后,在约定期限内不予答复,视为认可竣工结算文件的,按照约定处理。承包人请求按照竣工结算文件结算工程价款的,应予支持。"

最高人民法院(2019)最高法民再110号再审民事判决书:JD公司与HX公司2010年11月3日签订的《建设工程施工合同》通用合同条款第17.5.1.4条虽有"发包人未在合同约定时限内出具书面审查意见的,视同认可承包人的竣工结算报告"的内容,但专用合同条款就同一事项进行约定时,双方未将前述通用合同条款的内容写入专用合同条款所对应的内容之中……格式条款和非格式条款不一致的,应当采用非格式条款。就本案而言,通用合同条款确定了发包人对承包人结算资料的审查时限,同时也确定了发包人逾期未提交审查意见的法律后果(即视为认可承包人提交的竣工结算文件);专用合同条款仅约定发包人对承包人结算资料的审查时限,而未约定发包人逾期未提交审查意见的法律后果。这种情况下不能作出发包人即接受了通用合同条款所预设的法律后果的解释,因为"视为认可承包人提交的竣工结算文件"这一责任后果,相对于发包人承担的在约定期限内不予答复的不利后果而言,并不具有唯一性。因此,在本案中不应作出"双方就'发包人收到承包人竣工结算文件后,在约定期限内不予答复,视为认可竣工结算文件'达成了一致约定"这一事实的认定。

2. 在双方没有约定时，能否以财政部、原建设部《建设工程价款结算暂行办法》第16条的规定，视为发包人认可竣工结算文件

《建设工程价款结算暂行办法》第16条规定，发包人收到竣工结算报告及完整的结算资料后，在本办法规定或合同约定期限内，对结算报告及资料没有提出意见，则视同认可。

根据该办法第14条第3款的规定，发包人接收到承包人竣工验收报告、竣工结算报告及完整的结算资料后，按照表5-4中规定的时限进行核对（审查）并提出审查意见：

表5-4　竣工结算报告审查时间

序号	工程竣工结算报告金额	审查时间
1	500万元以下	从接到竣工结算报告和完整的竣工结算资料之日起20天
2	500万元~2000万元	从接到竣工结算报告和完整的竣工结算资料之日起30天
3	2000万元~5000万元	从接到竣工结算报告和完整的竣工结算资料之日起45天
4	5000万元以上	从接到竣工结算报告和完整的竣工结算资料之日起60天

因此，该办法实际上根据竣工结算报告金额为发包人设定了审查期限，逾期则视为默示结算，这与《建工司法解释（一）》第21条的规定存在适用上的张力。对于这一问题，实践中存在两种做法：

第一，如果当事人没有约定适用该条，则不能认为适用默示结算。

◎类案裁判要旨精编

最高人民法院（2015）民提字第148号再审民事裁定书：双方当事人在《工程承包合同》并没有约定发包人收到竣工结算文件后，在约定期限内不予答复，视为认可竣工结算文件的内容。而且YS公司自行编制的决算书，所依据的材料没有双方或监理单位确认的工程资料，也没有直接送交HY公司经过双方协商核算确认，内蒙古自治区高级人民法院在双方当事人没有约定收到竣工结算文件后在约定的期限内不予答复视为认可竣工结算文件，而且没有证据证明HY公司收到YS公司自行编制的决算书的情况下，没有组织当事

人对 YS 公司自行编制的决算书和 HY 公司编制的结算书进行质证,依据《建设工程价款结算暂行办法》的规定,直接以 YS 公司自行编制的决算书进行涉案工程款的结算,没有事实依据和法律依据。

第二,对于并无书面合同约定,发包人故意拖延竣工结算的情形,也有判决认定参照适用该条。

◎类案裁判要旨精编

最高人民法院(2017)最高法民申 1075 号再审民事裁定书:GWJ 于 2014 年 8 月 6 日向 PJ 公司提交了案涉工程决算文件。至本案诉讼时,PJ 公司对该决算文件未予答复,也未支付剩余工程款。原审中 PJ 公司对该决算文件不予认可,但既未提供推翻该决算文件的证据,亦未申请工程造价鉴定。根据《民诉证据规定》第 2 条"当事人对自己提出的诉讼请求所依据的事实或者反驳对方诉讼请求所依据的事实有责任提供证据加以证明"的规定,应当承担不提供反驳证据及举证不能的法律后果。同时,《建设工程价款结算暂行办法》第 16 条规定:发包人收到竣工结算报告及完整的结算资料后,在本办法规定或合同约定期限内,对结算报告及资料没有提出意见,则视同认可。该条款是为规范发包人不及时结算,侵害施工人利益所作的规定。虽然本案 GWJ 与 PJ 公司之间没有书面合同,但基于双方之间存在的建设工程施工关系,原审参照适用《建设工程价款结算暂行办法》规定,以 GWJ 举示的经 PJ 公司签收的结算书中注明造价 26 807 215 元,认定为双方争议的案涉工程的造价,符合民事诉讼证据规则,适用法律并无不当。

笔者认为,如果当事人没有约定适用该条,则不能认为适用默示结算。从文义解释角度分析,《建设工程价款结算暂行办法》第 16 条与《建工司法解释(一)》第 21 条并不冲突。《建设工程价款结算暂行办法》第 16 条规定的是"在本办法规定或合同约定期限"内没有提出异议,视为认可,这实际上规定了两种情形,一是本办法规定的期限,二是合同约定的期限。《建工司法解释(一)》第 21 条仅规定的是存在合同约定时,可以适用默示结算条款。然而,从体系解释及目的解释角度来看,二者存在适用上的张力。前文已述,适用《建工司法解释

（一）》第21条的前提是发、承包方存在明确的约定，甚至通用条款约定而无专用条款约定都无法适用默示结算，应当充分尊重当事人意思自治。而若按照《建设工程价款结算暂行办法》第16条的规定，即便没有约定，发包人也应在第14条规定的期限内审查并提出异议，这实际上与《建工司法解释（一）》第21条规定冲突。从价值衡平的角度来看，《建设工程价款结算暂行办法》如此规定是出于结算效率的考虑。然而，建设工程结算涉及当事人重大利益，一方提供的结算依据很可能具有倾向性，对另一方并不公平，单纯追求结算效率可能损害实质正义。对此，《建工司法解释（一）》第21条实际上是以当事人"意思自治"寻求工程结算中公平价值与效率价值的平衡点，只有在当事人存在合意的基础上，才可以采取默示结算方式。此外，从法的效力角度来看，最高人民法院发布的司法解释是对法律的具体应用解释，具有与法律同等的司法适用效力，其目的是统一法律适用标准，指导审判实践。暂行办法作为部门规章，效力低于法律和行政法规。再者，从合理性角度考虑，《建设工程价款结算暂行办法》出台于2004年，其规定的金额与期限于今可能也并不合理。最后，多数实践案例也适用《建工司法解释（一）》第21条，对这一问题在司法实践中已经形成了较为统一的裁判规则。综上，笔者认为当事人没有明确约定时，不能适用《建设工程价款结算暂行办法》的相关规定适用默示结算。

（二）发包人收到竣工文件且在约定期限内未予答复的认定

1. 承包人应当举证证明发包人收到提交的结算文件

结算文件提交的方式必须是书面的，且需要发包人接受提交文件（形式上需要发包人签收，不适用留置递交的方式）。承包人仅以口头形式告知的，日后发生工程款结算纠纷时举证困难的情形，难以产生默示结算的效果。

承包人向发包人递交结算文件时，接收主体应为发包人的法定代表人或主要负责人，或其内部具有收发责任和义务的部门。

2. 不要求发包人异议具有合理性

《建工司法解释（一）》第21条旨在避免发包人拖延结算，但该条并未规定发包人在约定期限内需要答复何种内容，也未规定发包人提出异议是否合理。对于这个问题，最高人民法院民事审判第一庭认为，只要发包人在约定期限内作出答复即可，不要求其异议具有合理性，原因在于，本条制定本意即要使得发、承包方能够迅速就价款问题取得结果，对于异议是否合理，人民法院往往难以准确界定。①

（三）协商行为可能导致默示结算条件丧失

如果在具备了《建工司法解释（一）》第21条规定的默示结算的条件后，承包人仍然与发包人就结算问题进行协商，这实际上体现了承包人关于结算金额尚未确定的意思表示，可能构成对默示结算条款的否定。

◎类案裁判要旨精编

最高人民法院（2018）最高法民终620号二审民事判决书：虽然最高人民法院《关于审理建设工程施工合同纠纷案件适用法律问题的解释》第20条规定："当事人约定，发包人收到竣工结算文件后，在约定期限内不予答复，视为认可竣工结算文件的，按照约定处理。承包人请求按照竣工结算文件结算工程价款的，应予支持。"而案涉《建设工程施工合同》第5.1.2条约定："承包人向发包人提交预算书后，发包人在30个工作日通知承包人，经双方在60个工作日内核审后的合同价款，作为工程最终造价，如发包人原因不能在约定时间内审计完毕，视为认同承包人送审造价。"但如前所述，因对结算价款存在争议，双方仍一直在就此事宜进行协商，直至2017年9月21日，双方才形成了《工程造价结（决）算汇总表》，对最终结算总造价及欠付工程款的数额达成了一致。虽然当事人在合同中对发包人收到竣工结算文件后在约定期限内不予答复的后果进行了约定，但当事人此后的行为表明其对该约定实际上进行了变更。

（四）在合同无效的情形下，默示认可结算条款能否参照适用

在建设工程施工合同无效情形下，是否可以参照适用该默示结算条款，存在两种观点：

---

① 参见最高人民法院民事审判第一庭编著：《最高人民法院新建设工程施工合同司法解释（一）理解与适用》，人民法院出版社2021年版，第219~220页。

1. 在建设工程施工合同无效情形下，可以参照适用默示结算条款

最高人民法院民法典贯彻实施工作领导小组在其主编的《民法典合同编理解与适用（三）》一书中表示，考虑到建设工程施工合同无效的事由大多数是违反了国家对于建筑行业和建筑市场关于招投标、资质等行政管理的强制性规定，而双方当事人在签订施工合同时，关于工程计价、计量、工程款支付比例、支付时间、工程质量、工期、结算程序、质保金的扣留等约定内容，均是当事人的真实意思表示，是双方签约时对施工合同中最核心内容慎重考虑后作出的决定，不应因合同违反国家行政管理相关规定无效而全部不予适用。[①] 建设工程施工合同无效的，不影响该条款约定的效力。合同专用条款相关约定性质上为结算条款，根据《建工司法解释（一）》第 2 条规定可参照适用。[②]

《民法典》第 567 条规定，"合同的权利义务关系终止，不影响合同中结算和清理条款的效力"，该条款亦不因施工合同无效而无效。

江苏省高级人民法院在《关于审理建设工程施工合同纠纷案件若干问题的解答》（已失效）第 9 条中也表示，最高人民法院《关于审理建设工程施工合同纠纷案件适用法律若干问题的解释》第 20 条规定的按照竣工结算文件结算工程价款，建设工程施工合同无效的，不影响该条款约定的效力。

2. 在建设工程施工合同无效情形下，不可以参照适用默示结算条款

《民法典》第 793 条第 1 款规定，建设工程施工合同无效，但是建设工程经验收合格的，可以参照合同关于工程价款的约定折价补偿承包人。此处只是参照"关于工程价款"的约定，不包括默示结算条款。

笔者赞同第二种观点。首先，从文义解释角度来讲，《建工司法解释（一）》第 24 条和《民法典》第 793 条第 1 款规定的都是参照"合同价款"，而默示结算条款并非合同价款相关条款。其次，从体系解释的角度来讲，《民法典》第 567 条的表述为"合同权利义务终止"，《民法典》第 153 条第 1 款明确规定的是"民事法律行为无效"，《民法典》将无效和权利义务终止分开表述。合同无效不属于第 567 条规定的权利义务终止情形。《建工司法解释（一）》第 6 条规定了施

---

① 参见最高人民法院民法典贯彻实施工作领导小组主编：《民法典合同编理解与适用（三）》，人民法院出版社 2020 年版，第 1948 页。

② 参见潘军锋：《建设工程价款结算审判疑难问题研究》，载《法律适用》2019 年第 5 期。

工合同无效可以参照合同约定的质量标准、建设工期、工程价款支付时间等内容确定损失赔偿的大小。最高人民法院民事审判第一庭在其编著的《最高人民法院新建设工程施工合同司法解释(一)理解与适用》一书中认为:“对‘参照合同约定’应进行限制性的理解,仅限于合同中对计价标准的约定,对于合同约定的付款条件、付款时间、付款方式以及工程款扣减事由以及质保金的扣留及返还等事项,不属于该条司法解释规定的参照范围。”①最后,默示结算条款也并非争议解决条款或清理条款,认定其效力独立无法律依据。

◎类案裁判要旨精编

最高人民法院(2016)最高法民终518号二审民事裁定书:涉案合同无效,KH公司未在合同约定的期限内对CA公司提交的结算资料完成审核工作即视为认可的约定,亦不具有拘束力。原审法院本应根据《最高人民法院关于审理建设工程施工合同纠纷案件适用法律问题的解释》(以下简称《解释》)第2条“建设工程施工合同无效,但建设工程经竣工验收合格,承包人请求参照合同约定支付工程价款的,应予支持”之规定,按照合同约定的计价标准和计价方法,对涉案工程价款作出审查与认定,却依据《解释》第20条“当事人约定,发包人收到竣工结算文件后,在约定期限内不予答复,视为认可竣工结算文件的,按照约定处理。承包人请求按照竣工结算文件结算工程价款的,应予支持”的规定,直接采信CA公司单方制作的未经质证的《工程竣工结算书》作为认定涉案工程造价的依据,主要事实认定不清,适用法律亦有不当。

最高人民法院(2017)最高法民终399号二审民事裁定书:本案合同已经认定为无效,虽然《解释》第2条根据该类合同有关劳务与建筑材料物化到工程中的特性,规定可参照合同约定支付工程价款,但是可参照的内容主要是指工程价款本身的计算方式及数额。在合同无效的情况下,《补充协议》第十二条第(二)项第(2)点的约定,并非可参照的合同内容,该约定对双方并无约束力,即FH公司并不能期待,DL公司仍应依据该无效合同的约定在收到预算书后30天内完成结算审核,否则即视为同意。

---

① 最高人民法院民事审判第一庭编著:《最高人民法院新建设工程施工合同司法解释(一)理解与适用》,人民法院出版社2021年版,第74页。

最高人民法院(2017)最高法民申426号再审民事裁定书:合同被确认无效,除法律特别规定外,合同中约定的具体条款即不具有法律约束力。ZJC主张适用的上述约定条款不存在有效的理由,亦属无效,且本条并非有关工程价款的直接约定,不具备适用《解释》第2条规定的前提条件。适用《解释》第20条规定,应以当事人有效约定为要件。因系争合同无效,该规定亦无适用之余地。

十、建设工程结算协议对工程造价认定的影响

(一)结算协议的效力不受建设工程施工合同效力影响

根据《民法典》及相关司法意见的规定,建设工程施工合同无效并不影响结算协议的效力。《民法典》第567条规定:"合同的权利义务关系终止,不影响合同中结算和清理条款的效力。"最高法民事审判第一庭在2022年第3次法官会议纪要中认为:"当事人有权通过协议方式确定合同无效后的权利义务,建设工程施工合同无效并不必然导致建设工程施工合同关系终止后当事人就工程价款(折价补偿款)支付方式、支付时间、未按约定支付的违约责任所签订的合同无效……建设工程施工合同无效,发包人与承包人就工程价款(折价补偿款)的数额、支付方式和时间作出约定,是当事人的权利,是自愿原则的体现,并不违反法律的强制性规定,故建设工程施工合同无效不影响结算协议的效力。"

◎类案裁判要旨精编

最高人民法院(2020)最高法民终153号民事判决书:因YZX无施工资质,依据《最高人民法院关于审理建设工程施工合同纠纷案件适用法律问题的解释》第一条规定,该《建设工程施工合同》无效。《退场补充协议》是三方真实意思表示,属于结算协议,独立于案涉施工合同,不违反法律的禁止性规定,该协议合法有效。

最高人民法院(2019)最高法民终523号民事判决书:虽然案涉建设工程施工合同无效,但案涉《工程结算书》上加盖了HZJGFY分公司印章,FYJC公司授权的案涉工程项目负责人WZL在该《工程结算书》上予以签字确认,

WZL 签字确认的行为对 FYJC 公司发生法律效力。一审判决将《工程结算书》作为认定案涉工程价款的依据并无不当。

（二）结算协议有效时应按照结算协议认定工程价款，不能启动造价鉴定

《建工司法解释（一）》第 29 条规定："当事人在诉讼前已经对建设工程价款结算达成协议，诉讼中一方当事人申请对工程造价进行鉴定的，人民法院不予准许。"

◎类案裁判要旨精编

最高人民法院（2021）最高法民申 7185 号再审民事裁定书：发承包双方诉前已对建设工程价款结算达成协议，诉讼中一方当事人又申请对工程造价进行鉴定的，如果启动造价鉴定，意味着推翻结算协议而重新结算，违反诚实信用原则，故人民法院对鉴定申请不予准许，但是结算协议被认定为无效、可撤销的除外。

十一、发包人超付工程款时被挂靠人责任的认定

在实践中，对于被挂靠人是否应承担返还超付工程款的责任，部分观点认为被挂靠人应当对返还超付工程款承担连带责任，部分观点认为被挂靠人应当对返还超付工程款承担补充责任。但是，笔者认为，在此种情形下，被挂靠人不应对返还超付工程款承担连带责任和补充责任，发包人仅能请求挂靠人承担返还超付工程款的责任。

（一）被挂靠人承担连带责任观点之分析与反驳

该观点认为，根据《建工司法解释（一）》第 7 条[①]规定，在挂靠情形下，挂靠人和被挂靠人应当对因出借资质给发包人造成的损失承担连带赔偿责任，法官

① 参见《建工司法解释（一）》第 7 条规定："缺乏资质的单位或者个人借用有资质的建筑施工企业名义签订建设工程施工合同，发包人请求出借方与借用方对建设工程质量不合格等因出借资质造成的损失承担连带赔偿责任的，人民法院应予支持。"

在最高人民法院(2020)最高法民申 6519 号民事裁定书、江苏省盐城市人民法院(2018)苏 09 民终 3121 号民事判决书等文书中持此观点。

笔者认为,该观点是对《建工司法解释(一)》第 7 条的错误解读,是对司法解释的机械适用,理由如下:

第一,根据文义解释可知,发包人适用《建工司法解释(一)》第 7 条要求挂靠人与被挂靠人承担连带责任有两个前提:一是建设工程存在质量不合格等问题,二是建设工程存在质量不合格等问题造成的损失是由于出借资质行为,即存在因果关系。此处主要考察"发包人超付工程款"这一原因导致的损失能否涵盖在本条文义之范围,这关键在于对该解释中"等"字的理解,即"发包人超付工程款"是否属于"出借资质"造成的问题,从文义来看,出借资质问题应与发包人自身过错无关,文义无法涵盖。

第二,根据体系解释可知,该条规定立法基础是《建筑法》第 66 条。《建筑法》第 66 条规定:"建筑施工企业转让、出借资质证书或者以其他方式允许他人以本企业的名义承揽工程的,责令改正,没收违法所得,并处罚款,可以责令停业整顿,降低资质等级;情节严重的,吊销资质证书。对因该项承揽工程不符合规定的质量标准造成的损失,建筑施工企业与使用本企业名义的单位或者个人承担连带赔偿责任。"《建工司法解释(一)》第 7 条实际上是对该条的重申。

最高人民法院在《最高人民法院新建设工程施工合同司法解释(一)理解与适用》一书中指出:"建设工程质量不合格的损失必须是因借用资质的原因所造成,即损失的产生必须与借用资质存在因果关系。""挂靠人与被挂靠人对发包人承担连带赔偿责任,就连带赔偿责任范围而言,只有工程质量损失是有明确法律规定的,对于其他损失则没有明确的依据。故对于其他损失,发包人如果要求挂靠人与被挂靠人承担连带赔偿责任,则必须举证证明该损失是因借用资质而产生,二者存在因果关系,否则发包人的主张不成立。虽然挂靠行为为法律所禁止,并已有相应的惩罚措施,但不能无故扩大挂靠人与被挂靠人的责任。"①

---

① 最高人民法院民事审判第一庭编著:《最高人民法院新建设工程施工合同司法解释(一)理解与适用》,人民法院出版社 2021 年版,第 85 页。

发包人超付工程款的损失与出借资质并无因果关系，若无发包人自身管理失误，即便存在出借资质问题，也不会出现超付工程款的损害，因此发包人自身管理失误是本案损害产生的必要条件，而若无出借资质问题，发包人自身管理失误，疏忽大意进行超付，也会导致损害发生，因此出借资质不是本案损害产生的必要条件。而从相当性的角度考虑，发包人的疏忽大意、管理失误通常会导致超付工程款的情况发生，具有相当性。因此，发包人自身过错是超付工程款发生损失的原因，而出借资质与损失之间不存在因果关系。

第三，采取目的解释进行检视。"百年大计，质量为本"，国家通过法律、法规的强制性规定，规范建筑施工企业的准入门槛，严禁没有取得相应资质的企业和个人承包工程，主要是因为施工资质不仅是保障建筑工程质量的第一道门槛，更是保障工程质量和安全最为关键的环节。"发包方和被挂靠方是建筑工程承包合同的双方主体，而挂靠方是建筑工程的实际履行者，工程质量问题与挂靠人的实际履行行为和被挂靠人的出借资质行为之间有必然的因果关系。"① 在出借方与借用方这一法律关系中，法律为保障建设工程的质量便科以严格的连带责任，以此达到杜绝或遏制此类行为的立法用意。然而，连带责任的承担必须有法律明确规定，超付工程款并不会导致工程质量问题，也与工程资质不相关，合同一方疏忽大意超付款不仅存在于挂靠这一法律情形下，因此将超付工程款问题纳入《建工司法解释（一）》第 7 条的范围之内有悖立法目的。

因此，笔者认为，在发包人明知挂靠情形时，发包人超付工程款后，无权依据《建工司法解释（一）》第 7 条之规定要求被挂靠人承担返还超付工程款的连带责任。

（二）被挂靠人承担补充责任观点之分析与反驳

该观点认为，发包人明知挂靠行为的情形下，发包人超付工程款后，可以要求被挂靠人对返还超付工程款承担补充责任。

北京市高级人民法院《审理民商事案件若干问题的解答之五（试行）》第 47

① 最高人民法院民事审判第一庭编著：《最高人民法院新建设工程施工合同司法解释（一）理解与适用》，人民法院出版社 2021 年版，第 85 页。

条规定，“在建筑行业的挂靠经营中，挂靠者以被挂靠者的名义从事对外经济活动的，被挂靠者是否承担民事责任？……如果合同相对人对于挂靠事实明知，首先由挂靠者承担责任，被挂靠者承担补充的民事责任……”，法官在北京市高级人民法院(2024)京民申 3384 号民事裁定书中亦持此观点。

笔者认为，发包人明知挂靠行为的情形下，发包人超付工程款后，仅能要求挂靠人承担返还责任，不能要求被挂靠人承担补充责任，理由如下：

1. 认定被挂靠人承担补充责任，无明确的法律依据

《民法典》第 10 条规定：“处理民事纠纷，应当依照法律；法律没有规定的，可以适用习惯，但是不得违背公序良俗。”这里的“法律”应当从广义上理解，即依照《立法法》享有立法权的国家机关制定的法律规范的总称，包括全国人大及其常委会制定的法律、法律解释和国务院制定的行政法规，还包括地方性法规、自治条例和单行条例，另外，最高人民法院作出的司法解释，属于广义“法律”的一部分。

最高人民法院《关于裁判文书引用法律、法规等规范性法律文件的规定》第 1 条规定：“人民法院的裁判文书应当依法引用相关法律、法规等规范性法律文件作为裁判依据。引用时应当准确完整写明规范性法律文件的名称、条款序号，需要引用具体条文的，应当整条引用。”第 4 条规定：“民事裁判文书应当引用法律、法律解释或者司法解释。对于应当适用的行政法规、地方性法规或者自治条例和单行条例，可以直接引用。”

根据上述法律规定可知，人民法院审理案件，必须以法律、行政法规、法律解释或司法解释等作为裁判依据，人民法院不能在无“法律”依据的情况下，判决当事人承担法律责任。

民法上的补充责任主要发生于侵权领域，《民法典》规定的补充责任情形包括：(1)第三人侵权下，安全保障义务人有过错时承担补充责任(《民法典》第 1198 条)；(2)第三人侵权下，教育机构有过错时承担补充责任(《民法典》第 1201 条)；(3)第三人高空抛物，物业服务人违反安全保障义务时承担补充责任(《民法典》第 1254 条)；(4)自甘风险中第三人造成损害，组织者违反安全保障义务时承担补充责任(《民法典》第 1176 条)；(5)一般保证人承担补充责任(《民法典》第 687 条)。

没有任何"法律"明确规定被挂靠人应当对挂靠人向发包人返还超付工程款的义务承担补充责任。因此,认定被挂靠人对发包人承担返还超付工程款的补充责任,无法律依据。

2. 认定被挂靠人承担补充责任,违反合同相对性原则

《民法典》第465条第2款规定:"依法成立的合同,仅对当事人具有法律约束力,但是法律另有规定的除外。"

如前所述,在建设工程项目存在挂靠的情况下,发包人如明知挂靠情形的,挂靠人与发包人之间形成事实建设工程施工合同法律关系,被挂靠人不是建设工程施工合同法律关系的当事人。因此,基于合同相对性原则,发包人无权请求被挂靠人承担返还超付工程款的补充责任。

3. 认定被挂靠人承担补充责任,违反不当得利制度的规定

发包人享有的超付工程款返还请求权,本质上属于不当得利请求权。《民法典》第985条规定:"得利人没有法律根据取得不当利益的,受损失的人可以请求得利人返还取得的利益……"因此,不当得利请求权行使的对象为得利人,得利人取得利益没有法律根据的,受损人可以要求得利人返还取得的利益。

在挂靠情形下,发包人超付工程款的不当利益通常均由挂靠人取得,此时发包人属于受损人,而挂靠人属于得利人。而被挂靠人并未取得不当利益,不是不当得利纠纷案件的适格主体。

因此,根据不当得利制度,发包人超付工程款时仅能请求挂靠人返还,无权要求被挂靠人对返还超付工程款承担补充责任。

4. 认定被挂靠人承担补充责任,违反"补充责任的承担应以当事人存在过错为前提"的规则

《民法典》第157条规定:"民事法律行为无效、被撤销或者确定不发生效力后,行为人因该行为取得的财产,应当予以返还;不能返还或者没有必要返还的,应当折价补偿。有过错的一方应当赔偿对方由此所受到的损失;各方都有过错的,应当各自承担相应的责任。法律另有规定的,依照其规定。"

根据上述法律规定,合同无效后,有过错的一方应当赔偿对方由此受到的损失。发包人如主张由被挂靠人返还超付工程款的补充责任,需要证明被挂靠

人对发包人超付工程款存在过错。但是,在发包人明知挂靠的情形下,工程结算和工程款支付通常均由挂靠人和发包人直接对接,被挂靠人仅提供盖章等支持。因此,发包人超付工程款的原因主要是其与挂靠人之间不当结算、不当支付导致,被挂靠人对此并没有任何过错,根据该条规定,被挂靠人无权对发包人超付工程款的损失承担补充责任。

同时,《民法典》侵权责任编规定的补充责任承担也应当以义务人存在过错为前提。

5. 认定被挂靠人承担补充责任,违反信赖保护原则

发包人在明知或应知挂靠关系的情况下,仍将工程发包给挂靠人,挂靠人既是实际承包人又是施工人。发包人构成违法发包,不具备信赖保护的法律基础,发包人此时不得仅因信赖代理权外观而直接向被挂靠人主张权利,而应按照各方当事人之间实际发生的民事法律关系。因此,发包人无权请求被挂靠人承担返还超付工程款的责任。

综上,在司法实践中,对发包人明知挂靠时是否有权要求被挂靠人对返还超付工程款承担连带责任或补充责任存在较大争议。但笔者认为,无论是连带责任的观点还是补充责任的观点,均不能做到法理、立法、司法三者相印证。因此,在发包人明知挂靠的情形下,如发包人存在超付工程款的事实,发包人应向挂靠人主张返还超付工程款,而无权要求被挂靠人返还超付工程款,无权主张被挂靠人对此承担连带责任和补充责任。

◎类案裁判要旨精编

最高人民法院(2021)最高法民申6566号再审民事裁定书:发包人明知挂靠,发包人与被挂靠人的工程款项支付行为并非实际支付行为,被挂靠人对资金不享有所有权。因此,驳回发包人请求被挂靠人返还超付工程款的请求。

最高人民法院(2020)最高法民申2920号再审民事裁定书:发包方与被挂靠方的合同仅系外观表象,发包方与挂靠方形成事实上的建设工程施工合同关系。被挂靠方对挂靠方有委托行为。发包方明知各方权利义务关系,应由实际施工人承担法律后果,发包人无权要求被挂靠方承担法律后果。

十二、发包人向承包人主张开具发票的可诉性分析

(一)实践中对发包人能否起诉承包人开具发票存在争议

1.“支持说”的主要观点及裁判规则

“支持说”认为,开具发票具有可诉性,收取价款的一方应当履行开具发票的法定义务。因此,人民法院应当受理开具发票的诉讼请求。

◎类案裁判要旨精编

最高人民法院(2021)最高法民申1337号再审民事裁定书:本案中,双方补充协议中约定的提供发票并非指由税务机关提供发票,而是指在给付工程款时需由承包方向发包人给付税务机关开具的发票,当事人之间就一方自主申请开具发票与另一方取得发票的关系,属于民事法律关系范畴,原判决认定开具发票属于民事案件的审理范围,并无不当。TY公司该再审申请事由不能成立,法院不予支持。

2.“反对说”的主要观点及裁判规则

“反对说”认为,发票管理应由税务机关主管,属于行政法律关系的范畴。因此,开具发票不具有可诉性,人民法院不应受理该项诉讼请求。

◎类案裁判要旨精编

最高人民法院(2018)最高法民终482号二审民事判决书:根据《发票管理办法》的规定,发票管理是税务主管部门的法定职责。原判决对于CR房地产公司主张的SC公司应当提供发票问题未予处理,并无不当。CR房地产公司就此问题可以另寻其他法律途径解决。

(二)笔者认为发包人可以起诉承包人开具发票

引发以上实务争议的原因在于发票本身兼具公法属性与私法属性,导致“开具发票”是否属于法院受理的范围这一问题模糊不清。

开具发票行为可诉性之争源于发票本身兼具公法属性与私法属性。因此,

讨论当事人能否就“未开具发票”行为提出诉讼请求这一问题，是在探究“以票管税”的税收管理制度下，开具发票是否具有民法规制的必要性。

笔者认为，开具发票的行为受到公法的管理，并不排斥当事人通过民事救济途径请求相对人履行开具发票的义务。通过民法规制开具发票的行为具有必要性。根据《发票管理办法》第 33 条第 1 款的规定，收款人应开发票而未开发票时，由税务机关责令改正并可以处 1 万元以下的罚款。该条规定从税收管理的角度对收款人开具发票的义务予以明确，目的是要求公民履行税法上的监督义务，避免国家税收管理出现秩序混乱。仅通过税法制度对开具发票的行为进行规制不能满足当事人就合同享有的合法利益的实现。一方面，《发票管理办法》规定的处罚力度较小，一万元的处罚金额对市场主体而言不具有威慑力。另一方面，在已经建立合同关系的双方交易主体之间，尽管一方可以通过举报要求对方履行开具发票的义务，但是为此付出的合理开支费用需由自己承担，合同主体额外支出的费用无法得到填补。因此，以民法规制开具发票能倒逼纳税主体公法义务的履行。发票不仅仅是双方之间交易金额往来的凭证，也是税务机关征收税款的重要凭证。由于合同关系建立在双方的意思自治之上，因此具有高度隐蔽性而不易为他人察觉，支持开具发票的可诉性能够督促纳税主体积极履行开票义务，有利于政府的税收监管。

开具发票是否具有可诉性的核心关键在于该项义务是否构成民事义务，即民事法律关系的要件事实中是否包含开具发票行为。合同双方应履行的义务中包括主给付义务、从给付义务以及附随义务。附随义务贯穿整个合同履行的过程中，包括但不限于告知、保密、说明等义务。附随义务的履行是为了保障合同给付义务的实现。给付义务中包括主给付义务和从给付义务，二者均是在合同缔结之初就予以确定的。合同主给付义务具有确定合同类型的作用，从给付义务具有辅助主给付义务实现的功能。从给付义务履行的意义在于辅助当事人给付利益的实现，最大限度地保证当事人主给付义务的履行。

开具发票行为应属于合同的从给付义务，理由如下：

首先，发票作为双方资金往来的单证资料，应当是自合同双方订立合同之日起就明确的，而非随着合同主给付义务的履行状态而发生变化的。

其次，开具发票对合同主给付义务的履行具有重要意义。民事主体购销商品、提供或者接受服务以及从事其他经营活动中索取发票的首要意义是作为收付款凭证。不开具发票,支付了价款的付款方将无法获得已经履行合同主要义务的凭证。常见的买卖合同、建设工程施工合同、服务合同履行中,收取货物的买受方支付价款、接受服务一方支付服务费用,收取货款或提供服务一方应当向付款方出具收款凭证,用于证明付款、收款的法律事实已经发生。

再次,发票属于提取标的物单证以外的有关单证和资料。《民法典》第599条规定:"出卖人应当按照约定或者交易习惯向买受人交付提取标的物单证以外的有关单证和资料。"双方之间以发票信息作为证明支付的单证资料应属于市场交易习惯。交易习惯的两个特征是反复实践性和内心确信性。就反复实践性而言,开具发票未经民事法律规范确认为履行合同之必要,但是《发票管理办法》第18条规定:"销售商品、提供服务以及从事其他经营活动的单位和个人,对外发生经营业务收取款项,收款方应当向付款方开具发票;特殊情况下,由付款方向收款方开具发票。"因此,非经法律特殊规定,"开具发票"对合同交易方来说并不陌生,是纳税主体在对外开展经营业务时应当履行的一项义务。就内心确信性而言,我国采取"以票管税"的税收管理制度,及时开具发票是公民应尽的公法义务,这点已形成了合同交易方的潜在意思表示,非经特殊约定,应属双方合意内容。因此,开具发票行为应属于市场中自然形成的交易惯例。无论当事人是否在合同中特殊约定了"开具发票"义务,在当今市场交易中,发票仍然是符合交易习惯的、能够辅助证明主给付义务履行的重要凭证。

最后,《合同编通则司法解释》第26条从司法解释角度对该问题进行了确认,该条规定:"当事人一方未根据法律规定或者合同约定履行开具发票、提供证明文件等非主要债务,对方请求继续履行该债务并赔偿因怠于履行该债务造成的损失的,人民法院依法予以支持;对方请求解除合同的,人民法院不予支持,但是不履行该债务致使不能实现合同目的或者当事人另有约定的除外。"

综上所述,发票兼具公法与私法属性,开具发票不仅是税法上的义务,也是一项民事法律义务。具体而言,开具发票作为合同中的从给付义务,相对人在诉讼中可以享有诉的利益。当事人可以请求负有开票义务的一方履行该义务并赔偿由此造成的损失。

十三、承包人主张工程价款的诉讼时效认定

(一)工程款诉讼时效的法律规定

根据《民法典》第188条的规定,向人民法院请求保护民事权利的诉讼时效期间为3年。法律另有规定的,依照其规定。诉讼时效期间自权利人知道或者应当知道权利受到损害以及义务人之日起计算。法律另有规定的,依照其规定。但是,自权利受到损害之日起超过20年的,人民法院不予保护,有特殊情况的,人民法院可以根据权利人的申请决定延长。

依据《民法典》第192条的规定,诉讼时效期间届满的,义务人可以提出不履行义务的抗辩。诉讼时效期间届满后,义务人同意履行的,不得以诉讼时效期间届满为由抗辩;义务人已经自愿履行的,不得请求返还。

诉讼时效届满后,并不发生债权消灭的结果,只是产生时效抗辩权,其效果是,债权人起诉后,若对方提出诉讼时效届满抗辩,法院会驳回债权人的诉讼请求,但法院不会主动释明时效问题,且若债务人履行债务,不得请求返还。

关于诉讼时效抗辩的提出时机,最高人民法院《关于审理民事案件适用诉讼时效制度若干问题的规定》第4条规定:"当事人在一审期间未提出诉讼时效抗辩,在二审期间提出的,人民法院不予支持,但其基于新的证据能够证明对方当事人的请求权已过诉讼时效期间的情形除外。当事人未按照前款规定提出诉讼时效抗辩,以诉讼时效期间届满为由申请再审或者提出再审抗辩的,人民法院不予支持。"

(二)工程进度款诉讼时效计算规则

工程进度款是指在建设工程施工过程中,按照工程形象进度或完成的工程量逐月(或按阶段)计算并支付给施工单位的款项,用于保障施工资金需求和工程顺利推进,其核心在于根据实际完成的工程量分段支付,避免施工单位垫付过多资金。

工程进度款属于分期履行的债务,依据《民法典》第189条的规定,当事人约定同一债务分期履行的,诉讼时效自最后一期履行期限届满时起算。故最后

一期工程款支付期满之日，工程进度款的诉讼时效期间开始计算。

◎类案裁判要旨精编

最高人民法院（2018）最高法民申284号再审民事裁定书：最高人民法院《关于审理民事案件适用诉讼时效制度若干问题的规定》第5条规定，当事人约定同一债务分期履行的，诉讼时效期间从最后一期履行期限届满之日起计算。工程进度款是工程款的一部分，因双方对结算有争议，案涉工程至今尚未结算，根据该司法解释的上述规定，NT建设公司于2012年7月27日诉请支付工程结算款，重审中于2015年9月1日变更为支付工程进度款，并未超过诉讼时效。退一步讲，即使认为本案超过诉讼时效，XSWJD公司在一审中并未提出诉讼时效抗辩，根据上述司法解释第4条的规定，当事人在一审期间未提出诉讼时效抗辩，在二审期间提出的，人民法院不予支持。举轻以明重，XSWJD公司在再审申请中提出的该项理由，法院亦不予认可。故XSWJD公司主张NT建设公司的起诉已过诉讼时效，没有事实和法律依据，法院不予支持。

（三）工程结算款诉讼时效计算规则

1. 已完工但未办理竣工结算时，按主流观点诉讼时效不起算

在这种情况下，司法实践主流观点为因债权内容不确定，此时诉讼时效不起算。由于工程价款未结算，双方之间的债权债务数额及给付期限均未确定，承包人无法确定“知道或者应当知道权利被侵害”的具体时间和相应的权利内容，诉讼时效无法起算。

◎类案裁判要旨精编

最高人民法院（2020）最高法民申1179号再审民事裁定书：ZH公司与YM公司之间系建设工程施工合同关系，根据双方签订的《承包协议书》第10条关于付款方式部分第六次付款约定，ZH公司应在双方决算完毕且工程交付后15日内向YM公司支付案涉工程结算工程款，该条约定表明，双方债权债务最终确认应当以双方决算为前提，而根据本案已查明的事实，双方并未就

案涉工程价款进行最终决算,故诉讼时效并未开始起算。YM 公司于 2012 年 6 月 18 日曾起诉 ZH 公司主张案涉工程价款,因在该案中,双方并未进行工程价款结算,双方权利义务并未最终确定,ZH 公司主张应以该案判决生效之日作为本案诉讼时效起算点,缺乏依据。

最高人民法院(2017)最高法民再 229 号再审民事判决书:案涉工程虽然未经竣工验收,但 HB 公司认可于 2010 年 10 月已交付并使用,因此 HB 公司依法应支付拖欠的工程款。因双方对案涉工程未进行结算,HB 公司欠付 YCL 工程款的具体数额未确定,YCL 提起本案诉讼并未超过诉讼时效。

最高人民法院(2021)最高法民申 7536 号再审民事裁定书:水泥公司主张 JG 集团起诉已超过诉讼时效。经查,案涉工程竣工后,双方当事人并未按照合同约定进行竣工结算,案涉工程欠款数额并未最终确定,剩余工程款给付期限并未明确,债务履行的诉讼时效期间是自履行期限届满之日起算,故 JG 集团并未超过法定诉讼时效期间。

此外,实践中也有案例表明,建设工程未最终结算,发包人陆续付款时,诉讼时效自最后一次付款时起算,法院将最后付款时间视为“权利人知道或者应当知道权利受到损害以及义务人之日”。

◎类案裁判要旨精编

最高人民法院(2019)最高法民再 193 号再审民事判决书:SHJ 公司与 XSL 于 2001 年 5 月 12 日签订结算汇总表,就涉案五项工程进行了初步结算,但未就最终结算金额达成一致,债权债务关系没有最终确认。之后,SHJ 公司陆续向 XSL 支付部分工程款,2009 年 11 月 18 日支付了最后一笔工程款 19 906.77 元后再未支付。因此,XSL 主张 2009 年 11 月 18 日是其知道自己的权利受到侵害的时间,本案诉讼时效应从 2009 年 11 月 18 日起算,有事实依据。

2. 工程已办理竣工结算,但未明确履行期限时

第一种观点认为,应参照应付款利息支付日起算。

在工程已办理竣工结算后,应付款而未付款之日应为“权利受到损害”之

日。《建工司法解释(一)》第 27 条规定,"利息从应付工程价款之日开始计付。当事人对付款时间没有约定或者约定不明的,下列时间视为应付款时间:(一)建设工程已实际交付的,为交付之日;(二)建设工程没有交付的,为提交竣工结算文件之日;(三)建设工程未交付,工程价款也未结算的,为当事人起诉之日"。该条规定了三种应付款时间的认定方式。

◎类案裁判要旨精编

最高人民法院(2020)最高法民申 112 号再审民事裁定书:在诉讼标的为工程款的情况下,诉讼时效的起算日应为应付工程款之日,应付而未付,则诉讼时效开始起算。

第二种观点认为,工程款诉讼时效自权利人主张之日起算。

参照应付款利息支付日起算的观点,具有相对客观明确的优点,其依据相关司法解释所确定的利息起算时间来认定诉讼时效起算点,在实践中便于操作和统一裁判标准。然而,对于承包人提交结算报告,发包人无正当理由拖延结算的,以实际交付之日作为诉讼时效起算点可能对承包人并不公平。承包人可以根据《民法典》第 511 条第 4 款"当事人就有关合同内容约定不明确,依据前条规定仍不能确定的,适用下列规定:履行期限不明确的,债务人可以随时履行,债权人也可以随时要请求履行,但是应当给对方必要的准备时间"的规定来主张诉讼时效自承包人向发包人主张权利之日起算。

◎类案裁判要旨精编

最高人民法院(2018)最高法民终 1275 号二审民事判决书:WYB 虽系最终付款义务主体,但其系通过 BH 公司修建趸船码头,应向 BH 公司承担付款义务。而 WYB 与 BH 公司之间并无书面合同,未约定具体结算方式和付款时间,因此 BH 公司可随时向 WYB 主张该工程款,诉讼时效应当自债权人主张债权时起算。

最高人民法院(2013)民申字第 1114 号再审民事裁定书:由于 HBSJ 公司与 JY 公司之间并未签订书面合同,JY 公司也未证明双方约定过支付工程款的时间,在双方就付款时间约定不明的情况下,根据《合同法》第 62 条第 4 项"履行期限不明确的,债务人可以随时履行,债权人也可以随时要求履行,但应当给对方必要的准备时间”的规定，HBSJ公司可以随时要求履行，在HBSJ公司向JY公司主张权利时，本案方可计算诉讼时效，故二审判决认定HBSJ公司的起诉并未超过诉讼时效并无不当。

3. 工程竣工结算后，且双方明确约定付款期限的，诉讼时效自双方约定的最后一笔付款期限届满之日起算

《民法典》第189条规定：“当事人约定同一债务分期履行的，诉讼时效期间自最后一期履行期限届满之日起计算。”工程款分期支付属于债务分期履行，适用该规定。

（四）建设工程施工合同无效时诉讼时效的计算规则

建设工程竣工验收合格的情况下，《民法典》第793条规定：“建设工程施工合同无效，但是建设工程经验收合格的，可以参照合同关于工程价款的约定折价补偿承包人。”承包人享有的补偿请求权，属于债权请求权，适用诉讼时效的有关规定，诉讼时效自承包人知道或应当知道其权利受到侵害及义务人之日开始计算。具体而言，无效的施工合同约定了付款期限，诉讼时效自该约定期限届满之日起算；无效合同未约定付款期限或约定付款期限也无效的，但工程已经结算的，诉讼时效自实际结算之日起算；无效合同未约定付款期限或约定付款期限也无效的，且工程款尚未结算的，诉讼时效不起算。

◎类案裁判要旨精编

最高人民法院(2020)最高法民终1274号二审民事判决书：案涉工程竣工后，双方并未按照上述合同的约定进行竣工结算，即起诉之前，案涉工程欠款数额尚未最终确定，剩余工程款的给付期限并不明确。而债务履行的诉讼时效期间是自履行期限届满之日起算。故JG集团向一审法院起诉要求水泥公司给付尚欠工程款及利息，并没有超过法定诉讼时效期间。

上海市第二中级人民法院(2019)沪02民终810号二审民事判决书：诉讼时效期间应当自LJJ知道或应当知道其权利受侵害开始计算……无效建设工程施工合同的施工人主张的工程款属于折价补偿，是债权请求权，应适用诉讼时效的有关规定。LJJ承接案涉工程，其合同目的是获取工程价款。如

果 LJJ 认识到合同无效,可直接请求法院确认合同无效并按照合同无效的法律规定处理本案纠纷。如果 LJJ 未认识到合同无效,则应当按照合同约定主张权利。因此,无论合同效力如何,均非构成对 LJJ 主张工程款的障碍。因此,LJJ 给付工程款的请求权的诉讼时效应从知道或者应当知道权利被侵害开始计算,也就是从 ZT 公司怠于履行付款义务开始起算。鉴于双方当事人未签订书面合同,对何时给付工程款没有书面的约定。但依照法律规定及在案证据,可以进行确认。《合同法》第 62 条第 4 款规定,履行期限不明确的,债务人可以随时履行,债权人也可以随时要求履行,但应当给对方必要的准备时间。最高人民法院《关于审理建设工程施工合同纠纷案件适用法律问题的解释》第 18 条规定……LJJ 已于 2001 年 6 月 26 日与 ZT 公司达成结算,ZT 公司未及时付款,已经侵害 LJJ 的权利,诉讼时效应从此时开始计算。退一步讲,即使建设工程施工合同无效,但双方当事人之间的结算协议应属有效,虽然双方未直接签署结算协议,但 LJJ 参与工程结算并签署同意结算价款的行为,应视为双方就结算达成一致意见。因此,LJJ 起诉给付工程款的诉讼时效也应从达成结算开始计算。

第六章　工程价款优先受偿权

一、优先受偿权的功能与性质

建设工程价款优先受偿权（以下简称优先受偿权）是指承包人对于建设工程折价或拍卖的价款享有优先受偿的权利。

（一）优先受偿权的功能与立法目的

《民法典》第807条规定："发包人未按照约定支付价款的，承包人可以催告发包人在合理期限内支付价款。发包人逾期不支付的，除根据建设工程的性质不宜折价、拍卖外，承包人可以与发包人协议将该工程折价，也可以请求人民法院将该工程依法拍卖。建设工程的价款就该工程折价或者拍卖的价款优先受偿。""建设工程价款受偿权（请求权）"本质属于应收账款债权，"债权是天生的平等派"，该请求权与建设工程合同履行相关的其他合同，如建筑材料买卖合同、运输合同、水电供应合同、设施设备租赁合同等项下的债权本质并无不同，然而立法者赋予建设工程价款债权予以"优先"，其背后的"法益衡量"在于：承包人物资和劳动投入已"物化"进入了建筑工程，但仅限于此，不能解释材料供应商等其他债权人的"供给或服务"亦同等地"物化"到了建设工程的事实。理论界、立法者和司法机关主流观点普遍认为"优先受偿权的立法目的是保障农民工等建筑工人的权益"。《建工司法解释（一）》第42条规定，"发包人与承包人约定放弃或者限制建设工程价款优先受偿权，损害建筑工人利益，发包人根据该约定主张承包人不享有建设工程价款优先受偿权的，人民法院不予支持"，即可见其核心功能价值取向。而随着《保障农民工工资支付条例》等相关法规的出台，"建筑工人实名制""总包工资代发制"等制度的实施，优先受偿权的这一立法目的（功能）已显弱化，最高人民法院《关于商品房消费者权利保护问题的批复》赋权商品房消费者权利优先保护即可见一斑。

（二）优先受偿权的性质解析

优先受偿权是承包人直接依据法律规定而非合同约定享有的权利。有观点据此认为优先受偿权并非债权，这实际上忽视了既有“意定之债”亦有“法定之债”的基本原则。传统观点把优先受偿权的性质解释为“留置权说”、“法定抵押权说”和“法定优先权说”。[①] 前两种观点把“优先受偿权”解释为特殊的担保物权，而“法定优先权”把“优先受偿权”解释为依法享有优先效力的“特别债权”，类似于《企业破产法》规定的破产企业职工的劳动债权优先权、《民用航空法》规定的民用航空器优先权以及《海商法》规定的海事优先权。而崔建远教授则认为“优先受偿权”应当属于“法定担保物权”。[②] 各种观点的核心分歧在于“优先受偿权”属于债权性质还是物权性质，而“法定优先权说”为有力学说。

少数观点认为“优先受偿权”属于“留置权”。该学说借鉴承揽合同关系中承揽人有权对定作物予以“留置”的担保物权权利。但理解上的困难在于，《民法典》第 447 条规定的留置物系“动产”而非“建设工程”，同时，留置权的行权要件系对动产的“占有”，而优先受偿权显然并不以此为必要。

少数观点认为“优先受偿权”属于法定抵押权。抵押权包括不动产，亦不以“占有”为必要。《江苏省高级人民法院建设工程施工合同案件审理指南（2010年）》规定：“建设工程款优先受偿权属于法定抵押权，担保的是工程款债权，主债权转让的，担保物权应一并转让。根据法律条文的表述并不能确定工程款优先受偿权具有人身专属性，故工程款债权转让给他人的，优先受偿权应随之转让。”批评观点认为“抵押权”属于典型的意定之债，但也有观点认为中国法上设置有法定抵押权，《民法典》第 397 条关于房地一体抵押的规则，即将未设定意定抵押的“房”或“地”法定为抵押权的范围。反对法定抵押权的观点仍然认为：根据“物权法定”的规则，不动产抵押权的生效以“登记”为要件，而“优先受

① 参见宋宗宇：《建设工程优先受偿权的法律性质》，载《西南政法大学学报》2001 年第 2 期。

② 参见崔建远：《论建设工程价款优先受偿权》，载《法商研究》2022 年第 6 期。

偿权”并不要求登记;优先受偿权的优先保障范围不含工程款利息、违约金和损害赔偿金,而抵押权无此限制。

主流观点采“法定优先权说”。最高人民法院《关于建设工程款优先受偿权适用法律的复函》(已失效)明确规定其为“法定优先权”。《建工司法解释(一)》第36条规定:“承包人根据民法典第八百零七条规定享有的建设工程价款优先受偿权优于抵押权和其他债权。”即明确把“优先受偿权”与“抵押权”和“其他债权”相互区分,且“优先受偿权”无须如“不动产抵押权”一般以登记为生效要件。“我国海商法规定的船舶优先权无须登记,民用航空法规定的民用航空器优先权需要向国务院民用航空主管部门登记,但未规定这种登记的效力。国外的一些法律对优先权或者法定抵押权是否必须登记也各有不同,有要求登记的,如德国民法,也有要求不登记的,如法国民法。”①而司法裁判规则层面,最高人民法院第六巡回法庭亦明确:“建设工程价款优先受偿权在性质上属于法定优先权。”②

“法定优先权”并未明确该种权利是否属于特殊的债权或是物权,崔建远教授将该种权利明确为“法定担保物权”,“其不同于留置权,亦非法定抵押权;其法律构造宜理解为工程价款债权和优先权的结合,而非能够优先受偿的债权”。③ 物权说的主要立论观点为:一是,优先受偿权不同于工程价款债权,其标的物并非“工程价款本身”而是“建设工程”;二是,优先受偿权具有物上追及效力。如建设工程由发包人转让给第三人,承包人亦对其享有优先受偿权,即享有物上追及权。④

笔者赞同“法定优先债权说”,即优先受偿权仍属于“需优先受偿的特别债权”,在法律没有明文规定优先受偿权属于担保物权的前提下,根据“物权法定”规则,将其定位为特殊债权,符合法律实务工作者解释论的立场。

---

① 汪治平:《关于建设工程价款优先受偿权的若干问题》,载《人民司法》2002年第8期。

② 杨临萍主编:《最高人民法院第六巡回法庭裁判规则》,人民法院出版社2022年版,第9页。

③ 崔建远:《论建设工程价款优先受偿权》,载《法商研究》2022年第6期。

④ 参见司伟:《通过以物抵债方式取得建设工程所有权的第三人,不能对抗承包人行使建设工程价款优先受偿权》,载最高人民法院民事审判第一庭编:《民事审判指导与参考》(2012年卷),人民法院出版社2018年版。

二、优先受偿权的权利顺位

优先受偿权优先于抵押权和其他债权，已由最高人民法院《关于建设工程价款优先受偿权问题的批复》（已失效）和《建工司法解释（一）》第 36 条所明确。而关于以居住为目的的商品房消费者“房屋交付请求权”及“价款返还请求权”与之关系，却由最高人民法院《关于商品房消费者权利保护问题的批复》新近规定，简析如下：

最高人民法院《关于商品房消费者权利保护问题的批复》中明确，商品房消费者以居住为目的购买房屋并已支付全部价款（或在一审法庭辩论终结前已实际支付剩余价款）的，其“房屋交付请求权”优先于建设工程价款优先受偿权、抵押权以及其他债权。在房屋无法交付时，“商品房消费者主张价款返还请求权”亦予优先。

居住目的标准参照《全国法院民商事审判工作会议纪要》第 125 条以及最高人民法院《关于人民法院办理执行异议和复议案件若干问题的规定》第 29 条，将“买受人名下无其他用于居住的房屋”进一步界定为“在案涉房屋同一设区的市或者县级市范围内商品房消费者名下没有用于居住的房屋商品房消费者名下虽然已有 1 套房屋，但购买的房屋在面积上仍然属于满足基本居住需要的”。

笔者认为，最高人民法院的该项规定，其立法目的在于“农民工劳动债权已得到《保障农民工工资支付条例》等充分保障的前提下，且近年来‘烂尾楼项目’导致商品房消费者权利受害的特殊形势下，所做的特别法益权衡”。但是该种司法政策并无法律层面的立法支持，若采“优先受偿权系法定担保物权说”，则最高人民法院的该种规定涉嫌违法无效。而采用“优先受偿权系法定优先债权说”，则商品房消费者基于购房合同而产生的交付请求权优先，存在合理性，但相应的“商品房消费者主张价款返还请求权”显然属于“特殊”的债权，而优先于“建设工程价款优先受偿权”和抵押权（担保物权），显然在效力层次上仍然存有冲突。

另外值得注意的是，商品房预售合同网签备案是规范商品房预售而采用的行政管理手段，并非“预告登记”等物权变动的公示手段，不影响优先受偿权实现,若优先受偿权与房屋买受人权利冲突,按权利顺位问题另行解决。[①]

三、优先受偿权的权利主体

《建工司法解释(一)》第35条把权利主体界定为“与发包人订立建设工程施工合同的承包人”。据此勘察、设计、监理合同等项下的当事人并非“施工合同的承包人”;转包、违法分包、挂靠情形下的“实际施工人”亦非权利主体;但值得疑问的是专业分包、劳务分包合同项下的“合法分包人”虽未“与发包人订立施工合同”,但是否享有优先受偿权,需要予以深入研究。

(一)与发包人不存在直接合同关系的“合法分包人”原则上不享有优先受偿权

对《建工司法解释(一)》第35条作文义解释,施工总承包合同项下的“专业分包”和“劳务分包合同”均与施工总承包人而非“发包人”签订,《建设工程施工合同(示范文本)》(GF-2017-0201)亦把分包人界定为与承包人而非发包人签订合同的法人。而“发包人”的概念主流观点认为仅限于建设单位,总承包人、转包人、违法分包人等中间环节的“相对发包人”不属于“发包人”的范畴。最高人民法院《全国民事审判工作会议纪要(2015年4月征求意见稿)》第50条规定:“对实际施工人向与其没有合同关系的转包人、分包人、总承包人、发包人提起的诉讼,要严格依照法律、司法解释的规定进行审查,不能随意扩大《关于审理建设工程施工合同纠纷案件适用法律问题的解释》第二十六条第二款的适用范围,并且要严格根据相关司法解释规定明确发包人只在欠付工程价款范围内对实际施工人承担责任。”即明确把发包人概念与其他“相对发包人”区分。而《建工司法解释(一)》第43条亦把“发包人、转包人、违法分包人”概念并列并区分。

最高人民法院第六巡回法庭也专门发文强调“因建设工程价款优先受偿权在性质上属于法定优先权的性质,因此不宜扩大权利主体范围,应当根据《民法典》第807条和《建工司法解释(一)》第35条规定,限制在与发包人订立建设工

① 参见最高人民法院民事审判第一庭2021年第21次专业法官会议纪要。

程施工合同的承包人范围内”。[①]

因此,未直接与发包人签订施工合同的合法分包人原则上不应享有建设工程价款优先受偿权,主要理由是:一是不符合优先受偿权的主体身份的概念界定;二是分包工程款相对数量不高,不值得特别予以保护。

但在例外情况下,如发包人指定分包人的情形(俗称“甲指分包”)下,承包人仅承担管理和配合等义务,在此情形下,虽然该“甲指分包”人仍然与总承包人签订合同,但有理由认为其相当于直接与发包人签订了承包合同,有权取得优先受偿权。

◎类案裁判要旨精编

北京市朝阳区人民法院(2021)京0105民初55123号一审民事判决书:苏州JTL建筑装饰股份有限公司与JK人寿保险股份有限公司等建设工程施工合同纠纷一审民事判决书中指出:首先,在履行过程中,JTL公司完全代替ZJYJ就涉案工程履行了装修义务,ZJYJ仅承担配合义务,应属于ZY公司指定由JTL公司作为分包人;其次,结算协议书最终载明“分包人确认上述最终结算金额已包含了题述合同项下发包人应当向分包人支付的所有款项”,可见最终约定是由ZY公司向JTL公司付款;最后,虽然三方合同中约定ZY公司向ZJYJ付款后再由ZJYJ向JTL公司付款,但涉案工程的最终付款人为ZY公司,JTL公司有权代位求偿。……本案标段一工程、标段二工程已经竣工验收合格,ZY公司应在签订结算协议书后及时支付所欠工程款,JTL公司提起本案诉讼未超过六个月,JTL公司有权就其承建的涉案工程在11 901 325.55元范围内享有建设工程价款优先受偿权。

另外的情形下,如存在发包人直接越过总承包人(通常在合同中为禁止事项)直接管理、支配分包人,并直接越过承包人向分包人支付工程款、直接发相关工程联系函等,则可认为该分包人与发包人成立“事实上的发承包关系”,则该分包人亦有权享有优先受偿权。

---

① 杨临萍主编:《最高人民法院第六巡回法庭裁判规则》,人民法院出版社2022年版,第9页。

◎类案裁判要旨精编

最高人民法院(2020)最高法民申6978号再审民事裁定书:关于南京DS公司是否就案涉工程享有优先受偿权的问题。根据二审另查明的事实,国电ZX公司于2018年10月15日向南京DS公司出具《工程施工委托书》,将国电ZX公司80MWP并网发电一期10MWP工程任务委托给南京DS公司对案涉工程进行施工。自签订之日起生效,工程完毕后,该委托书自行终止。双方落款签章时间为2015年10月15日。此外,从合同履行看,本案亦存在南京DS公司直接向国电ZX公司履行合同义务等情形。由此,国电ZX公司出具《工程施工委托书》实为事后对南京东送公司工程施工主体予以追认,且结合《工程施工委托书》与《PC工程承包合同》签订的时间分析,二审认定南京DS公司系国电ZX公司指定分包人,并支持南京DS公司有关就其施工工程折价或拍卖的价款享有优先受偿权的诉讼请求并无不当。

(二)实际施工人与优先受偿权

1.一般条件下实际施工人不享有优先受偿权

"实际施工人"包括转包法律关系下的"转承包人"、违法分包法律关系下的"违法分包人",以及挂靠法律关系下的"挂靠人"。实际施工人不属于"与发包人直接签订施工合同的承包人",因而原则上不享有优先受偿权。最高人民法院民事审判第一庭2021年第21次专业法官会议纪要亦明确"实际施工人不享有建设工程价款优先受偿权"。根据对《建工司法解释(二)》(已失效)第17条理解与适用的观点,依法享有工程价款优先受偿权的人必须与发包人存在直接的施工合同关系,建设工程的勘察人、设计人、分包人、实际施工人、监理人以及与发包人无合同关系的装饰装修工程的施工人均不应享有此项权利。[1]

2.实际施工人突破合同相对性直接向发包人主张工程价款时亦不享有优先权

《建工司法解释(一)》第43条第2款规定:"实际施工人以发包人为被告

---

① 参见薛圣海、何东奇:《实际施工人提出异议,主张对工程款享有优先受偿权,人民法院如何审查处理?》,载《执行工作指导》2020年第3辑。

主张权利的，人民法院应当追加转包人或者违法分包人为本案第三人，在查明发包人欠付转包人或者违法分包人建设工程价款的数额后，判决发包人在欠付建设工程价款范围内对实际施工人承担责任。”而可以突破合同相对性原则请求发包人在欠付工程款范围内承担责任的实际施工人不包括借用资质及多层转包和(多层)违法分包关系中的实际施工人。①

上述条款所赋予的实际施工人直接向发包人主张工程价款的权利并不包括“优先受偿权”，理由在于“毕竟司法解释突破债权相对性，赋予实际施工人有条件地向发包人主张工程价款的权利，是基于保护处于弱势地位的建筑工人权益的目的，与优先权并无必然联系”。②

◎类案裁判要旨精编

最高人民法院(2019)最高法民再258号再审民事判决书：关于WDQ是否享有工程价款优先受偿权的问题……最高人民法院《关于审理建设工程施工合同纠纷案件适用法律问题的解释》第26条第2款规定的是发包人只在欠付工程价款范围内对实际施工人承担责任，即实际施工人有条件向发包人主张工程价款，但并未规定实际施工人享有工程价款的优先受偿权。《合同法》第286条仅规定承包人享有工程价款优先受偿权，亦未规定实际施工人也享有该项权利。因此，WDQ主张其享有工程价款优先受偿权并无事实和法律依据，二审不予支持并无不当。

3. 实际施工人与发包人之间成立事实上的施工合同关系有权享有优先受偿权

最高人民法院民事审判第一庭2021年第20次专业法官会议纪要规定：“借用资质的实际施工人，在发包人知道或者应当知道系借用资质的实际施工人进行施工的情况下，发包人与借用资质的实际施工人之间形成事实上的建设工程施工合同关系，可以请求发包人参照合同约定折价补偿”。主要理由是：一方面，被挂靠人与发包人签订的建设工程施工合同因违反《民法典》关于“通谋

① 参见最高人民法院民事审判第一庭2021年第20次专业法官会议纪要。

② 薛圣海、何东奇：《实际施工人提出异议，主张对工程款享有优先受偿权，人民法院如何审查处理?》，载《执行工作指导》2020年第3辑。

虚伪意思表示”的强制性规定而无效；另一方面，挂靠人与明知的发包人直接成立“事实上的施工合同关系”。

在此条件下，既然“实际施工人”与发包人成立了直接的“事实施工合同关系”，享有工程价款请求权，则亦应当有权享有“工程价款优先权”，最高人民法院民事审判第一庭2021年第21次专业法官会议纪要一概否定实际施工人的优先受偿权，有失偏颇。①

◎**类案裁判要旨精编**

最高人民法院(2019)最高法民申6085号再审民事裁定书：挂靠人比被挂靠人更符合法律关于承包人的规定，比被挂靠人更应当享有工程价款请求权和优先受偿权。挂靠人既是实际施工人，也是实际承包人，而被挂靠人只是名义承包人，认定挂靠人享有主张工程价款请求权和优先受偿权，更符合法律保护工程价款请求权和设立优先受偿权的目的。

4. 实际施工人在转包人或者违法分包人怠于向发包人主张权利前提下提起代位权之诉时所享有的优先受偿权系代表承包人行使，并非其真正的直接权利

《建工司法解释(一)》第44条规定：“实际施工人依据民法典第五百三十五条规定，以转包人或者违法分包人怠于向发包人行使到期债权或者与该债权有关的从权利，影响其到期债权实现，提起代位权诉讼的，人民法院应予支持。”根据最高人民法院关于民法典第535条的理解与适用相关观点，“与该债权有关的从权利”是指附属于主债权的从权利，如担保物权和建设工程价款优先受偿权等。因此，如果转包人或者违法分包人系与发包人签订合同的承包人，因此享有优先受偿权的，实际施工人行使代位权时，该种权利既包括主债权，亦包括主债权所从属的优先受偿权。但该种情形下，实际施工人所主张的优先受偿权并非其真正自有权利，而是代表“被代位人”行使。最高人民法院第六巡回法庭也发文明确：转承包人、违法分承包人等实际施工人不享有建设工程价款优先受偿权。但应当注意，《建工司法解释(一)》第43条、第44条规定实际施工

① 参见史鹏舟主编：《建设工程实际施工人法律问题深度解析》，法律出版社2022年版，第1987页。

人可以向发包人主张支付工程价款，或者以《民法典》第535条对发包人提起代位权诉讼，代位权行使之范围为债权及其从权利，优先受偿权作为从权利即应包括在代位权范围内。[①] 江苏省高级人民法院《关于审理建设工程施工合同纠纷案件若干问题的解答》（已失效）第16条"实际施工人是否享有建设工程价款优先受偿权"亦规定："实际施工人在总承包人或者转包人不主张或者怠于行使工程价款优先受偿权时，就其承建的工程在发包人欠付工程价款范围内可以主张优先受偿权。"

（三）建设工程价款债权转让的，受让人依法取得优先受偿权

1. 主流观点认为债权转让的，受让人有权受让行使工程价款优先受偿权

价款优先受偿权无须初始和转移登记、其法定优先权的属性天然具备"公示"效力，可推知"受让人无须以未取得受让登记而危害其他债权人信赖利益"。《民法典》第547条亦规定，"债权人转让债权的，受让人取得与债权有关的从权利，但是该从权利专属于债权人自身的除外。受让人取得从权利不因该从权利未办理转移登记手续或者未转移占有而受到影响"。因此，工程价款主债权转移的，优先受偿权这一从权利应当相应转移。最高人民法院第六巡回法庭亦明文规定，"承包人将建设工程价款转让他人并通知发包人的，从确保承包人债权尽快实现并合理保值的角度出发，依照《民法典》第547条规定，应认定该工程价款债权受让人有权对发包人主张工程价款优先受偿权"，[②]以及最高人民法院公报案例裁判观点亦认为工程价款优先受偿权相随转让。[③]

河北省高级人民法院2023年5月19日印发的《建设工程施工合同案件审理指南》第27条规定，"建设工程价款优先受偿权系法定优先权，承包人将建设工程价款债权转让，建设工程价款的优先受偿权随之转让"。从而废止了《河北省高级人民法院建设工程施工合同案件审理指南》（冀高法〔2018〕44号）第37条的规定："建设工程价款优先受偿权与建设工程价款请求权具有人身依附性

---

① 参见杨临萍主编：《最高人民法院第六巡回法庭裁判规则》，人民法院出版社2022年版，第10页。

② 杨临萍主编：《最高人民法院第六巡回法庭裁判规则》，人民法院出版社2022年版，第10页。

③ 参见中建三局建发工程有限公司与陕西西岳山庄有限公司、第三人中建三局第三建设工程有限公司建设工程施工合同纠纷案，载《最高人民法院公报》2007年第12期。

承包人将建设工程价款债权转让,建设工程款的优先受偿权消灭。”

江苏省高级人民法院《关于审理建设工程施工合同纠纷案件若干问题的解答》(已失效)第20条规定,“工程款债权转让的,建设工程价款优先受偿权是否一并转让?建设工程价款优先受偿权依附于工程款债权,承包人将建设工程价款债权转让的,建设工程价款优先受偿权随之转让。受让人是否实际享有建设工程价款优先受偿权,仍应进行实体审查”。

支持的裁判规则,还有山东省高级人民法院民事审判第一庭《关于审理建设工程施工合同纠纷案件若干问题的解答》第12条,深圳市中级人民法院《关于建设工程施工合同纠纷案件的裁判指引》第24条[①]等多地人民法院裁判规则支持。

2.少数观点认为工程价款优先权不能相随转让

重庆市高级人民法院、四川省高级人民法院《关于审理建设工程施工合同纠纷案件若干问题的解答》第17条规定:“建设工程价款优先受偿权属于法定优先权,行使主体应限定为与发包人形成建设工程施工合同关系的承包人,建设工程价款债权转让后,受让人主张对建设工程享有优先受偿权的,人民法院不予支持。”

四、优先受偿权的客体

优先受偿权的标的是“建设工程价款”,而“标的物”即优先受偿权的客体(载体)系“具备折价和拍卖条件的建设工程”。因此,此处的建设工程应如何理解?单项工程(或称工程项目)是指具有独立的设计文件,竣工后可以独立发挥生产能力或效益的工程,当然能够整体成为优先受偿的客体。值得疑问的是,单项工程之下的“单位工程、分部、分项工程”等是否能单独成为工程价款优先受偿的对象?笔者认为,分项工程是可优先受偿的“建设工程”最小构造单元。

(一)建设工程的构造单元划分

根据《建筑工程施工质量验收统一标准》(GB 50300-2013),验收单元划分

---

① 2014年版否定了深圳市中级人民法院《关于建设工程合同若干问题的指导意见》(2010年修订)第31条的相关规定。

为单位(子单位)工程、分部(子分部)工程、分项工程和检验批。其中,《〈建筑工程施工转包违法分包等违法行为认定查处管理办法〉释义》,明确规定:“单位工程是指具备独立施工条件并能形成独立使用功能的建筑物或构筑物。”在工业与民用建筑工程中,如生产车间作为单项工程一般是由建筑工程、设备安装工程这两个单位工程组成的。分部工程则是按照工程部位、设备种类和型号、使用材料的不同划分,一般工业与民用建筑工程的分部工程包括以下十种:地基与基础、主体结构、建筑装饰装修、建筑屋面、建筑给排水及采暖、建筑电气、智能建筑、通风与空调、电梯和建筑节能。在工业与民用建筑工程中,当分部工程较大时,可将其分为若干子分部工程。例如,建筑装饰装修分部工程可分为地面、门窗、吊顶工程;建筑电气工程可划分为室外电气、电气照明安装、电气动力等子分部工程。分项工程是指分部工程的组成部分,是施工图预算中最基本的计算单位,又是概预算定额的基本计量单位,故也称为工程定额子目或工程细目,将分部工程进一步划分的,是按照不同的施工方法、不同材料的不同规格等确定的。例如,建筑工程中的分项工程划分:钢筋混凝土分部工程可分为捣制和预制两种分项工程;预制楼板工程可分为平板、空心板、槽型板等分项工程;砖墙分部工程可分为眠墙(实心墙)、空心墙、内墙、外墙、一砖厚墙和一砖半厚墙等分项工程。

(二)“分部工程”可作为优先受偿的客体

《建工司法解释(一)》第 37 条把“具备折价和拍卖条件的装饰装修工程”列为优先受偿的客体。而“装修装修工程”依据《建筑工程施工质量验收统一标准》(GB 50300-2013)属于“分部工程”,故可推知,“分部工程”可作为优先受偿的客体。

(三)最高人民法院公报案例确认“基坑工程”这一分项工程承包人有权优先受偿

《关于基坑工程单独发包问题的复函》明确:“按照现行的《建筑工程施工质量验收统一标准》(GB 50300-2013),建筑工程包括地基与基础工程、主体结构工程、建筑屋面工程建筑装饰装修工程等共 10 个分部工程。按照《建筑工程分类标准》(GB/T 50841-2013)分类,基坑工程(桩基、土方等)属于地基与基础分部工程的分项工程。鉴于基坑工程属于建筑工程单位工程的分项工程,建设单位将非单独立项的基坑工程单独发包属于支解发包行为。”

◎类案裁判要旨精编

最高人民法院(2021)最高法民再188号再审民事判决书①:建设工程中基坑工程承包人投入的建筑材料和劳动力已物化到建筑物中,与建筑物不可分割,基坑施工合同的承包人应享有优先受偿权。对于同一建设工程,可能存在多个承包人,如承包人完成的工程属于建设工程,且共同完成的建设工程易于折价、拍卖的,则应依法保障承包人的优先受偿权。根据建筑行业管理规范和办法,深基坑工程施工包括支护结构施工、地下水和地表水控制、土石方开挖等内容,故基坑支护、降水、土石方挖运工程施工合同的承包人,要求在未受偿工程款范围内享有优先受偿权的,人民法院应予支持。

(四)须排除不宜折价、拍卖的工程

1.违章建筑不属于建设工程价款优先受偿权的客体

违章建筑是指未取得拟建工程规划许可证(原址、选址建房意见书),在规划区以外建设,违反《土地管理法》《城乡规划法》《村庄和集镇规划建设管理条例》等相关法律法规的规定动工建造的房屋及设施。违章建筑主要包括:未申请或申请未获得批准,并未取得建设用地规划许可证和建设工程规划许可证而建成的建筑物;擅自改变建设工程规划许可证的规定建成的建筑物;擅自改变了使用性质建成的建筑物;临时建筑建设后超过有效期未拆除成为永久性建筑的建筑物;通过伪造相关材料向主管部门骗取许可证而建成的建筑物。

最高人民法院民事审判第一庭2021年第21次专业法官会议纪要明确:“承包人对违章建筑不享有建设工程价款优先受偿权”。理由为:“建设工程价款优先受偿权制度系以建设工程的交换价值优先清偿承包人享有的建设工程

① 最高人民法院公报案例,2023年第3期。

价款债权。承包人享有建设工程价款优先受偿权的前提是其建设完成的建设工程依法可以流转。对此,《民法典》第 807 条规定:‘发包人未按照约定支付价款的,承包人可以催告发包人在合理期限内支付价款。发包人逾期不支付的,除根据建设工程的性质不宜折价、拍卖外,承包人可以与发包人协议将该工程折价,也可以请求人民法院将该工程依法拍卖就该工程折价或者拍卖的价款优先受偿。’根据该条规定,承包人享有建设工程价款优先受偿权的条件是建设工程宜折价、拍卖。违章建筑不宜折价、拍卖,故承包人对违章建筑不享有建设工程价款优先受偿权。”

◎类案裁判要旨精编

最高人民法院(2022)最高法民终 341 号二审民事判决书:案涉项目因未取得建设工程规划许可证,尚未被城乡规划主管部门处理,仍属违法建筑,不宜被拍卖变卖,水电 SS 局不享有建设工程价款优先受偿权。

2. 国家机关办公用房或军事建筑以及事业单位、社会团体以公益目的建设的教育设施、医疗设施及其他社会公益设施等依法不能折价、拍卖的建设工程

《民法典》第 399 条规定,“学校、幼儿园、医疗机构等为公益目的成立的非营利法人的教育设施、医疗卫生设施和其他公益设施”不得抵押。因此,“公益目的成立的非营利法人的教育设施、医疗卫生设施和其他公益设施”亦不能成为优先受偿的对象。

值得注意的是,在最高人民法院《关于公路建设单位对公路收费权是否享有建设工程价款优先受偿权以及建设工程价款优先权是否优于质权的请示的答复》中,最高人民法院明确:“公路施工单位可以就转让收费权获得款项或者车辆通行收费款项优先受偿。”

3. 分部、分项工程能够成为优先受偿客体的前提是“能够整体折价和拍卖,并能分别计价”

对于“满足折价和拍卖条件”的理解,最高人民法院民事审判第一庭裁判观点认为,“工程整体需要折价或者拍卖,同时工程整体变价时包含装饰装修工程的价值且装饰装修工程的价值能够单独计算。装饰装修工程不能单独折价,也

不能单独拍卖”。[①]

在司法实践中,相关研究认为,“分部或分项工程,如装饰装修工程已经与建筑物形成附和,不宜折价拍卖”。

五、承包人建设工程价款优先受偿的范围

《建工司法解释(一)》第 40 条规定,“承包人建设工程价款优先受偿的范围依照国务院有关行政主管部门关于建设工程价款范围的规定确定。承包人就逾期支付建设工程价款的利息、违约金、损害赔偿金等主张优先受偿的,人民法院不予支持”。即最高人民法院明确“工程价款优先受偿的范围”(注:概念可等同于“优先受偿权的行使范围”)采用援引式立法技术,等同于建设行政主管部门关于“建设工程价款范围”的规定,并排除了利息、违约金、损害赔偿金等不属于“工程价款”本身的内容。

(一)行政主管部门关于“建设工程价款范围”的规定及司法机关的回应

1. 定额计价体系下的工程价款范围

原建设部于 1999 年颁布的《建设工程施工发包与承包价格管理暂行规定》(已失效)第 5 条“工程价格的构成。工程价格由成本(直接成本、间接成本)、利润(酬金)和税金构成”规定了定额计价背景下的工程价款范围。

最高人民法院民事审判第一庭于 2021 年发文对上述价格构成予以了解读:“一是直接成本,又称直接费,包括定额直接费、其他直接费、现场管理费和材料价差。其中,定额直接费又包括人工费、材料费和施工机构使用费三部分。二是间接成本,或称企业管理费,包括管理人员工资、劳动保护费等十多项。三是利润(酬金),由发包人按工程造价的差别利率计付给承包人。四是税金,包括营业税、城市建设税、教育费附加税三种。”[②]

最高人民法院第六巡回法庭对优先受偿权的范围认定为:一是承包人的建设工程价款优先受偿范围包括直接费用以及包括企业管理费、利润、规费、税金

① 最高人民法院民事审判第一庭编著:《最高人民法院新建设工程施工合同司法解释(一)理解与适用》,人民法院出版社 2021 年版,第 387 页。

② 最高人民法院民事审判第一庭编:《民事审判实务问答》,法律出版社 2021 年版,第 66 页。

等间接费用在内的全部建设工程价款,但不包括建设工程价款的利息以及因发包人违约产生的违约金、损害赔偿金等。[①] 二是发包人从建设工程价款中预扣的质量保证金,属于建设工程价款的一部分,虽该保证金系为工程质量保证期内出现质量问题时保证工程及时得到修复而预留,但属于优先受偿范围。但对于承包方单独另行交纳的质量保证金,因不属于工程价款,不享有优先受偿权。[②]

2. 清单计价体系下的工程价款范围变化

定额计价向工程量清单计价转型后,住房和城乡建设部、财政部于 2013 年颁布的《建筑安装工程费用项目组成》把工程费用项目组成分别按“构成要素划分”和“造价形成划分”,其中,《建筑安装工程费用项目组成(按费用构成要素划分)》第 1 条规定:“建筑安装工程费按照费用构成要素划分:由人工费、材料(包含工程设备,下同)费、施工机具使用费、企业管理费、利润、规费和税金组成。其中人工费、材料费、施工机具使用费、企业管理费和利润包含在分部分项工程费、措施项目费、其他项目费中。”《建筑安装工程费用项目组成(按造价形成划分)》第 1 条规定:“建筑安装工程费按照工程造价形成由分部分项工程费、措施项目费、其他项目费、规费、税金组成,分部分项工程费、措施项目费、其他项目费包含人工费、材料费、施工机具使用费、企业管理费和利润。”但值得注意的是,对于清单计价体系下的工程价款范围组成,司法机关暂无相应的正式裁判规则予以回应。

(二)建设工程价款不包括土地使用权价值,即使因“房地一体拍卖”也应剥离土地使用权价值

根据建设主管部门关于“建设工程价款”的范围界定,土地使用权价值不包括在建设工程价款范围之内,因为土地使用权并非承包人所提供的生产资料,不包括在承包人所投入的已“物化”进入建设工程中的价值。对此,河北省高级人民法院 2023 年 5 月 19 日印发的《建设工程施工合同案件审理指南》第 25 条

---

① 对直接费和间接费的组价描述,可能受到了定额组价思维的影响,而未体现清单计价的相关规则变化。

② 参见杨临萍主编:《最高人民法院第六巡回法庭裁判规则》,人民法院出版社 2022 年版,第 10 页。

明确,“土地使用权不属于优先受偿权的客体,承包人请求对建设工程占用范围内的土地使用权的价值享有优先受偿权的,不予支持”。

但基于我国“房地一体主义”的立法设计,在对建设工程实施“折价或拍卖”特别是“拍卖程序”中,必须实行“房地一体拍卖处置”,而最终的拍卖款中应当剥离土地使用权价值的部分。浙江省高级人民法院执行局印发的《执行中处理建设工程价款优先受偿权有关问题的解答》第4条规定:“建设工程承包人只能在其承建工程款拍卖价款的范围内行使优先受偿权,对该工程占用范围内的土地使用权的拍卖价款不能主张。实际操作中可对建设工程和土地使用权分开进行价值评估,确定各自在总价值中的比例,然后一并拍卖,拍卖成交后再确定建设工程承包人可以优先受偿的占比金额。”最高人民法院民事审判第一庭亦发文确认:“从立法的背景和出发点来看土地不应该作为建设工程优先受偿权的客体。”①

(三)损失赔偿不属于工程款优先范围,但“停窝工损失”存在争议

利息、违约金、损失赔偿等不属于建设工程价款,自然不属于“优先受偿的范围”,但因发包人原因导致的“停工窝工损失”是否属于优先受偿范围存在争议。“停工”是指承包人组织的施工人员停止施工,“窝工”是指虽未停止施工、退出现场,但因“施工待料、交叉配合、施工流水节拍不符、工序倒错”等原因导致的施工人员“工效降低”的现象。停工窝工均会产生企业管理费损失、机械设备停滞损失、脚手架费等措施费损失以及人员、材料、机械设备转场的占用和耗费损失,承包人据此向发包人主张费用“索赔”或直接主张“价款费用”,二者的区分是实践中停窝工损失是否能够优先受偿的形式区分关键,而实质区分为该“损失”或“费用”是否被认定为“已物化”进建设工程本身。

1. 传统观点认为“停窝工损失”属于“损失索赔金额”,不属于工程价款,依法不属于优先受偿权的范围

主张停窝工损失不属于优先受偿范围的主要理由在于,根据文义解释,“停

---

① 最高人民法院民事审判第一庭编:《民事审判指导与参考》(2015年卷),人民法院出版社2018年版,第404页。

窝工损失”本质属于“损失索赔”,且该损失索赔的费用并未实际“物化”进建设工程实体,属于费用耗费部分,而非建设工程价款本身。

◎类案裁判要旨精编

上海市高级人民法院(2016)沪民终164号二审民事判决书:关于停窝工损失的性质问题。JAT公司认为,虽然人员机械发生的费用没有直接融入实际工程中,但应属于工程费用范畴,应属于工程款性质,依法享有优先权。对此法院认为,停窝工损失,顾名思义是损失,即应得而未得。建设工程价款系与建筑工程的价值相对应人工、材料、机械等费用。根据建设工程合同的相关法律规定,享有优先受偿的价款是针对建设工程价款而言。JAT公司自认停窝工损失没有融入建设工程之中,故认同一审法院的意见,认定停窝工损失不属于建设工程价款的范畴,依法不享有工程价款优先受偿权。

河南省高级人民法院(2021)豫民终675号二审民事判决书,以及河南省高级人民法院(2021)豫民终1296号二审民事判决书亦持相似观点。

《天津仲裁委员会建设工程施工合同纠纷案件仲裁指引》第7条第3款关于“受偿范围和期限”明确规定:“利息、停窝工损失、违约金等均不属于优先受偿的范围。”亦有相关法院判决认为停窝工损失不属于优先受偿的范围。

◎类案裁判要旨精编

最高人民法院(2014)民一终字第56号二审民事判决书:前述ZT公司在本案中被支持的诉请款项来看,包括因RX公司违约给其造成的停窝工损失和材料价差损失两项,均不属于建设工程价款优先受偿权的权利行使范围。

最高人民法院(2020)最高法民终132号二审民事判决书中,最高人民法院在计算优先受偿权金额范围时,也没有包括“停工损失等损失5 302 253.39元”。

最高人民法院(2020)最高法民终1310号二审民事判决书:依照《建工司法解释(二)》(已失效)第21条的规定,工程价款优先受偿权的范围应当为欠付的工程款,HC公司主张包括利息、违约金和窝工损失,明显与上述司法解释的规定不符,利息、违约金和窝工损失不属于优先受偿权的范围。

最高人民法院(2021)最高法民终717号二审民事判决书中:涉讼工程虽未全面竣工,但业已就分部、分项部分进行了验收,SJ公司主张其对已完工程价款享有优先受偿权,于法有据,法院予以支持。但SJ公司对工程款利息、停窝工损失及利息、逾期支付进度款利息也请求就已完工程折价或拍卖的价款优先受偿,显然与法律规定不符。

最高人民法院(2020)最高法民终1113号二审民事判决书中,河南省高级人民法院观点:资金占用费、违约金及停工损失均不属于建设工程价款优先受偿权的范围,HJG公司对上述费用主张优先受偿,没有法律依据,不予支持。对于以上高级人民法院的观点,最高人民法院在终审判决中的态度均为:“一审判决认定事实清楚,适用法律正确,应予维持。”

2. 少数观点认为“停窝工损失”属于建设工程价款费用本身,属于优先受偿范围

停窝工损失本质属于对实际产生成本费用的补偿,而不是“违约赔偿”。依据《建筑安装工程费用项目组成》的规定,按费用构成要素划分,停窝工期间所产生的工资、材料损耗及保管费用、机械设备等折旧、维修、租赁费用等均属于建设工程价款的组成部分;按造价形成划分,停窝工期间所产生的模板摊销费用、脚手架租赁费用等均可归入“总价项目措施费”,而索赔、签证(合同变更)等费用亦可列入“其他项目费”,本质上均能通过工程价款本身来予以涵摄。如安徽省高级人民法院《关于审理建设工程施工合同纠纷案件适用法律问题的指导意见(二)》第23条明确规定,“因发包人原因导致承包人施工期间停窝工产生的工人工资、设备租赁等费用,承包人将该费用与工程价款一并主张优先受偿权的,应予支持”。

◎类案裁判要旨精编

最高人民法院(2022)最高法民终24号二审民事判决书:本案中由鉴定机构鉴定的停窝工费用,均为住建部、财政部规定的建筑安装工程费用项目,属于工程价款而非逾期支付工程价款导致的损害赔偿金,故该部分费用,应享有优先受偿权。

最高人民法院(2019)最高法民终273号二审民事判决书中,最高人民法院支持停工损失388万元参与优先受偿。

六、建设工程价款优先受偿权的行使条件和行权方式

（一）行使条件

1. 质量合格是承包人取得竣工及未竣工建设工程价款及其对应优先受偿权的前提条件

（1）除有相反证据推翻外，已竣工验收或交付使用应当视为工程项目质量合格，因此，竣工验收或交付使用后发现的"可修复的质量问题"不影响优先受偿权，但修复费用应由责任人承担。

◎类案裁判要旨精编

最高人民法院（2022）最高法民终63号二审民事判决书：对于承包人已竣工交付的"幕墙施工项目"，最高人民法院认为：诉讼中通过鉴定发现存在可修复的部分质量问题，并不意味着该工程属于不合格工程。对存在质量问题的部分进行修复属于承包人的保修责任，不影响承包人对工程价款优先受偿权的主张和享有。

（2）未完工工程，承包人主张工程款的先决条件是已完工部分质量合格或经修复后验收合格。

已完工程质量合格的情形自不待言，值得探讨的是"未竣工的建设工程质量合格"，承包人就其已完合格部分是否享有工程价款请求权和优先受偿权？《建工司法解释（一）》第39条作了肯定性规定，即对于未完工程，如已完部分质量合格或发包人同意使用，则亦可形成有效工程债权和相应部分的优先受偿权。其底层逻辑在于：未完合格工程依据《建设工程造价鉴定规范》（GB/T 51262-2017）能够计取相应的工程价款，[①]就当然有权取得优先受偿（还须取决于能否"折价或拍卖"）。

在实践中，"未竣工的建设工程质量合格"区分为两种形态：第一种类型是承包人未完建设工程由第三人续建至完工。此种类型因第三人接续施工至建

---

① 参见谭波、许春春：《"烂尾工程"如何结算造价？——"烂尾工程"造价鉴定规则梳理》，载微信公众号"高杉LEGAL"2020年4月16日，https://mp.weixin.qq.com/s/mUb50Kixj9sHexq5sePA-A。

设工程完成,建设工程在质量合格条件下可整体取得工程价款及相应的优先受偿,承包人就其已完部分的价款及对应的优先受偿权须证明其已完工程量(施工交接界面是核心证据)和质量合格,而存在第三人接续施工的情形下,若无相反证据,则推定为质量合格。第二种类型是建设工程因发包人原因停建而未续建,彻底"烂尾"。此种类型承包人须对其已完部分质量合格承担较为困难的举证责任。另外的举证困难在于当事人(发包人、承包人、监理人)因各种原因不能形成一致的工程交接清点和计量,导致施工图不能用于完整计量、工程量清单内容亦不能体现在实际的施工内容中,导致工程款不能准确结算。[①] 此外,因土地使用权的价值并不包含在"优先受偿权"范围内,未完烂尾工程亦难满足"能够折价、拍卖"条件,因此,未完工程的优先受偿权在实践中往往得不到法院支持或是难以实现。

◎类案裁判要旨精编

最高法民终212号二审民事判决书中,因未完工程在诉讼中鉴定为质量不合格但可以修复,对此,最高人民法院基于工程修复后合格的事实,在承认工程价款请求权和优先权的同时,扣除了修复费用部分。最高人民法院认为:本案案涉工程未竣工,且存在质量不合格需要修复的情况。工程价款优先受偿权是为了保护施工方的合法权益,使其对于工程价款优先得到受偿的一项专门的法律制度。施工方能够优先获得工程价款,当然应以其所施工的工程符合质量要求为前提条件。如果其所施工的工程不符合质量要求,由此产生的修复费用当然应当由其承担,并且在其主张优先受偿权时也应予以扣除。因此,一审判决关于工程价款优先受偿权的处理并无不当,A公司和B公司的该项主张均不成立。

2. 施工合同效力并非优先受偿权的行使条件

传统观点把"优先受偿权视为担保物权,因此主合同无效,担保合同亦无效",因而认定合同效力是优先受偿权的前提条件。如《江苏省高级人民法院建

---

① 参见谭波、韦伟:《"烂尾工程"价款优先权如何起算?——清偿风险防范视角下未完工程优先受偿权起算日规则研究》,载微信公众号"高杉 LEGAL"2020年1月13日,https://mp.weixin.qq.com/s/EL-PfSmwpqsFGOJDFvwzeQ。

设工程施工合同案件审理指南(2010年)》第5条规定:"建设工程合同无效,承包人或实际施工人主张建设工程价款优先受偿权的,人民法院不应支持。"其立论基础在于:一是采梁慧星教授学术观点,把优先受偿权定义为"法定抵押权",而"担保物权中的抵押权、质权、保证以及附属于主债权的利息等,都属于主权利的从权利。既然工程款优先受偿权作为一种担保物权,是从主权利派生出来的,即对主债权工程款具有依附性,主权利无效从权利也无效。作为约定主债权的担保物权的工程款优先受偿权亦当然无效"。二是援引江苏省高级人民法院《关于审理建设工程施工合同纠纷案件若干问题的意见》(已失效)第20条关于建设工程价款债权转让其优先权随之转让的规定,证成优先权"是基于保证债权作为从权利将随主债权的转移而转移的制度"。

而近年来"无效合同有效化"已成为司法机关主流的裁判观点,特别是《民法典》第793条规定,"建设工程施工合同无效,但是建设工程经验收合格的,可以参照合同关于工程价款的约定折价补偿承包人",而最高人民法院相关司法解释明确,施工合同无效但建设工程质量合格的,"应当"(而非可以)参照合同约定折价补偿工程款。因此,合同无效,亦不影响优先受偿权的实现。[①] 以(2022)最高法民终65号民事二审判决书为例,最高人民法院指出:法律并未将有效合同作为承包人享有建设工程价款权的必备条件。本案中,双方当事人签订的施工合同与附属文件无效,并不必然导致YP公司的建设工程价款优先受偿权这一法定权利丧失。

3. 优先受偿权的行使期限

《建工司法解释(一)》第41条规定,承包人应在合理期限内行使建设工程价款优先受偿权,但最长不得超过18个月,自发包人应当给付结算工程价款之日起算。"发包人应当给付结算工程价款之日",应根据《建工司法解释(一)》第27条规定确定,即"当事人对付款时间没有约定或者约定不明的,下列时间视为应付款时间:(一)建设工程已实际交付的,为交付之日;(二)建设工程没有交付的,为提交竣工结算文件之日;(三)建设工程未交付,工程价款也未结算的,为当事人起诉之日"。

---

① 参见最高人民法院民事审判第一庭编:《民事审判实务问答》,法律出版社2021年版,第60页。

特别值得注意的是,最高人民法院民事审判第一庭明确:“实际竣工日或约定的竣工日不能作为建设工程承包人行使工程价款优先受偿权除斥期间的起算点”,理由是:“若以建设工程竣工之日或者建设工程合同约定的竣工之日作为优先权行使期限的起算时间,此时承包人尚不知道发包人是否会拖欠工程款,甚至可能出现优先权行使期限已经届满,而发包方的付款期限尚未届至的情形。”即竣工与交付和结算问题相比,交付和结算提起才是承包人真正主张工程价款的起始时间,而实际竣工或约定竣工时间往往早于“(结算)的应付款时间”。①

(二)行权方式

根据《民法典》第807条规定,发包人逾期不支付的,除根据建设工程性质不宜折价、拍卖外,承包人可以与发包人协议将工程折价,也可以请求人民法院将工程依法拍卖,建设工程的价款就该工程折价或者拍卖的价款优先受偿。承包人直接向发包人主张权利的,承包人对此负有举证责任;以诉讼的方式行使建设工程价款优先受偿权的,人民法院可予以判决确认。

第一,承包人与发包人的协商折价方式,应为双方的协商一致行为,承包人仅凭单方发函并不构成“有效协商”。②

第二,承包人若与发包人对享有优先受偿权及其数额有争议,则应当以施工合同纠纷为案由提起实体诉讼或仲裁,由法院或仲裁庭依法裁判确认。由于案由属于实体问题诉讼争议,因此,可由法院调解。如河北省高级人民法院2023年5月19日印发的《建设工程施工合同案件审理指南》第26条规定,“当事人以调解方式对优先受偿权进行确认的,人民法院应依法审查其合法性,对当事人恶意串通损害第三人合法权益的调解协议不予确认。”

第三,若双方不存在对优先受偿权实体上的争议,仅因“协议折价”问题无法一致,则承包人有权请求法院将建设工程拍卖,参照《民事诉讼法》第207、208条规定的“实现担保物权”这一非讼特别程序,向建设工程所在地基层法院

① 参见最高人民法院民事审判第一庭编:《民事审判实务问答》,法律出版社2021年版,第64页。

② 参见江苏省高级人民法院《关于审理建设工程施工合同纠纷案件若干问题的解答》。

申请拍卖，由法院裁定是否准许拍卖。

第四，未经诉讼直接向执行机构主张建设工程优先权的，最高人民法院民事审判第一庭认为，法院在执行程序中收到承包人要求行使未经生效法律文书确认的建设工程优先权申请的，可分两种情况予以处理：一是如果被执行人对其申请的工程款金额无异议，且经法院审查承包人提供的建设工程合同及相关材料合法有效，亦未发现承包人和被执行人恶意串通损害国家、集体和第三人利益的，应准许其优先受偿；二是如果被执行人对其申请的工程款金额有异议（包括生效裁判或仲裁未确认优先权及未确认优先权金额的），法院应当告知承包人另行诉讼，但法院对工程变价款的分配程序须待诉讼有结果后方可继续进行。建设工程优先权覆盖的工程款具体金额应由审判机构或仲裁机构确定。[①]

---

① 参见最高人民法院民事审判第一庭编：《民事审判实务问答》，法律出版社 2021 年版，第 59 页。

第七章　建设工程施工合同纠纷中的刑民交叉问题探究

一、概述

刑民交叉是指在案件事实中，同时涉及刑事法律关系和民事法律关系，且两种法律关系相互交织、相互影响。最高人民法院何帆法官认为，“所谓刑民交叉案件，又称刑民交织、刑民互涉案件，是指案件性质既涉及刑事法律关系，又涉及民事法律关系，相互间存在交叉、牵连、影响的案件，或根据同一法律事实所涉及的法律关系，一时难以确定是刑事法律关系还是民事法律关系的案件”。①

在建设工程施工合同纠纷中，刑民交叉主要表现为同一行为既可能引发民事侵权、违约等纠纷，又可能触犯刑事法律构成犯罪。例如，一方通过私刻公章与他人签订建设工程施工合同，该行为在民事上可能导致合同无效，引发合同纠纷，而在刑事上则可能构成合同诈骗罪、伪造印章罪。

在建设工程领域，刑民交叉问题的表现形式多样。从主体上看，涉及建设单位、施工单位、监理单位、设计单位等多个主体；从行为类型上看，包括私刻公章伪造合同、逃税、虚开发票、串通投标等。其特点主要有三：一是事实认定的关联性，即刑事犯罪事实往往是民事纠纷产生的基础或原因；二是法律适用的交叉性，在认定刑民交叉案件时，需要同时依据刑事法律和民事法律进行判断；三是处理程序的复杂性，在案件处理的过程中会涉及刑事诉讼、民事诉讼以及行政程序之间的协调与衔接。

---

① 陈建军、陈勇：《建设工程刑民交叉案件诉讼程序问题及其处理》，载《云梦学刊》2018 年第 39 期。

建设工程一般都涉及多方主体，从项目的招投标、施工建设到竣工验收，每个环节都有众多利益相关者。这种复杂的主体关系本来容易导致利益冲突，更为违法犯罪行为的滋生提供了土壤。建设工程项目通常涉及巨额资金的流转，从工程预付款、进度款到最终结算款，资金量巨大。巨大的经济利益诱惑使得一些主体不惜冒险实施违法犯罪行为，如通过虚开发票套取工程款、逃税以获取更多利润等。建设工程行业具有严格且复杂的规范体系，包括工程质量标准、招投标程序、税收管理等方面的规定。部分从业者对这些规范缺乏了解或故意规避，从而引发违法犯罪行为，进而导致刑民交叉问题的产生。

二、私刻、偷盖公章或假冒签名伪造施工合同、签订结算文件

(一)法律分析

1. 民事法律定性

《民法典》第 143 条规定："具备下列条件的民事法律行为有效：(一)行为人具有相应的民事行为能力；(二)意思表示真实；(三)不违反法律、行政法规的强制性规定，不违背公序良俗。"私刻、偷盖公章或假冒签名签订的施工合同，从根本上背离了合同签订所应遵循的核心要义。在合同订立过程中，要求当事人具备真实且明确的意思表示，这是保障合同合法有效的基石。而此类通过私刻公章、偷盖公章或假冒签名等不正当手段达成的施工合同，其中所呈现的意思表示，并非合同名义上所涉当事人内心真实意愿的反映。其完全是不法行为人出于非法目的，以欺诈手段炮制出的虚假合意。从法律层面审视，《民法典》第 143 条明确规定，行为人具备相应民事行为能力、意思表示真实以及不违反法律、行政法规的强制性规定且不违背公序良俗，是民事法律行为有效的必备条件。很显然，私刻、偷盖公章或假冒签名签订的施工合同，严重违反了该条关于意思表示真实这一关键规定。

2. 刑事法律定性

《刑法》第 280 条规定："伪造、变造、买卖或者盗窃、抢夺、毁灭国家机关的公文、证件、印章的，处三年以下有期徒刑、拘役、管制或者剥夺政治权利，并处罚金；情节严重的，处三年以上十年以下有期徒刑，并处罚金。伪造公司、企业、

事业单位、人民团体的印章的，处三年以下有期徒刑、拘役、管制或者剥夺政治权利，并处罚金……”因此，私刻公章、偷盖公章的行为也可能触犯刑法。例如，施工单位的工作人员私刻建设单位公章，用于签订施工合同，其行为可能构成伪造公司印章罪。

《刑法》第 266 条规定：“诈骗公私财物，数额较大的，处三年以下有期徒刑、拘役或者管制，并处或者单处罚金；数额巨大或者有其他严重情节的，处三年以上十年以下有期徒刑，并处罚金；数额特别巨大或者有其他特别严重情节的，处十年以上有期徒刑或者无期徒刑，并处罚金或者没收财产。法律另有规定的，依照其规定。”

《治安管理处罚法》第 52 条规定：“伪造、变造或者买卖国家机关、人民团体、企业、事业单位或者其他组织的公文、证件、证明文件、印章的，会面临不同程度的拘留和罚款处罚。其中，情节一般的，处十日以上十五日以下拘留，可以并处一千元以下罚款；情节较轻的，处五日以上十日以下拘留，可以并处五百元以下罚款。”

最高人民法院《关于在审理经济纠纷案件中涉及经济犯罪嫌疑若干问题的规定》第 5 条第 2 款规定：“行为人私刻单位公章或者擅自使用单位公章、业务介绍信、盖有公章的空白合同书以签订经济合同的方法进行的犯罪行为，单位有明显过错，且该过错行为与被害人的经济损失之间具有因果关系的，单位对该犯罪行为所造成的经济损失，依法应当承担赔偿责任。”

因此，行为人若实施伪造公司印章的行为，会同时涉及《治安管理处罚法》与《刑法》。依据《刑法》第 13 条但书条款，对于那些伪造公司印章情节显著轻微、危害不大的行为，不被认定为犯罪，而是适用治安管理处罚。但对于何种情形属于“情节显著轻微、危害不大”，目前并没有明确的法律条文进行界定。并且，在最高人民检察院、公安部联合制定的刑事案件立案追诉标准里，也未能找到关于伪造公司印章罪的具体立案追诉标准。正因伪造公司印章罪的刑事立案追诉标准存在不明晰之处，致使在司法实践中，各地对于此类案件的法律适用出现了较大差异。

在司法实践的具体操作中，不同地区的司法机关对于伪造公司印章罪的判定，存在较大的自由裁量空间。例如，浙江省高级人民法院、浙江省人民检察院、浙江省公安厅联合发布的《关于办理建筑施工企业从业人员犯罪案件若干法律适用问题的会议纪要》规定:“伪造印章犯罪是建筑领域较为常见的犯罪,通常不单独出现,而是作为伪造证据、虚假诉讼等行为的一种手段。根据刑法第280条规定,伪造公司、企业、事业单位、人民团体印章罪的印章,不仅包括公司公章,还包括公司项目部章、合同专用章、技术专用章、财务专用章等印章。项目经理、承包人伪造一枚上述有关印章且直接获利6万元以上或造成30万元以上经济损失的,或伪造三枚以上印章的,可以伪造公司印章罪追究刑事责任。对项目经理、承包人实施违规利用(伪造、偷盖、修改粘贴方式)建筑施工企业印章、虚假诉讼以及损害建筑施工企业利益的其他行为,构成其他犯罪的,宜根据从一重罪处断等原则依法处理。”

该规定在一定程度上进一步明确了浙江省内追究行为人伪造公司印章罪的追诉标准。但是,除浙江省司法机关发布了这样的文件外,其他省份的司法机关大多并未出台类似规定。这就导致在实务中,不同地区对于伪造公司印章罪的刑事追责标准存在极大的不确定性,各地司法机关在判定时拥有较大的自由裁量空间。

(二)案例分析

1. 即使刑事部分涉嫌犯罪,民事部分仍可认定有效

在企业运营过程中,若企业未经法定程序私自刻制公章并对外使用,该公章一旦启用,在特定情形下便代表企业,具有相应法律效力。在此类情形下,同一案件往往会牵涉民事与刑事两个层面的法律问题。

从民事案件视角来看,最高人民法院(2016)最高法民申255号再审民事裁定书中载明:重庆QZ公司在设立云南分公司之际,向昆明市盘龙区工商行政管理局呈交了《分公司设立登记申请书》,此申请书中加盖了重庆QZ公司予以认可的公章以及法定代表人名章,且明确云南分公司负责人为LYL。同时,重庆QZ公司内部文件《关于成立重庆QZ实业(集团)有限公司云南分公司的通知》,不仅宣告重庆QZ公司成立云南分公司,还任命LYL为云南分公司总经理。由此可见,重庆QZ公司对云南分公司的设立以及LYL代表该分公司开展经营活动一事,处于明知且认可的状态。故而,重庆QZ公司云南分公司有权委

托 ZHD 开展经营活动。ZHD 接受委托后,使用编号为"50010218011375"的重庆 QZ 公司印章签订并履行合同,其行为所产生的法律后果应由重庆 QZ 公司承担。

就刑事案件方面而言,涪陵区人民法院经审理认为:被告人梁某某实施了伪造公司印章的行为,此行为已构成伪造公司印章罪。依据《刑法》第 280 条第 2 款、第 64 条之规定,依法认定被告人梁某某犯伪造公司印章罪,判处其拘役五个月,并对扣押的由被告人梁某某伪造的重庆 QZ 实业(集团)有限公司行政印章和法定代表人夏某某私章予以没收并销毁。梁某某不服一审判决提起上诉,再审法院重庆市第三中级人民法院经审理裁定:上诉人梁某某伪造公司印章的行为,已构成伪造公司印章罪。针对梁某某上诉所提出的其未曾私刻、伪造公司印章,请求改判无罪的上诉理由,经审查,证人王甲、瞿某、王乙、朱某某、陈某某等人的证言,上诉人梁某某的多次供述,以及梁某某使用伪造印章加盖的授权委托书、工程施工协议、涪陵区公安局物证中心鉴定意见书等证据之间能够相互印证。再审法院认为,原判认定上诉人梁某某伪造公司印章的事实清晰,证据确凿充分。因此,上诉人的上诉理由不能成立,法院不予采纳。

综上所述,企业私自刻制公章对外使用的行为,在民事上可能导致企业需对相关行为承担相应的法律后果,在刑事上则可能使实施伪造公章行为的个人面临刑事处罚。

2. 民事部分继续审理,刑事犯罪不必须移送检察机关

在司法实务中,发现涉刑事犯罪事实不必然影响民事部分审理。山东省高级人民法院(2014)鲁民申字第 715 号裁判文书载明:关于二审判决认定事实的主要证据是否伪造。BD 公司主张存放在诚基中心合同上的 BD 公司公章、借条上的项目部印章均系 WWH 私刻,因此该合同和借条是伪造的。对于该两枚印章的来源,WWH 已在原审庭审中认可系其私刻,二审所认定的事实系综合本案现有证据、依据相关法律法规作出,BD 公司以印章系私刻为由认为二审判决认定事实的主要证据系伪造的主张不能成立。BD 公司主张一审中鉴定报告检材和样本的同一枚印章系 WWH 私刻,该鉴定系用假公章鉴定假公章,因此无法律效力。该鉴定的委托事项是检材和样本中的同名印章是否同章盖印,与该印章是否私刻无关,因此 BD 公司以该印章系私刻为由主张该鉴定报告无法

律效力,法院不予支持。BD 公司还对山东 DS 司法鉴定所的鉴定主体资格提出异议,认为其司法鉴定许可证上有效期限的记载有瑕疵,但 BD 公司并未举证证明该许可证上的记载违反相关法律法规的规定,对此主张,法院亦不予支持。关于本案应否驳回起诉并移送公安机关。BD 公司主张,WWH 伪造印章的行为已超出民事行为范畴,不能适用《合同法》第 49 条的规定,应适用最高人民法院《关于在审理经济纠纷案件中涉及经济犯罪嫌疑若干问题的规定》第 5 条第 1 款及第 11 条的规定予以认定和处理。该规定第 11 条的内容为:“人民法院作为经济纠纷受理的案件,经审理认为不属于经济纠纷案件而有经济犯罪嫌疑的,应当裁定驳回起诉,将有关材料移送公安机关或检察机关。”从该规定来看,驳回起诉将有关材料移送公安机关或检察机关需要具备两个条件,一是经法院审理认为不属于经济纠纷案件,二是有经济犯罪嫌疑。根据原审查明的事实,本案应属于经济纠纷,WWH 有关私刻印章的行为可以另案处理,不影响本案民事法律关系的审理和认定。且前已述及,二审将 WWH 在本案中借款行为认定为表见代理并无不当,因此,对 BD 公司关于本案应适用最高人民法院《关于在审理经济纠纷案件中涉及经济犯罪嫌疑若干问题的规定》第 5 条第 1 款及第 11 条的主张,法院不予支持。

由此可以看出,在案件审理过程中,即便存在印章被私刻涉嫌刑事犯罪的情况,也不能一概而论地中断民事案件审理并移送相关机关。法院需依据案件具体情形,准确甄别其是否属于经济纠纷范畴。在上述案件中,即便有私刻印章行为,也不影响民事法律关系的审理与判定。这说明民事案件与刑事案件的处理并非绝对割裂,在特定条件下,民事部分可独立于刑事犯罪嫌疑继续推进。

(三)救济与应对措施

根据《民法典》第 148 条的规定,一方以欺诈手段,使对方在违背真实意思的情况下实施的民事法律行为,受欺诈方有权请求人民法院或者仲裁机构予以撤销。由此可知此类伪造的合同属于可撤销合同,若被撤销,自始没有法律约束力。

同时,根据《民法典》第 157 条的规定,民事法律行为无效、被撤销或者确定不发生效力后,行为人因该行为取得的财产,应当予以返还;不能返还或者没有必要返还的,应当折价补偿。有过错的一方应当赔偿对方由此所受到的损失;各方都有过错的,应当各自承担相应的责任。法律另有规定的,依照其规定。这意味着,因私刻公章等伪造合同行为导致合同无效或被撤销后,过错方需承担返还财产、赔偿损失等民事责任。

三、逃税罪、虚开增值税专用发票罪

(一)逃税罪

1. 逃税行为的定性及法律分析

逃税罪是指纳税人采取欺骗、隐瞒手段进行虚假纳税申报或者不申报,逃避缴纳税款数额较大并且占应纳税额10%以上的,或者扣缴义务人采取上述手段,不缴或者少缴已扣、已收税款,数额较大的行为。[①]

逃税行为违反了《税收征收管理法》和《刑法》的相关规定。

《税收征收管理法》第63条规定:纳税人伪造、变造、隐匿、擅自销毁账簿、记账凭证,或者在账簿上多列支出或者不列、少列收入,或者经税务机关通知申报而拒不申报或者进行虚假的纳税申报,不缴或者少缴应纳税款的,是偷税。对纳税人偷税的,由税务机关追缴其不缴或者少缴的税款、滞纳金,并处不缴或者少缴的税款50%以上5倍以下的罚款;构成犯罪的,依法追究刑事责任。

《刑法》第201条规定:纳税人采取欺骗、隐瞒手段进行虚假纳税申报或者不申报,逃避缴纳税款数额较大并且占应纳税额10%以上的,处3年以下有期徒刑或者拘役,并处罚金;数额巨大并且占应纳税额30%以上的,处3年以上7年以下有期徒刑,并处罚金。扣缴义务人采取前款所列手段,不缴或者少缴已扣、已收税款,数额较大的,依照前款的规定处罚。对多次实施前两款行为,未经处理的,按照累计数额计算。有第1款行为,经税务机关依法下达追缴通知后,补缴应纳税款,缴纳滞纳金,已受行政处罚的,不予追究刑事责任;但是,5年内因逃避缴纳税款受过刑事处罚或者被税务机关给予2次以上行政处罚的除外。

在司法实践中,逃税行为和避税行为的认定通常也是争议的焦点。根据

---

① 参见翟雪改:《新司法解释对逃税罪司法认定的影响》,载《公安研究》2024年第8期。

2023 年《关于办理危害税收征管刑事案件适用法律若干问题的解释》，逃税罪的司法认定需重点把握三个核心维度：一是“欺骗、隐瞒手段”的客观表现，包括篡改账簿凭证、签订“阴阳合同”隐匿收入、虚列支出或虚假申报等六类典型行为，以及经税务机关通知后仍拒不申报等情形；二是扣缴义务人刑事责任的特殊规制，明确其采用同等手段不缴或少缴已扣缴税款时，适用与纳税人相同的定罪标准，且代付税款视为已完成扣缴义务；三是逃税数额的计算规则，以税务机关直接征收的税种未缴金额为基准，按纳税年度或实际经营周期动态计算占比，跨年度逃税行为实行累计数额与最高占比双重认定标准。

同时值得注意的是，司法实践中需严格遵循“行政前置”程序，必须经过税务稽查并作出行政处罚后方可启动刑事追责，且 5 年内存在税务违法记录将直接影响“初犯免责”的适用。这些规定通过细化违法行为认定标准、明确数额计算方法及程序衔接要求，既强化了对税收违法犯罪行为的精准打击，也为企业合规整改提供了清晰的法律指引。

2. 案例分析

(1)挂靠经营中的逃税与合同责任交叉

在建设工程领域，因挂靠经营而产生的纠纷屡见不鲜，当事人挂靠资质的行为不仅可能会导致合同无效，还有可能触犯刑事犯罪。

在山东省威海市环翠区人民法院(2022)鲁 1002 刑初 614 号一审刑事判决书中，被告人刘某与威海 JT 建筑工程有限公司实际控制人郑某达成协议，刘某借用该公司建筑资质，双方明确施工中一切纠纷由刘某个人负责，与威海 JT 建筑工程有限公司无关。自 2012 年 3 月至 2013 年 6 月，刘某以威海 JT 建筑工程有限公司名义承接别墅楼建筑工程。在此期间收取工程款 7 454 625 元，却未将该款项入账，以此逃避缴纳税款，合计逃税金额达 374 850. 82 元。税务机关下达追缴通知书后，刘某仍拒不缴纳税款，并在 2012 年、2013 年均未缴纳税款，累计逃税 364 326. 52 元。山东省威海市环翠区人民法院认为刘某在借用资质承揽建筑工程时，作为纳税人采用隐瞒手段不申报纳税，逃避缴纳税款数额较大，且占应纳税额 10%以上，在税务机关下达追缴通知后，依旧不补缴税款，其行为已构成逃税罪。

在民事领域，被挂靠企业威海 JT 建筑工程有限公司因疏于监管，虽未直接参与逃税，但仍可能面临民事合同无效风险。根据《民法典》第153条的规定①，挂靠协议或因规避资质管理规定而被认定为无效，导致工程款支付、质量责任等民事纠纷。

(2)阴阳合同引发的逃税与合同效力争议

最高人民法院、最高人民检察院《关于办理危害税收征管刑事案件适用法律若干问题的解释》中规定有以下6种情形应当认定为刑法第201条第1款规定的"欺骗、隐瞒手段"：(1)伪造、变造、转移、隐匿、擅自销毁账簿、记账凭证或者其他涉税资料的；(2)以签订"阴阳合同"等形式隐匿或者以他人名义分解收入、财产的；(3)虚列支出、虚抵进项税额或者虚报专项附加扣除的；(4)提供虚假材料，骗取税收优惠的；(5)编造虚假计税依据的；(6)为不缴、少缴税款而采取的其他欺骗、隐瞒手段。

广东省云浮市云城区人民法院(2017)粤5302刑初236号一审刑事判决书中载明：在YFTC电力开发有限公司转让云浮市YH电力有限公司股权及土地资产过程中，林某甲作为主要策划者，指使被告人卢某某、黄某某等人通过签订虚假合同、隐瞒实际交易金额的方式实施逃税行为。该公司将本应入账的4350万元资产转让收入隐匿未申报，逃避缴纳企业所得税共计1086.94万元，其行为已符合《刑法》第201条关于"纳税人采取欺骗、隐瞒手段进行虚假纳税申报"的逃税罪构成要件。

同时，依据《刑法》第30条、第31条关于单位犯罪"双罚制"的规定，YFTC电力开发有限公司作为犯罪主体需承担罚金责任，而卢某某、黄某某作为直接参与隐匿收入、制作虚假财务资料的核心操作人员，依法被认定为直接责任人员并追究相应刑事责任。公诉机关指控的犯罪事实经查证，资金流向记录、合同文本差异及税务稽查报告等证据已形成完整证据链，足以证实涉案单位及人员主观上具有逃税故意、客观上实施了危害税收征管秩序的行为。

由此可见，该案件当事人签署"阴阳合同"切割交易金额的行为，既触犯《刑法》第201条的逃税罪，又因单位犯罪特性导致企业面临罚金处罚与直接责任人员刑事追责的双重后果。而在民事领域，实际结算时双方也可能因合同价款

---

① 参见《民法典》第153条规定："违反法律、行政法规的强制性规定的民事法律行为无效，但是该强制性规定不导致该民事法律行为无效的除外。违背公序良俗的民事法律行为无效。"

真实性产生纠纷。

3. 救济与应对措施

综上所述,在建筑行业税务合规管理中,企业需构建多维防控体系以应对复杂法律风险。首先应强化全流程合规管理,建立覆盖投标、施工、结算的动态税务台账,重点监控异地项目预缴税款时效及特殊业务处理(如甲供材成本核算)。运用区块链发票系统实现合同流、资金流、发票流三流合一,防范虚开发票风险。针对成本票缺失问题,可通过个体工商户核定征收或灵活用工平台等合法渠道解决,同时完善分项目核算机制,确保材料采购、机械租赁等成本费用与施工进度匹配。当收到税务机关《追缴通知书》时,须在 15 日内完成税款及滞纳金补缴(滞纳金每日万分之五),同步提交书面整改报告。涉及跨年度逃税行为的,应启动专项审计并申请自查补税程序,避免被认定为“多次违法”而丧失初犯免责机会。对于已发生的涉税争议,可依托专业税务顾问制定阶梯式应对策略,优先通过补缴税款、滞纳金及接受行政处罚化解行政责任,必要时结合《刑法》第 201 条“初犯免责”条款争取刑事豁免。

(二)虚开增值税专用发票

1. 虚开增值税专用发票行为的定性及法律分析

当前建筑行业中,部分企业滥用可抵扣税款的增值税专用发票功能,在无真实货物交易或服务提供的情况下,通过编造虚假合同、虚构交易流程等方式虚开发票,致使国家税款流失。这种以虚假业务套取进项税额抵扣的行为,不仅违背《发票管理办法》第 21 条关于发票真实性的强制性规定,更已构成《刑法》第 205 条规定的虚开增值税专用发票罪①。该类违法犯罪行为呈现高发态

① 参见《刑法》第 205 规定:“虚开增值税专用发票或者虚开用于骗取出口退税、抵扣税款的其他发票的,处三年以下有期徒刑或者拘役,并处二万元以上二十万元以下罚金;虚开的税款数额较大或者有其他严重情节的,处三年以上十年以下有期徒刑,并处五万元以上五十万元以下罚金;虚开的税款数额巨大或者有其他特别严重情节的,处十年以上有期徒刑或者无期徒刑,并处五万元以上五十万元以下罚金或者没收财产。

单位犯本条规定之罪的,对单位判处罚金,并对其直接负责的主管人员和其他直接责任人员,处三年以下有期徒刑或者拘役;虚开的税款数额较大或者有其他严重情节的,处三年以上十年以下有期徒刑;虚开的税款数额巨大或者有其他特别严重情节的,处十年以上有期徒刑或者无期徒刑。

虚开增值税专用发票或者虚开用于骗取出口退税、抵扣税款的其他发票,是指有为他人虚开、为自己虚开、让他人为自己虚开、介绍他人虚开行为之一的。”

势,主要表现为:施工方与材料供应商串通虚增采购金额,承包商虚构分包合同套取工程款抵扣,以及集团企业通过关联公司循环虚开发票等模式。据税务总局稽查数据,2022 年全国建筑行业虚开发票涉案金额超千亿元,严重破坏税收征管秩序,需引起行业高度警惕。

根据《刑法》第 205 条及 2024 年最高人民法院、最高人民检察院《关于办理危害税收征管刑事案件适用法律若干问题的解释》的规定,虚开增值税专用发票或用于骗取出口退税、抵扣税款的其他发票的,若虚开税款数额达 10 万元以上即构成犯罪,处 3 年以下有期徒刑或拘役并处罚金;数额达 50 万元至 500 万元或有无法追回税款 30 万元以上等"严重情节"的,处 3 年至 10 年有期徒刑并处罚金;数额达 500 万元以上或无法追回税款 300 万元以上等"特别严重情节"的,处 10 年以上有期徒刑至无期徒刑并处罚金或没收财产,行为包括为他人虚开、为自己虚开、让他人为自己虚开、介绍他人虚开,但若为虚增业绩、融资等非骗税目的且未造成税款损失的不构成本罪。

2. 案例分析

江西省鹰潭市余江区人民法院(2024)赣 0603 刑初 140 号一审刑事判决书:被告人杨某作为江西某润建设工程有限公司实际控制人,在 2013—2021 年,因九江市某瑞房地产开发有限公司以其公司名义负责工程建设,施工过程中民工领取工资后无法出具劳务发票导致做账难题,杨某伙同他人通过设立关联人力资源公司虚构劳务交易,虚开 342 份劳务增值税专用发票,税款共计 1 935 849. 96 元,某润公司将这些发票全部认证抵扣。最终法院认为:"被告人杨某伙同他人,在没有真实业务往来的情况下,虚开增值税专用发票,虚开税款数额较大,其行为构成虚开增值税专用发票罪。"

由此可见,虽然该发票虽有对应的真实业务,但属于事后补开、代开,而且由于其虚开税款的数额较大,仍然构成犯罪。此案例揭示了建设单位直接用工模式下农民工流动性强致使劳务发票获取困难的行业深层矛盾,以及劳务外包业务真实性核查存在技术盲区的情况下,部分企业为降低税负铤而走险的不良风气。

同时,该案件中虚开增值税专用发票的行为,不仅触犯刑法构成虚开增值税专用发票罪,在民事方面也可能影响相关建设工程施工合同的效力认定、工程款结算等问题,引发一系列刑民交叉的复杂情况,对建设工程领域的健康发展产生负面影响。

四、串通投标罪

(一)法律分析

根据《刑法》第223条的规定,串通投标罪的主体包括投标人、招标人以及其他参与招投标活动的主体。主观方面表现为故意,即行为人明知自己的行为会损害其他投标人、招标人的合法权益以及破坏招投标市场的公平竞争秩序,仍积极实施串通投标行为。

《招标投标法》第25条的规定:“投标人是响应招标、参加投标竞争的法人或者其他组织。依法招标的科研项目允许个人参加投标的,投标的个人适用本法有关投标人的规定。”也就是说,《招标投标法》意义上的投标人原则上仅限于法人或者其他组织,并不包括自然人。建设工程项目投标需要投标人具有施工资质,更是把自然人排除在投标人的范围之外。现行刑事法律规范并没有明确投标人是否包括自然人,如果严格按照行政法律法规对于投标人主体身份的认定标准,那么,自然人难以构成建设工程领域串通投标罪的行为人。因此,在串通投标罪案件中,行为人往往提出主体身份的抗辩。对此,理论界主流观点认为:应当将串通投标罪的行为主体解释为主管、负责、参与投标事项的人,不应局限于《招标投标法》的规定。这样的解释符合刑法规定,亦不违反罪刑法定原则。①

该罪的客体是复杂客体,既侵犯了其他投标人、招标人的合法权益,又侵犯了国家对招投标活动的管理秩序。客观方面有两种表现:其一为投标人相互串通投标报价,损害招标人或者其他投标人利益,情节严重的行为,根据《招标投标法实施条例》第39条的规定,有下述5种情形的,属于投标人相互串通投标:(1)投标人之间协商投标报价等投标文件的实质性内容;(2)投标人之间约定中标人;(3)投标人之间约定部分投标人放弃投标或者中标;(4)属于同一集团、协会、商会等组织成员的投标人按照该组织要求协同投标;(5)投标人之间

① 参见张明楷:《刑法学》(第4版),法律出版社2016年版,第744页。

为谋取中标或者排斥特定投标人而采取的其他联合行动。同时,根据《招标投标法实施条例》第 40 条的规定,以下 6 种情形可以视为投标人相互串通投标:(1)不同投标人的投标文件由同一单位或者个人编制;(2)不同投标人委托同一单位或者个人办理投标事宜;(3)不同投标人的投标文件载明的项目管理成员为同一人;(4)不同投标人的投标文件异常一致或者投标报价呈规律性差异;(5)不同投标人的投标文件相互混装;(6)不同投标人的投标保证金从同一单位或者个人的账户转出。上述 11 种情况都属于法律所禁止的投标人互相串通投标的情形。

其二为投标人与招标人串通投标,损害国家、集体、公民的合法利益的行为。例如,投标人之间约定一致抬高或压低投标报价,或者投标人与招标人私下约定,将招标项目中标给特定投标人等行为,均属于串通投标的表现形式。根据《招标投标法实施条例》第 41 条的规定,以下 6 种行为属于投标人与招标人串通投标:(1)招标人在开标前开启投标文件并将有关信息泄露给其他投标人;(2)招标人直接或者间接向投标人泄露标底、评标委员会成员等信息;(3)招标人明示或者暗示投标人压低或者抬高投标报价;(4)招标人授意投标人撤换、修改投标文件;(5)招标人明示或者暗示投标人为特定投标人中标提供方便;(6)招标人与投标人为谋求特定投标人中标而采取的其他串通行为。

(二)案例分析

1. 投标人相互串通投标报价,损害招标人或者其他投标人利益

重庆市高级人民法院(2011)长法刑初字第 00333 号一审刑事判决书中载明,重庆 CS 开发投资(集团)有限公司对重庆市长寿区桃花新城北部新区污水收集系统工程(古佛立交段污水干管)公开招标。被告人张某得知招标信息后,为获取工程建设权,授意被告人王某找有资质的公司帮忙投标。王某找来 8 家公司,张某自己找来 9 家公司参与竞标,两人与这些公司约定,无论哪家中标,工程都由张某建设,张某给予每家公司 3000 元好处费,并分别汇款 42 万元保证金。张某制作 9 家公司投标文件的商务标部分,控制工程报价,最终在两人的操作下,重庆市 WZCY 建筑工程有限公司中标。

法院经审理认为,被告人张某、王某为了获取重庆市长寿区桃花新城北部

新区污水收集系统工程(古佛立交段污水干管),串通其他投标人,通过借用投标人资质、由张某制作9份标书商务部分的方式而获得该工程建设权,其行为既侵犯了其他投标人的合法权益,也侵犯了社会主义市场经济的公平竞争秩序,情节严重,均已构成串通投标罪。

同样,该行为在民事领域也会产生争议,根据《招标投标法》第53条的规定,投标人相互串通投标或者与招标人串通投标的,投标人以向招标人或者评标委员会成员行贿的手段谋取中标的,中标无效。

《建工司法解释(一)》第1条规定:"建设工程施工合同具有下列情形之一的,应当依据民法典第一百五十三条第一款的规定,认定无效:……(三)建设工程必须进行招标而未招标或者中标无效的……。"结合上述法条可以发现,串通投标会导致中标无效的后果,进而会导致建设工程施工合同无效。

2. 投标人与招标人串通投标,损害国家、集体、公民的合法利益

2018年11月,被告人薛某某、刘某某在四川HX公司参与沂水县建设及无线校园网建设项目投标过程中,与招标方沂水县教育体育局、招标公司孙某挂靠的HC建设工程项目管理有限责任公司串通投标,并与陪标的山东MF信息技术有限公司、济南DY智能工程有限公司相互串通,中标金额6 595 709元,损害国家及其他投标人利益①。

山东省临沂市中级人民法院经过审理认为,关于上诉人薛某某及其辩护人所提出的上诉理由、辩护意见以及证人证言能够证实在沂水县建设招标过程中,上诉人薛某某介绍CH招标公司代理该次招标项目,并要CH招标公司该项目的负责人孙某确保四川HX公司中标,事后,薛某某收取四川HX公司10万元好处费并额外支付给招标代理公司3万元活动费的事实,上诉人薛某某介绍招标代理人的目的系通过招标代理人的违规操作帮助四川HX公司中标,招标过程中发生的串通行为其均知情或默许,其行为符合串通投标罪的构成要件,应当认定为招投标人相互串通的行为,构成串通招投标罪。

从民事合同效力角度看,招标方与中标的四川HX公司所签订的建设及无线校园网建设项目合同,因存在投标人与招标人串通投标的违法情形,根据《民

① 山东省临沂市中级人民法院(2020)鲁13刑终645号二审刑事裁定书。

法典》第153条关于违背公序良俗以及恶意串通损害他人合法权益的合同无效规定,该合同很可能被认定为无效合同。这意味着双方基于此合同所约定的权利义务将自始不具有法律约束力,双方需恢复到合同订立前的状态,已履行部分可能涉及返还财产或折价补偿等问题。

(三)救济与应对措施

为有效防范串通投标风险,公司对内部多项制度进行全面完善,并着重强化投标合规培训。首先,公司应该在投标管理制度优化上,着重加强对投标流程的全方位管控,严禁公司内部为存在串通投标嫌疑的项目提供任何技术资料,同时严格把控印章审批使用环节,坚决杜绝为这类项目盖章支持,从源头上杜绝内部违规操作。财务支出制度也同步更新,严禁公司为其他公司支付投标保证金,彻底切断参与串通投标活动的资金纽带。其次,为确保投标人员能精准理解相关法律法规,公司还应该定期开展投标合规培训。培训重点聚焦于《招标投标法》以及《招标投标法实施条例》,通过实际案例加深理解,引导投标人员规范自身投标行为,避免因法律知识匮乏而触碰刑事法律红线。